《科技史经典译丛》

中国科学院自然科学史研究所世界科技史研究室

南开大学科学技术史研究中心

山东科学技术出版社

共同策划

威廉·西门子传

科 技 史 经 典 译 丛

[德] 沃尔夫冈·柯尼希（Wolfgang König） 著
吴秀杰 译

山东科学技术出版社
·济南·

图书在版编目（CIP）数据

威廉·西门子传 /（德）沃尔夫冈·柯尼希著；吴秀杰译．-- 济南：山东科学技术出版社，2024.1
（科技史经典译丛）
ISBN 978-7-5723-1930-3

Ⅰ.①威…　Ⅱ.①沃…　②吴…　Ⅲ.①威廉·西门子—传记　Ⅳ.① K835.165.38

中国国家版本馆 CIP 数据核字（2023）第252978 号

威廉·西门子传

WEILIAN XIMENZI ZHUAN

责任编辑：杨　磊　宋　丹
装帧设计：侯　宇

主管单位：山东出版传媒股份有限公司
出 版 者：山东科学技术出版社
地址：济南市市中区舜耕路 517 号
邮编：250003　电话：（0531）82098088
网址：www.lkj.com.cn
电子邮件：sdkj@sdcbcm.com
发 行 者：山东科学技术出版社
地址：济南市市中区舜耕路 517 号
邮编：250003　电话：（0531）82098067
印 刷 者：山东临沂新华印刷物流集团有限责任公司
地址：山东省临沂市高新技术产业开发区龙湖路 1 号
邮编：276017　电话：（0539）2925659

规格：16 开（170 mm × 240 mm）
印张：16　　**字数：**244 千
版次：2024 年 1 月第 1 版　　**印次：**2024 年 1 月第 1 次印刷
定价：88.00 元

译丛总序

科学技术史研究在中国兴起于20世纪初的新文化运动时期，到50年代开始职业化和建制化，并将工作重心放在整理祖国科学遗产和认知古代发明创造等方面。1978年，中国科技史学者将研究领域扩展到近现代科学技术史，此后中国近现代科技史成为一个重要学术增长点。迄今，中国学者对本国科技史研究已经取得相当显著的成果，产出了以26卷本《中国科学技术史》（卢嘉锡主编）为代表的学术出版物，为科学与文化事业的发展作出了独特贡献，并且赢得了国际学界的尊重和支持。

早在1956年7月9日，中国科学院副院长竺可桢在中国自然科学史讨论会上发表讲话，指出“研究中国自然科学史，无形中会把范围推广到我们毗邻各国的科学史，甚至于世界科学史”。到1958年，中国科学院自然科学史研究室起草了《1958—1967年自然科学史研究发展纲要（草案）》，其中提道：要有计划地、有重点地研究外国科学史，翻译外国科学史名著和古典科学名著；1962年以前编出“洁本世界科学史小册子”；研究印度和阿拉伯国家的科学史及其与中国的科学交流史；研究日本、朝鲜、越南、蒙古和其他亚洲国家的科学史及其与中国的关系。这个雄心勃勃的设想未能如期付诸实施，却为后辈学者带来了启发。

中国科学院自然科学史研究室在1975年改称自然科学史研究所，之后在“科学的春天”里更加放眼世界和面向国家现代化建设，在1978年创建近现代科学史研究室，正式开始研究世界近现代科学史和技术史，编写了《20世纪科学技术简史》《世界物理学史》《贝尔实验室》等论著。近些年来，自然科学史研究所尝试国别科技史研究，探讨中国社会和读者普遍关注的“科技革命”和“现代化”等问题，组织国内相关领域的专家合作编撰了“科技革命与国家现代化研究丛书”。然而，与关于中国科技史的研究相比，国内对世界科技史的研究依然十分薄弱，还只是远未燎原的“星星之火”。我们对世界科学和技术的历史及相关问题的认识落后于国际学术前沿的同行们，不能满足国家现代化建设对学术探索的迫切需求。

国际学界对科技史的关注和研究已有 300 年以上的历史，各类学术成果浩如烟海。将国外优秀科技史论著翻译成中文，这是我国提升世界科技史研究和学科建设的起点以及满足国内读者需求的一个非常重要的途径。20 世纪中国学者翻译过一些国外科技史论著与经典科学文献，如丹皮尔的《科学史》、梅森的《自然科学史》、贝尔纳的《历史上的科学》等通史类书籍，再如学科史著作和其他专题论著，包括库恩的《科学革命的结构》等。20 世纪 80 年代以来，国内学者更加有规模地翻译《剑桥科学史》等国外出版的科技史论著，包括萨顿、柯瓦雷、默顿、辛格、科恩、夏平等名家的代表作，还有《尼耳斯·玻尔集》和《爱因斯坦全集》等大部头的科学家论著集。无疑，这些论著为传播科技史知识和促进国内对世界科技史的研究都作出了重要的贡献。

鉴于国内研究世界科技史的紧迫性，我们联络中国科学院自然科学史研究所世界科技史研究室、南开大学科技史研究中心、山东科学技术出版社和其他大学的部分同道，共同策划国外科技史论著的中文翻译和出版工作。我们选译外文学术著作时主要考虑以下五点：①推介普遍获得国际同行好评的力作，不追求作品类型一致或面面俱到；②有助于国内学者更新知识，或者了解国外同行的新探索；③除了英文论著，特别关注以法文、德文、俄文等语种出版的成果；④与国内已经翻译的作品有区别或有互补性；⑤为传播知识和建设科技史学科添砖加瓦。

我们期待中国学者将来成为世界科技史研究的重要贡献者。目前，国内世界科技史研究的当务之急是培养专门从事这一研究方向的青年学术人才。他们须具备以下基本条件：①了解国际科技史研究的基本态势、理念和方法，能够参与国外论著的汉译工作；②能够熟练运用英语，并且学习其他必要的外语，如拉丁语、法语、德语、俄语、西班牙语、古希腊语、阿拉伯语等，以具备国际合作及研究国外科技史的基本能力；③不仅能研读研究文献，而且还能解读原始文献，以具备评判前人成果和进行独立研究的能力；④与国际同行进行持续的交流和实质性合作，以加强国际对话并向国际学界提供中国视角的世界科技史研究成果。为此，我们须持续鼓励年轻人到海外学习与合作，同时聘请国外高水平专家来华工作及培养世界科技史方向的研究生，让青年学者直接走上国际学术舞台。随着青年人才的成长，我们就能够直接参与世界科技史的学术前沿研究，更好地回应中国社会对科技发展的关切，为广大读者奉献新知识，在国际学界发挥中国人的学术影响力。

张柏春　赵猛　田淼

2023 年 3 月 5 日

序

假如威廉姆·西门子爵士（Sir William Siemens）以及他的兄弟们生活在今天，身处当下的世界并谋求企业发展的话，他们会优先考虑到哪些项目呢？对于这个问题，我们会非常好奇。这本传记著作呈现的内容——技术先驱威廉姆·西门子的人生轨迹及其周围环境——会给出这样的回答：他们会直面我们这个时代所面临的挑战，如气候变迁等，找到解决问题的途径；他们也会充分利用数字化产业革命带来的各种可能性；工业4.0肯定会是他们这些既富有远见、又毫不妥协的模范企业家的关注焦点。

在过去的170年里，具体来说就是从青年威廉姆·西门子作为学徒工第一次来到伦敦并成功地售出其兄长的电镀工艺专利时开始，以“西门子”冠名的公司发生了翻天覆地的变化。然而，未曾改变的是“聚焦创新”的理念和做法，这是西门子公司骨血中的DNA，一直未曾改变。

如果我们将公司发展史上的早期阶段与今天的情形进行比较，还可以从中看到更多的相似之处：西门子公司业务的全球化肇始于西门子三兄弟在不同国家的经营活动——维尔纳在德国、卡尔在俄国、威廉姆在英国。西门子兄弟们的视野要比周围人更为远大，他们把自身面临的问题放置在宏大范围内予以考虑，并有能力随时抓住呈现出来的机会。在诸如铺设全球海底电报电缆的业务活动中，他们展示出来的那些无以伦比的工程业绩、商业敏感度以及雄心壮志，都令人肃然起敬。

专业领域之外的人士也许不太了解西门子兄弟在整个事业发展进程中所遭受的各种失败。像我这样的工程师，可能对这类情形并不感到陌生。然而，威廉姆·西门子和他的兄弟们从自己的错误中收获了新的认知。威廉姆曾经有过业务停滞、生活困厄的阶段，也经历过公司的英国业务好于德国业务的时期。他们兄弟间总是互相帮助。许多公司直到最近才认识到这一点：对于错误，我们不应该畏惧，而应该去认真对待，对错误进行反思并从中学习。

“协作”这一主题，是西门子公司的另一个传统，它在今天仍具有现实意义。威廉姆付出了极大的努力，与其他工程师、机构、学会和社团（俱乐部）一起构建了协作网络。他乐于向同事以及兄弟们寻求建议和意见。在每个新项目的决策过程中，他都允许本地合作伙伴和投资者参与意见。威廉姆在 1883 年，即他去世前几个月，被维多利亚女王封为爵士。此时，他已经是名望卓著的人物，被英国精英社会阶层接纳，成为其中的一员，受到高度尊重。

为什么我会斗胆认为，如果威廉姆·西门子生活在今天，他会专注于为当下的气候变迁问题寻求解决方案呢？早在 19 世纪 40 年代中期时，他已经非常关注能源效率问题，并进行过深入的研究：他将蒸汽机与热交换器组合在一起，以减少燃料需求；他研发了水表，以遏制对水资源的浪费；他为伦敦的首批地铁机车装备了热交换器，以便地铁机车在行驶中不会因为燃煤而产生污染。这些技术创新与当前的技术要求显然不谋而合。我们可以想见，威廉姆·西门子会使用物联网做什么！

然而，对于西门子兄弟来说，他们的目标远远不仅止于提供技术解决方案。他们的企业曾追求一个特定的目标，而今天的西门子公司仍在一如既往地践行着他们的理念：让人们的生活得到改善，让企业为社会服务。

卡尔·恩尼斯（Carl Ennis）
西门子公司英国和爱尔兰区总裁

目　录

导言

在1800年前后的几十年里，工业革命在英国率先展开，并导致了世界历史的剧变。工业革命在随后的一个世纪里扩展到其他国家，最终影响全球。工业取代农业成为经济主导领域，大量人口从农村搬迁到城市。制造业从小型手工作坊转移到配备了动力系统和机器操作系统的工厂。那些以符合经济理性方式在工厂里产出的投资品和消费品，提升了广大民众的生活福祉——至少从中长期来看如此。

此外，交通和通讯领域的革命也在19世纪发生了。铁路提升了陆路交通水平，这不仅限于货物运输，商务旅行和旅游活动亦从中受益。在海上交通方面，以蒸汽机为驱动力的轮船开辟了全球化的新阶段。货物的运输量在增加，而且货运行程的可预测性变得更可靠。电报让远距离、几乎同步的通讯成为可能，这是人类历史上前所未有的。这一通讯技术始于在陆地上铺设的电报线路。到19世纪下半叶，跨大西洋的海底电报电缆将欧洲与北美大陆联结在一起。

所有这些发展都肇始于英国。在整个19世纪，其他国家包括德国也为工业化所改变。工业化进程中的后发国家致力于去获取新技术，它们以英国为标杆，力图走同样的道路。让年轻人前往英伦三岛完成教育旅行，是工业化追赶进程中的普遍做法——有时候，旅行目的则是获取资料。在新技术方面，欧洲大陆上的国家与英国分庭抗礼的可能性最大，电报技术就是其中之一。由维尔纳·冯·西门子在19世纪中叶成立的家族企业研发出的电报机以及电报系统，足以与英国产品媲美。

维尔纳·冯·西门子在打造企业时任用家庭成员。西门子家族的三兄弟——维尔纳、卡尔和威廉姆——组成了在维尔纳领导下的“兄弟联盟”。这个联盟在很大程度上决定了西门子家族公司在19世纪的命运①。在这三人组合当中，维尔纳是无可争议的定调人。不过，在西门子发展为全球性企业的过程中，卡尔和威廉姆两兄弟也做出了举足轻重的贡献：卡尔开辟了公司在俄国的业务，而威廉姆则建立了公司在英国的业务。不仅如此，在英国的业务活动还具有额外的意义：由于海底电缆是在英国设计和制造的，这项技术从根本上促进了西门子公司的全球化进程。

威廉·西门子肖像（1880年前后）

维尔纳的弟弟威廉在德国长大、接受教育，而后选择英国作为自己的新家园，取得了英国公民身份，并在那里把自己名字从德语的威廉（Wilhelm）改为威廉姆（William）。在后文的叙述中涉及他在德国的生活时，我采用“威廉”来称呼他，涉及他移民英国之后的时期，则采用“威廉姆”。他虽然视自己为西门子兄弟联盟中的一员，却将自身兴趣带入共同的企业经营当中，其程度要超过其他兄弟们。他代表西门子公司在英国从事业务活动，但也作为独立工程师、学者和企业家开展活动。这就无法不与兄弟们发生冲突，尤其是他与维尔纳之间会产生不同意见。在西门子公司的早年文献里，他的性格被描述为“自行其是、一意孤行、不可预测”②，“脾气暴躁易怒”③，是一个“倾向于胆汁型”④ 性格的人。这种描述与同时代英国人对他的评判大相径庭⑤。源于不同国

① 参见 Bähr, Werner von Siemens, S.10.

② Siemens, Georg, Geschichte, Bd. 1, S. 86 f.

③ Ehrenberg, Die Unternehmungen, S. 308.

④ Weiher, Die englischen Siemens-Werke, S. 114.

⑤ 见本书第八章内容。

家、不同企业的视角会导致人们对同样的人和事有着截然不同的评判尺度，这在威廉姆身上展现得再清楚不过了。

威廉姆曾经力主尽可能强化西门子公司的英国业务。他的观点是从英国入手，有可能把西门子公司变成全球领先的电报企业。然而，他的兄弟维尔纳和卡尔不愿意走这条充满风险的战略路线，更不用说西门子兄弟的合作伙伴、负责柏林工厂的约翰·格奥尔格·哈尔斯克（Johann Georg Halske）了。在其后的时间里，威廉姆至少将自己在西门子兄弟公司（公司的英国分支）的一部分任务交给别人去做，不过他并没有完全放弃参与家族企业。

威廉姆·西门子是一位水平极高、颇受尊敬的机械工程师，电报只是他众多兴趣领域中的一个。事实上，后来他对电报技术的兴趣，越来越让位于机械制造和冶金技术。在后两个领域里，他取得了令人瞩目的成就。虽然他没能实现自己设定的目标（研发出从矿石中直接炼钢的工艺），但是他对一种新型炼钢法有着决定性的贡献。该方法以他和法国炼铁专家马丁（Martin）的姓氏冠名，被称为“西门子－马丁炼钢法”（即平炉炼钢法）。在一个多世纪的时间里，这是世界上最重要的钢铁生产方法。威廉姆在技术－科学方面的成就以及他那受人爱戴的气质，为他筑就一条通向英国工程师界和科学界的坦途，并使得他在那里获得颇有影响力的关键位置。

在西门子公司创始人“三巨头”的传记系列中，卡尔和维尔纳的传记已经问世，威廉姆的传记是这一系列中的最后一本。本书主人公的个性，在许多方面都与西门子家族其他兄弟相左：他是愿意成为英国人的德国人；他是机械制造师，不是从事电器技术的人；他是一位博学的工程师和学者，一位反普鲁士的自由派人物，一位秉承独立意识的人（在冲突面前他从不退让，无论是在公司里还是在家庭中）。

威廉姆的传记在呈现其人的性格、特点之外，也开辟了另一种可能性，即从政治条件、工程学以及企业文化方面，对当时的英国和德国进行一番比较研究。在维尔纳和威廉姆之间的信件里，我们能多次读到，其中一方隐晦地表示，对方应该在伦敦或者柏林住上一段时间，以便更充分地理解当地企业经营活动的条件。

西门子公司英国分公司的业务活动，在文献中已经有详细而到位的研究。理查德·艾伦伯格（Richard Ehrenberg）早年的著作（Ehrenberg，1906）仍然是无可替代的。艾伦伯格的著作基于大量资料，因此具有文献性的特点。J. D. 斯科特（J. D. Scott）的著作是用公司档案完成的"西门子兄弟公司"的总体历史（Scott，1958）。西格弗里德·冯·维赫（Sigfrid von Weiher）撰写的英国西门子工厂的历史，非常认真地以资料为佐证（Sigfrid von Weiher，1990）。不过，该书的不足之处是作者冯·维赫无条件地采用了维尔纳所代表的柏林立场。维尔纳的《回忆录》（Lebenserinnerung）中对威廉姆性格的描述，也有很高的资料价值。由马丁·路茨（Martin Lutz）撰写的卡尔·冯·西门子的传记（Lutz，2013）以及由约翰尼斯·贝尔（Johannes Bähr）撰写的维尔纳·冯·西门子的传记（Bähr，2016）呈现了目前的研究成果，也涉及兄弟之间的关系。

关于威廉姆的重要传记文献，只有威廉姆·玻尔（William Pole）的描述。该书于1888年以英文出版，1890年被翻译成德文[①]。玻尔是威廉姆的朋友和同事，在威廉姆去世之后接受其家庭的委托而撰写威廉姆的传记。他分析和采用的部分信件和档案没能保留下来，在今天我们已经看不到了[②]。他向威廉姆的亲属、同事、朋友以及威廉姆曾经为其会员的机构了解情况。玻尔为此接触过的人包括长期担任威廉姆私人秘书的爱德华·F. 班博（Edward F. Bamber）、土木工程师协会以及工艺学会的秘书们、兄长维尔纳、威廉姆的太太安妮以及养子亚历山大·西门子，还有威廉姆的朋友们弗雷德里克·约瑟夫·布拉姆威尔（Frederick Joseph Bramwell）、威廉·汤姆森（William Thomson）、威廉·亨利·巴洛（William Henry Barlow）和爱德华·A. 考普（Edward A. Cowper）。玻尔的著作是不可或缺的，因为它提供了关于威廉姆最详实的信息，让重要的资料源得以成为印刷品流传于世。不过，就今天的历史书写标准而言，该书有一系列薄弱之处。玻尔虽然努力将威廉姆的生平放置在整体技术发展以及电气技术发展的大背景中，然而，即便所涉历史并不悠久，该书仍然更像是一份编

---

① 见本书第214–216页。

② Pole, Life, S. VIII.

年性质的纪事文本，而不是将人物置于背景关联中的历史书写。

如今呈现在读者面前的这本威廉姆·西门子传记，以来自多渠道的大量资料为基础，其中的两个资料源具有特别突出的意义。

第一个核心资料源是威廉姆给家庭成员的书信，收藏在西门子历史研究所的公司档案里。存留下来的有威廉姆与维尔纳之间的 2 236 封信件，以及威廉姆与弟弟弗里德里希之间的 580 封信件。弗里德里希曾经与威廉姆一起工作多年，他的功绩是以节约能耗的方法生产玻璃[①]。总体而言，跟兄弟们的信件相比，威廉姆的信件更为简短[②]。很多时候，信里涉及技术创新的细节。另外一捆信札是这一资料源的珍贵补充，那是英国电气公司（English Electric Company）在 1953 年从威廉姆的太太安妮的一位表妹处购得并编辑的材料[③]。这一书信集的编辑没有遵循特定的规则，在某种程度上像是随意而为的。威廉姆的其他信件，保存至今的数量不多，分别藏于英国、德国和瑞士的档案馆和图书馆里。

第二个核心资料源是威廉姆发表的著作。绝大多数的英语出版物都收录进由他的私人秘书班博编纂的、堪为典范的著作全集里[④]。若干篇作品被翻译成德文，若干篇作品仅以德文发表。考虑到迄今尚未有完整的威廉姆·西门子的德文著作汇编，本书将威廉姆的全部著作目录作为附录列入正文之后。还需要提到的是，威廉姆在技术－科学学会中承担的工作，一方面来自对相关学会的历史描述，另一方面也能从相关学会的期刊中窥见一斑。得益于威廉姆的信件、他在技术－科学方面的出版物以及学会的杂志，本书能够比较深入地讨论威廉姆的创新工作。限于资料情况，对威廉姆作为企业家和私人情况的描述则显得有所不足。

本书开篇的章节采用以时间顺序为线索的叙述方式，直到 1865 年——这是“西门子兄弟公司”成立的那年。此后的章节是从主题系统的角度出发来进

---

① Bähr, Werner von Siemens, S. 154.

② 参见 Siemens Historical Institute, Siemens–Archiv–Akte (im Folgenden SAA) W7903, 13.7.1881—Werner an Wilhelm Siemens.

③ A Collection of Letters.

④ Siemens, The Scientific Works.

行编排的，之前发生的事件也会被纳入到行文当中。讨论威廉姆在英国和德国之间的定位那一章（第四章）占用了比较长的篇幅。这关涉到他的个人状况、他的学术和业务关系以及他的政治态度。另外一章则专门讨论他在技术－科学方面的工作（第五章），其中尤其关注他在创新方面的成功和失败，以及导致那些结果的原因。

接下来本书用一章的篇幅（第七章）概述了他的几个生活领域，迄今为止，这些领域只有粗线条的描述。威廉姆与“三巨头”中的另外两位——维尔纳和卡尔——的关系就属于其中。弗里德里希也被包括进来，因为他与威廉姆在很长时间里有密切的工作关系。威廉姆作为工程师和科学家以及威廉姆作为企业家的这两节，描述了他的工作以及他的人生设想。本书的结尾篇汇集了威廉姆的朋友和同事们对其英年早逝的反应，以及对他的尊崇之词。

这本传记采用的材料来自许多档案馆和图书馆。所到之处，我都得到了友好的支持。我想在此衷心地感谢所有当事人，尤其感谢西门子历史研究所。该研究所在多方面促进和支持我的这项工作。对我来说尤为宝贵的是，在写作过程中，约翰尼斯·冯·卡茨夫斯基（Johannes von Karczewski）、埃瓦尔德·布洛赫尔（Ewald Blocher）和弗兰克·维藤多夫（Frank Wittendorfer）与我讨论了阶段性的结论，这些谈话给我带来很多启发。不过，这不会改变一个事实：我本人对书中的描述承担全部责任。最后，我要感谢学生助理本亚明·格鲁伯（Benjamin Gruber）提供的帮助，他制作了本书的索引部分。

第一章

家世、青少年时代以及教育背景

西门子家族以及维尔纳的影响

威廉·西门子出生于1823年4月4日，是他父母的第7个孩子。他的父亲是克里斯蒂安·费迪南·西门子（Christian Ferdinand Siemens，1787—1840），母亲是埃莉诺·西门子（Eleonore Siemens，1792—1839），原姓戴希曼（Deichmann）①。他的父母总共有14个孩子，11个儿子和3个女儿，其中4个孩子夭折了。父亲在汉诺威王国经营着一座农庄。1823年，即威廉出生的那一年，这个家庭面临的动荡不安尤其严重。由于拿破仑战争以及随之而来的农业危机，父亲租赁的庄园在经济上陷入困境，不得不放弃经营。他在梅克伦堡－施特雷利茨（Mecklenburg-Strelitz）大公国寻找新的可能性，在北方吕贝克（Lübeck）附近的门岑多夫（Menzendorf）找到一处新庄园。威廉恰好出生于这两份租赁合同之间的过渡期内。

如此一来，威廉是在梅克伦堡的农庄里长大的。关于他年幼时的情形，后人所知甚少。因为去学校（哪怕最近的学校）路途太远，父亲从1829年起聘任了一位家庭教师。家族中流传下来的讲述，对第一位家庭教师有正面的赞

① 关于西门子家庭史最好的描述见贝尔所著的维尔纳·冯·西门子的传记，Bähr, Werner von Siemens; 此外也参见 Pole, Wilhelm Siemens.

赏，而对第二位家庭教师的评价则是负面的。第一位家庭教师有抑郁症，一年后自杀；第二位家庭教师在两年后去世。从此以后，这个家庭的儿童教育又不得不依赖周边的学校。

西门子家的父母并不是普通的农民，他们受过教育，非常重视对儿子们的教育。父亲读过文理高中和大学，在写给孩子们的书信里，提出了培养建议。他曾经告诫威廉要努力学好德语[①]。父亲将两位哥哥维尔纳（1816—1892）和汉斯（Hans，1818—1867）送到吕贝克的一所著名文理高中去读书。两个人都在高中毕业之前就离开了学校——很可能是由于经济上的原因。也许这也是为什么威廉没有去文理高中读书，而是去了吕贝克的一所私立普通中学，他的两个弟弟卡尔（1829—1906）、弗里德里希（1826—1904）也和他一样。此外，这种做法也符合孩子们的兴趣，他们都对经济和自然科学更感兴趣，远胜古代语言。威廉就读的格鲁斯海姆中学（Großheimsche Realschule），相当于当时给男生们设立的商业学校[②]。该校的课程重点是现代语言，即英语和法语、算术以及自然常识。1838 年，威廉在 15 岁时离开学校，其间学到的知识相当于后来被称为“初中毕业”的水平。

门岑多夫庄园承租人的住房（1910 年）

① SAA F2320, 16.7.1839—Christian Ferdinand an Wilhelm Siemens.

② 参见 Reimann, Zur 100jährigen Stiftungsfeier: der Lehrplan, S. 3.

威廉来到吕贝克，在亲戚家住下。与父母的庄园保持空间距离，对他的成长来说，应该是利大于弊的，因为家里面临着家庭生活和经济上的重重困难。父亲艰难地维持着庄园的财务运转，母亲疾病缠身，她因为多次生育而身体羸弱，于 1839 年 47 岁时离世。父亲也身患病痛，并承受着经济上的压力。他只比妻子多活了 1 年。

17 岁的威廉与他的妹妹、弟弟们一样，成了父母双亡的孤儿。亲戚和熟人接管了监护权。此外，比他年长 7 岁的哥哥维尔纳担当着指导者和教育者的角色。在这个人口众多的大家庭里，年长的——尤其是维尔纳——照顾年幼的弟弟妹妹们。维尔纳的个人兴趣完全在自然科学、技术和数学方面。他曾考虑过去柏林的建筑科学院学习，但是家里没钱。维尔纳决定，结束在马格德堡（Magdeburg）的兵役后，他要去柏林的炮兵与工程学校（Artillerie-und Ingenieurschule）读书。1835 年至 1838 年间他在那里所学的知识，完全够得上工程师的水平。1838 年，他作为炮兵中尉回到马格德堡。

吕贝克（1850 年前后）

威廉在 1838 年从中学毕业之后不得不做出职业选择。家里倾向于让他去科隆，在母亲的亲戚处学习银行业务。在维尔纳的影响下，家里最终决定让威廉走成为工程师的路，安排这个 15 岁的年轻人到马格德堡，为就读于那里的工艺与商业学校做准备。这不是一所培养工程师的学校，而是混合了通识教育和对手工业者、商人的培训。学校把重心放在“实用”科目语言、数学和自然科学上，以日后职业生涯中能用得上的内容为导向。到 1841 年时，威廉在这所学校就读了 3 年，获得了一种大体相当于专业高中毕业的学历[①]。学校的设施和质量都不乏有待改进之处。回顾往昔时，威廉说自己接受过的“学校教育有限”[②]。

威廉姆·西门子（1847 年前后）　维尔纳·冯·西门子（1842 年前后）

在马格德堡期间，威廉与维尔纳住在一起很久[③]。维尔纳给弟弟补习数学，也给他提出了许多建议。从 1838 年至威廉在英国安顿下来的 19 世纪 40 年代中期，维尔纳对他的影响应该是非常大的。维尔纳比他年长 7 岁，其间威廉从 15 岁成长到 22 岁。二人有相似的专业兴趣，维尔纳已经完成了职业教育，而威廉则刚刚开始，他从哥哥的知识中受益。维尔纳在弟弟威廉职业道路的决策上有相当大的影响：在马格德堡就读工艺与商业学校，在哥廷根大学读书（后面还要谈到），在机械厂当学徒，前往英国旅行。尤为值得一提的是，他完全与威廉分享自己的各种发明。维尔纳从事各种发明的驱动力在于，一方面他对技术 - 自然科学知识有浓厚的兴趣；另一方面，他也要增加自己在军官薪水

---

① 参见 SAA F2318, 24.12.1838—Christian Ferdinand an Wilhelm Siemens.

② 依据 Pole, Wilhelm Siemens, S. 360; “limited education” (Pole, Life, S. 346); 本书使用的是该传记的德文版，引文在英文版中的出处页码在括号中表明。

③ 参见 Siemens, Werner, Lebenserinnerungen, S. 61.

之外的收入，以便养家。在威廉眼里，维尔纳应该不仅是兄长，而且也是指导者、教师、工程师和科学家。简而言之，维尔纳是一个多方面的榜样。

在马格德堡的学校毕业之后，威廉在1841年就读于哥廷根大学。早在1839年时，他已经考虑过去那里学习[①]。威廉的姐姐玛蒂尔德（Mathilde，1814—1878）住在哥廷根，她于1838年嫁给化学家卡尔·希姆利（Carl Himly，1811—1885）。希姆利在哥廷根大学以私人讲师身份授课。1842年，他与妻子一起去了基尔（Kiel），在那里他先是担任副教授，从1846年开始担任讲席教授。在接下来的几十年里，希姆利与西门子家的兄弟们不光是亲戚，他们也有学术上和商业上的关联，但是这些共事都没能结出可观的硕果。威廉在大学读书期间，希姆利夫妇让他住在自己家里。威廉跟希姆利太太，也就是他的姐姐玛蒂尔德，终其一生都保持着特别知心的关系。大量书信来往以及彼此互访是这一关系的见证。

希姆利夫妇（1840年左右）

1841年5月至1842年3月，威廉在大学里选修了丰富多彩的科目，重点是自然科学，并辅以数学、自然地理学和技术[②]。他跟随弗里德里希·沃勒（Friedrich Wöhler，1800—1882）学习理论化学，跟随希姆利学习应用化学和物理学，并跟随私人讲师莫里茨·斯特恩（Moritz Stern，1807—1882）学习高等数学。此外，他还在物理学家威廉·韦布（Wilhelm Weber，1804—1891）的天文台做协助工作。韦布于1833年在哥廷根进行了电报实验。1837年，韦布作为哥廷根七君子之一，因为抗议废除汉诺威宪法而被大学解除了教授职务。维尔纳

① Pole, Wilhelm Siemens, S. 27 f.; Bähr, Werner von Siemens, S. 60 f。维尔纳认为，自己在这一决定中起到重要作用 (Siemens, Werner, Lebenserinnerungen, S. 71) 。不过，威廉姆强调这是他独自做出的决定。(Hopkinson-Woolley/Woolley, The Personal Life, S. 8)

② Ebel, Matrikel, Nr. 40 411; Pole, Wilhelm Siemens, S. 29 u. 361; SAA 0726, Sir William Siemens.

对弟弟的学习进行了干预，他认为物理和数学要比化学重要，并鼓励威廉学习绘图以及自学机械学[①]。在哥廷根大学学习期间，威廉很可能获得了广泛的、即使是肤浅的自然科学基础知识。据说，有一份很好的成绩单可以证明这一点[②]。

哥廷根大学图书馆（18 世纪末的铜版画）

机械师

离开哥廷根大学后，威廉获得了令人满意的通识教育，其中以现代语言、数学和自然科学专业为重点。他应该已经窥见技术领域的一斑了。他在大学就读的时间非常短，但这至少让他接触到了自然科学的学习方法。以这种教育背景，他是无法以工程师自称的[③]。在那个时代，德国的绝大多数工程师培养都来自实践。他们往往在一家机械厂习得工程师的技能，在那里经受考验，然后到其他公司里积累更多经验。最好去英国，在当时，那是一个先进得多的工业国家。人们的期待是成长中的工程师们会通过自学来增加知识，一定程度上也借助于技术 – 科学夜校。19 世纪初期成立的各种技术学校是工业大学的前身。

---

① SAA W8513 u. W8514, 26.6.1841 u. 13.12.1841—Werner an Wilhelm Siemens; 参见 Pole, Wilhelm Siemens, S. 29 f.

② 不过，哥廷根大学的成绩单档案原本是相当完备的，但是没有找到这份成绩单。（依据下萨克森州以及大学图书馆 Holger Berwinkel 先生 2018 年 6 月 29 日的信件。）

③ 此问题参见 König, Vom Staatsdiener, S. 188 ff., 以及那里提供的参考文献。

为数不多的人在那里就读，他们大多进入政府机构服务，而不是进入工业界。

铸造蒸汽锅炉（Joseph Huber-Feldkirch 的油画，1891—1892 年）

在威廉成为工程师的道路上，接下来的一步是在一家机械厂做学徒。1842 年 3 月，维尔纳把自己的监护对象，即弟弟威廉安置在马格德堡的斯托尔贝格机械厂（Stollbergschen Maschinenfabrik），作为一份“迟到的圣诞礼物”[①]。这是一家著名的公司，主要生产蒸汽机以及其他产品。在某种程度上可以说，这是当时机械制造业的旗舰。他们在工厂中达成的一项协议，清楚地表明了当时常见的知识传承情况：威廉给一位主管工程师的儿子教授理论课，而这位工程师则依照哥哥维尔纳的愿望，教威廉学习机械绘图和机械设计的细节。早在马格德堡期间，威廉就展示出在创新和机械制造方面的雄心，他曾尝试着改进蒸汽机的调节器。他在马格德堡的工厂里呆了两年，直到 1843 年底，尽管此时他已经觉得马格德堡非常土气了[②]。他在那里把自己培养成机械工程师。在他获颁的证书上，他的制图技能受到特别褒扬。

---

① SAA W8515, 28.1.1842—Werner an Wilhelm Siemens; Siemens, Werner, Lebenserinnerungen, S. 71 f.; Pole, Wilhelm Siemens, S. 31 ff.

② SAA W1791, 1.5.1843—Wilhelm an Werner Siemens.

白金汉宫（1837 年）

第二章

前往英国

1842 年，维尔纳开发出一种能在普通金属表面镀上一层薄薄的金、银或铜的电镀技术[①]。采用这种工艺，可以产出外观华丽但普通人仍能负担得起的艺术品和实用物品，如奖杯、半身像以及容器等。电镀产业的中心在巴黎和伯明翰，那里有法国昆庭（Christofle）公司和埃尔金顿与梅森公司（Elkington, Mason & Co）等。维尔纳给出了这一工艺方法的基础设想，而姐夫希姆利和弟弟威廉在改进和营销方面付出了努力[②]。

1843 年 2 月，20 岁的威廉带着这份工艺技术启程前往英国。这次旅行以推销这一工艺技术为目的，但是也满足了威廉“想看看英国的热切愿望”[③]。在旅途中，他已经成功地将窗栏镀铜的使用权出售给汉堡的一位工厂主。在英国，在克服了一些困难之后，他取得了该项工艺的专利权——在该工艺上采用了一种新型电源[④]。威廉的了不起之处在于，他成功地将这项工艺售卖给当时电镀市场上龙头企业的拥有者、伯明翰的乔治·理查德·埃尔金顿（George

---

① Siemens, Werner, Wissenschaftliche und technische Arbeiten, 1; Siemens, Werner, Lebenserinnerungen, S. 68 f.; Pole, Wilhelm Siemens, S. 36 ff; Bähr, Werner von Siemens, S. 65 ff.

② SAA W1787, 10.9.1842—Wilhelm an Werner Siemens; SAA W8518 u. W8519, 27.2.1843 u. 28.3.1843—Werner an Wilhelm Siemens.

③ SAA W1788, 21.2.1843—Wilhelm an Werner Siemens; vgl. Pole, Wilhelm Siemens, S. 43.

④ SAA W1791, 1.5.1843—Wilhelm an Werner Siemens; Obach, Sir William Siemens, S. 4; Journal of the Society of Telegraph Engineers 4 (1875), S. 189−191.

Richard Elkington，1801—1865）和约西亚·梅森（Josiah Mason，1795—1881）[①]。两位企业家对于西门子这个发明的新颖之处未必真心折服，然而威廉展示给他们的实际效果令他们印象深刻。最后，他们付给威廉 1 600 英镑。如维尔纳所说，这是一笔“巨款，让我们在一段时间内终结了财务困境”[②]。对姐姐玛蒂尔德来说，威廉因为这项工艺技术的成功售出变成了“金弟弟”[③]。

伦敦特拉法加广场（1865 年）

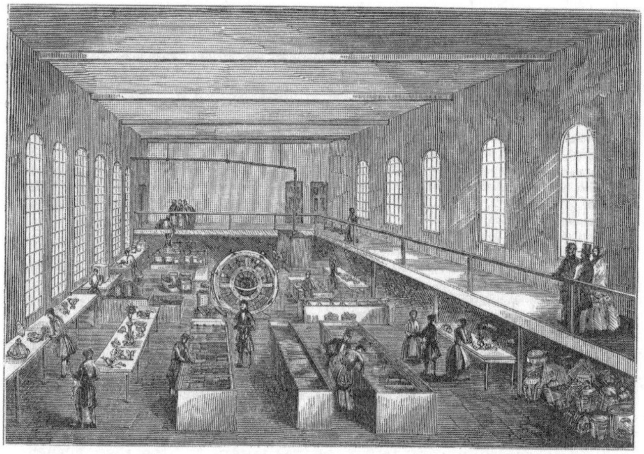

伯明翰的埃尔金顿及梅森公司的电镀厂（时间不详）

---

① SAA A1324, 21.3.1843—Beach & Minte an Wilhelm Siemens; Siemens, Werner, Lebenserinnerungen, S. 73 f.

② Siemens, Werner, Lebenserinnerungen, S. 74.

③ SAA F2397, 13.7.1843—Mathilde Himly an Wilhelm Siemens; vgl. Pole, Wilhelm Siemens, S. 51.

这项工艺技术的成功售出让兄弟俩看到，他们致力于技术发明的努力能得到回报。令人难过的是，这项发明没能产生实际意义①。埃尔金顿及梅森公司最终还是选择了其他工艺方法。威廉曾考虑在柏林设立一家电镀厂，该计划却未能实施。其他应用场景最终也没能落实，如生产印染纺织品所需要的铜辊。

一个发明家的窘迫寒酸生活

电镀工艺技术卖出了个好价钱，这似乎在向两位兄弟昭示着光明的职业未来：全心投入发明创造，然后将成果卖出去，尤其要在英国售出。当威廉在 1844 年 1 月第二次前往英国时②，他带着另外两项发明：一种新型蒸汽机调速器，以及一项新的印刷工艺。蒸汽机无法匀速运转，其速度取决于蒸汽的压力、温度以及用途。然而，许多应用场景都要求蒸汽机转速平稳，这就需要有调速器。当时应用最为广泛的调速器出自詹姆斯 · 瓦特（James Watt，1736—1819）之手。这种离心式调速器的装置原理是由蒸汽机驱动一对固定在杠杆上的重球锥摆。随着蒸汽机速度的改变，杠杆的位置会发生改变，从而关闭或者打开进汽阀或者挡板，以此来调节进汽量以及机器的速度。瓦特调速器的问题在于它无法对速度的改变作出快速反应。

早在 1842 年，威廉还在马格德堡机械厂当学徒时，就曾尝试着改进当时使用的挡板控制装置③。兄弟俩就匀速运转问题交流想法，其结果是维尔纳研发出一种“测时调速器”（Chronometrischer Regulator）④。它的工作原理是利用两

---

① Pole, Wilhelm Siemens, S. 51 u. 71; SAA W1797, 20.3.1844—Wilhelm an Werner Siemens; SAA W8522, 1.10.1844—Werner an Wilhelm Siemens.

② Pole, Wilhelm Siemens, S. 52 ff; Bähr, Werner von Siemens, S. 75 ff.

③ SAA W1785, 15.8.1842—Wilhelm an Werner Siemens; vgl. Pole, Wilhelm Siemens, S. 34 f.; Bähr, Werner von Siemens, S. 75; Matschoß, Werner Siemens, S. 19.

④ SAA W1786 u. 1787, 29.8.1842 u. 10.9.1842—Wilhelm an Werner Siemens; Siemens, Werner, Lebenserinnerungen, S. 71 f. u. 159; Siemens, Werner, Wissenschaftliche und technische Arbeiten, S. 3; Pole, Wilhelm Siemens, S. 35 f.; Matschoß, Werner Siemens, S. 19.

种运动的差异：一种是重量驱动，确保物体始终匀速转动；另一种是蒸汽机驱动的（偶尔非匀速）转动。两种运动被转换为螺母和螺栓的转动。如果二者的转速不同步，该装置就会调节进汽，蒸汽机便会再度匀速运行。威廉以及柏林的钟表师费迪南·莱昂哈德（Ferdinand Leonhard）都参与了这项发明工作，后者是维尔纳的合作者[①]。这一螺母系统后来被锥轮取代。

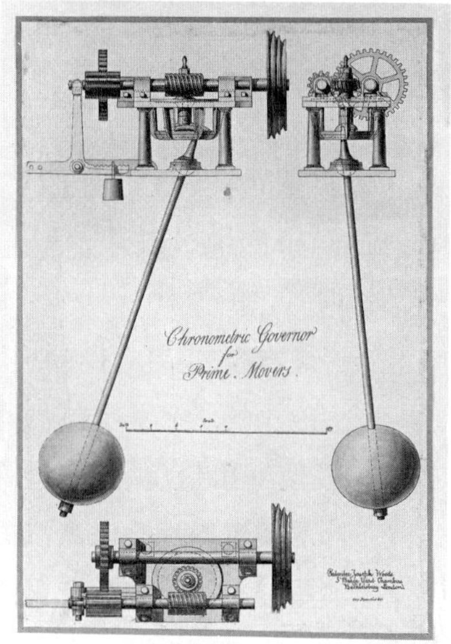

测时调速器（专利绘图，1845 年）

兄弟俩在多个国家注册了该调速器的专利权。他们考虑到各种可能的应用场景，并为此开发出各种相应变体[②]。所涉范围包括船舶、风磨、泵站、粮食加工、造纸、锯木、榨油、锻锤、轧机等场景中的动力装置。威廉姆与专门从事此类工作的工程师约瑟夫·伍兹（Joseph Woods，1849 年去世）合作，在英国推销调速器和其他发明[③]。在多家德国和英国机械厂的试验中，该调速器都取得

① Siemens, Werner, Lebenserinnerungen, S. 83 u. 159; SAA W8520, 28.11.1843—Werner an Wilhelm Siemens; Siemens, Werner, Wissenschaftliche und technische Arbeiten, S. 2–11.

② SAA W1800, 23.4.1844—Wilhelm an Werner Siemens; Siemens, Werner, Wissenschaftliche und technische Arbeiten, S. 11; Woods, Chronometrie Governor, S. 262 ff; Siemens, On an Improved Governor, S. 6 f.

③ 关于销售调速器的努力，见 SAA W8531, 18.6.1845—Werner an Wilhelm Siemens; Pole, Wilhelm Siemens, S. 117; Proceedings of the Institution of Mechanical Engineers (1853), S. 86 f.

了令人满意的效果。西门子和伍兹与约翰·希克（John Hick，1815—1895）的机械厂达成一项协议，该厂生产的蒸汽机安装他们的调速器，这项合作持续到19世纪50年代末[①]。1846年，伍兹在英国土木工程师学会——这是英国历史最悠久、名声最显赫的工程师协会——介绍这款调速器[②]。在场的工程师，包括铁路工程先驱者罗伯特·斯蒂芬森（Robert Stephenson，1803—1859）听后都对其赞誉有加。几年后，威廉姆·西门子在机械工程师学会也得到了类似的积极反馈[③]。该项机械设计在1851年的伦敦世界博览会上获奖[④]。大多数买家对调速器感到满意。

格林威治天文台（1851年）

测时调速器在技术上获得成功，在商业上却是个亏损业务[⑤]。对大多数应用场景而言，价格低廉、精准度差一些的瓦特式离心调速器及其改良版就足够了。在某种程度上可以说，西门子兄弟的调速器解决了大多数潜在客户还没有

① Bolton Archives ZHH/4/276, S. 334 u. 417.

② Woods, Chronometrie Governor; SAA W1553, 13.3.1846—Wilhelm an Werner Siemens.

③ Siemens, On an Improved Governor.

④ A Collection of Letters, S. XII.

⑤ SAA W712, 25.1.1873—Wilhelm an Werner Siemens; Siemens, Werner, Lebenserinnerungen, S. 159.

意识到的问题。匀速圆周运动的理论及其如何在技术上付诸实施，这是威廉姆在接下来的几十年里都没有停止考虑的问题。在19世纪60年代中期，他展示了一款依据新原理运行的调速器①。在这种调速器上，装满液体的半球被置于运动状态，液体的状态随速度而改变，这被用来调节速度。这种调速器也得到了应用，被用于格林威治天文台，那里早就对更为精确的调速器感兴趣②。威廉姆也考虑到了除此之外的大量应用场景，但是最后都没能实现。

威廉姆在1844年第二次去英国时，还带着另外一项创新，那就是“凸版翻印”的印刷工艺技术③。这个在1841年开发出来的新工艺，其基础来自卡尔·弗里德里希·巴尔达穆斯（Carl Friedrich Baldamus）。这是一种复印工艺，旧印刷物被平移到金属板上，经过化学处理而后印刷。1844年，西门子兄弟与巴尔达穆斯联手改进了这一工艺。威廉姆考虑制造一种新型印刷机。兄弟俩不光考虑到生产书籍和杂志的重印本，也考虑到印制墙壁纸和纺织物。

在展示会上，该工艺因为高超的质量而引起不少关注④。采用这一工艺复印的英国文化期刊《雅典娜神殿》的页面得到高度赞赏，但是也引出一个严肃问题：这一发明给版权带来的后果会如何。这一工艺技术已经在工艺学会（Society of Arts）和皇家学会（Royal Society）展示过，并得到迈克尔·法拉第（Michael Faraday，1791—1867）的关注。法拉第堪称当时英国最著名的科学家，1845年，他亲自在英国皇家科学知识普及会（Royal Institution）上展示这一工艺技术。

然而，最终的结局是测时调速器所遭遇的情况再次出现。这项工艺技术得

---

① Siemens, On Uniform Rotation; vgl. Pole, Wilhelm Siemens, S. 164 f.; Polytechnisches Journal 180 (1866), S. 409–415; Engineering v. 13.4.1866; Cambridge University Library, Department of Manuscripts and University Archives, Add 7656, 19.3.1866—Siemens an Stokes; Siemens, The Scientific Works, Bd. 1, S. 159 f.

② SAA W1557, 24.4.1846—Wilhelm an Werner Siemens; vgl. Siemens, On an Improved Governor, S. 7; Pole, Wilhelm Siemens, S. 117 f.

③ SAA A1322, 10.9.1842—Wilhelm Siemens an B. Hebeier; SAA W8521, 8. u. 30.4.1844—Werner an Wilhelm Siemens; Siemens, Werner, Lebenserinnerungen, S. 75 f.; Pole, Wilhelm Siemens, S. 57 ff.; Bähr, Werner von Siemens, S. 76 ff.

④ The Athenaeum v. 4.12.1841, S. 932, 18. u. 25.1.1845, S. 94, u. 3.5.1845, S. 437; 参见 Culemann, Anastatischer Druck.

到积极的评价，但在商业上是失败的[①]。由于找不到人购买专利使用权，威廉姆和约瑟夫·伍兹自己成立了公司来生产和销售印刷产品。他们委托英国的机械厂生产所需的印刷机。然而，销售量远远低于预期。就在公司成立的1845年当年，威廉姆已经认识到，鉴于来自平版印刷工艺的竞争，凸版印刷工艺的获利渠道仅限于复印古旧出版物，在其他印刷品上无法实现盈利。1847年初，他们最终放弃了凸版印刷工艺。

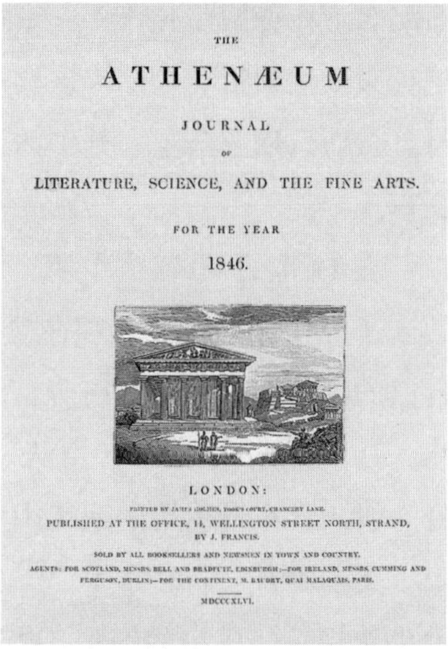
THE
ATHENÆUM
JOURNAL
OF
LITERATURE, SCIENCE, AND THE FINE ARTS.
FOR THE YEAR
1846.

LONDON:
PUBLISHED AT THE OFFICE, 14, WELLINGTON STREET NORTH, STRAND,
BY J. FRANCIS.
SOLD BY ALL BOOKSELLERS AND NEWSMEN IN TOWN AND COUNTRY.
AGENTS: FOR SCOTLAND, MESSRS. BELL AND BRADFUTE, EDINBURGH;—FOR IRELAND, MESSRS. CUMMING AND FERGUSON, DUBLIN;—FOR THE CONTINENT, M. BAUDRY, QUAI MALAQUAIS, PARIS.
MDCCCXLVI.

期刊《雅典娜神殿》（1846年出版）

电镀工艺技术专利成功售出的故事，在蒸汽机调速器和凸版印刷工艺上没能得到复制。综合下来，威廉姆估计这两项创新带来的累计损失各为3 000英镑。1847年，他诅咒这项在印刷技术方面的失败投资：“印刷从一开始到现在都是我们倒霉的原因，我带着真正的喜悦抓住现在的机会，将它甩进永远被遗忘的深渊！”到1855年时，他还在说起“凸版印刷工艺这个大替罪羊”。更为糟糕的是，一直到19世纪50年代他都在偿还这些损失造成的旧债。在19世纪70年代，威廉姆还抱怨说，这两项失败的创新“持续多年阻碍了我的上升渠道”[②]。

西门子兄弟投资失败的经历，并不仅限于调速器和印刷这两项业务。1845年，他们曾获得人造石的生产许可证[③]。为便于生产，他们与位于英格兰伊普斯维奇镇（Ipswich）的兰塞姆机械厂结成伙伴关系，后者主要以生产农业机械

---

① SAA W1867, 28.5.1845—Wilhelm an Werner Siemens; SAA A1320, 30.12.1846—Wilhelm Siemens an Appel; 参见 Pole, Wilhelm Siemens, S. 68; Kreutzer, Von den Anfängen zum Milliardengeschäft, S. 66.

② SAA W1037, 10.1.1847—Wilhelm an Werner Siemens; SAA W2169, 4.11.1855—Wilhelm an Werner Siemens; SAA W712, 25.1.1873—Wilhelm an Werner Siemens（引文源自这三封信件）。

③ SAA W9437, 26.6.1845—Wilhelm an Werner Siemens; SAA W1787, 10.9.1842—Wilhelm an Werner Siemens; SAA W1590, 1.10.1846—Wilhelm an Werner Siemens; SAA W1100, 21.1.1848—Wilhelm an Werner Siemens; vgl. Pole, Wilhelm Siemens, S. 63; Bähr, Werner von Siemens, S. 77–79.

而闻名。在德国单独设厂一事也曾被考虑过，因为他们希望拿到正在建造中的柏林大教堂项目的订单。该教堂就是霍亨索伦大教堂（Hohenzollerndom）的前身。然而，期望落空，其中的原因之一便是在建筑技术方面，水泥已经开始长驱直入。

在19世纪40年代中期，维尔纳和威廉的发明遭遇了一连串的失败，他们的未来完全不确定。从埃尔金顿－梅森公司拿到的钱已经用完，兄弟俩因为自己的创新活动而债台高筑。调速器和凸版印刷这两个项目的失败造成的沮丧感，让威廉姆在1846年夏天写下这样的句子："两年半的时间，我就这样全身心投入、在最尴尬的期待中煎熬，我最好的生命力完全献给这两项发明，却根本无法左右它们的命运。"① 即便后来他的处境变好时，这段时间在他的描述中仍然是一幅昏暗的图景。当他的弟弟卡尔在1852年因为业务不成功而感到沮丧时，他曾经以自己的人生经历为例，鼓励弟弟振作起来："来安慰你一下，我有时候几个星期都食不果腹！这种情况直到最近才缓解。"② 威廉姆的传记作者威廉姆·玻尔认为，威廉姆的艰难状况直到1860年前后才告一段落：

> "他……不必再迫不得已、竭尽全力地不断推出新事物，把还没有试验好的发明展现在所谓的公众面前。这些活动在过去的16年里占据了他的时间、用尽了他自己的以及朋友们的金钱，此外还让他处于持续的恐惧和担忧当中。"③

---

① 引文依据 Pole, Wilhelm Siemens, S. 68; "Thus I have passed two and a half years in perfect secludedness and painful anxiety, devoting the best strength of my life entirely to these two inventions, the fate of which I have not even the power to control." (Pole, Life, S. 65); 也参见 Pole, Wilhelm Siemens, S. 64 ff.

② SAA W1236, 4.10.1852—Wilhelm an Carl Siemens.

③ 引文依据 Pole, Wilhelm Siemens, S. 134. "He had therefore no longer any need to continue the struggling endeavours to introduce novelties, and to force untried inventions into notice, which had occupied him for the last sixteen years, draining the pecuniary resources of himself and his friends, and keeping him in a constant state of worry and trouble." (Pole, Life, S. 127).

维尔纳的处境也好不到哪里去。1845 年，他抱怨自己那“绝望的处境”，在某种程度上宣布退出与弟弟威廉姆结成的发明家共同体[①]。他认为已经看到了隧道尽头的光亮，他想接下来集中精力在一件事上：电报。1847 年 10 月，他与精密机械师约翰·乔治·哈尔斯克（Johann Georg Halske，1814—1890）一起成立了西门子－哈尔斯克电报设备制造厂（Telegraphen-Bauanstalt von Siemens & Halske），年底时他说：“电力是我们家族的精魂！它首先会把我们从泥沼中拉出来。”[②] 他也给弟弟指出了一条出路，即受雇于普鲁士海上贸易商会（Preußische Seehandlung），去一家国有企业机械厂任职[③]。威廉姆对此的反应先是并不热心，但后来他告知兄长，秘鲁政府邀请他供职，在南美洲建设一个工业区[④]。

移民—成婚—归化

尽管有种种困难，在 19 世纪 40 年代的后半期，威廉姆（此后他在英国自称为 William）还是决定留在英国并在那里定居。至于这一决定是在什么时候做出的、他的决心有多么坚定以及背后都有哪些考虑，这些我们都无法准确地知道。要想梳理他这一行为后面的原因，我们只能从回望视角出发去分析其中的理性因素。这里面至少包含着两个不争的事实：一方面，当时的英国工业在全球独占鳌头；另一方面，威廉姆获得了英国工程师界的认可。我们也有理由如此推测：他这样做的动机在于力图摆脱与德国政治和社会的关系。威廉姆并不讳言自己是普鲁士的敌人，他认为德国是一个不自由的威权国家联合体[⑤]。最

① SAA W1875, 2.9.1845—Wilhelm an Werner Siemens; W8540, 9.10.1845—Werner an Wilhelm Siemens; SAA W1572, 22.12.1846—Wilhelm an Werner SAA W1063, 3./4.1.1847—Werner an Wilhelm Siemens（引文源自此信件）; SAAW1037, 10.1.1847—Wilhelm an Werner Siemens; Siemens, Werner, Lebenserinnerungen, S. 165.

② SAA W1076, 29.11.1847—Werner an Wilhelm Siemens.

③ SAA W8535, 11.8.1845—Werner an Wilhelm Siemens; SAA W1872, 11.8.1845—Wilhelm an Werner Siemens.

④ SAA W1558, 22.5.1846—Wilhelm an Werner Siemens.

⑤ 见本书第 122-127 页。

后一点，离开由维尔纳一手掌管的家庭、获得更大的独立性，这对他来说也应该是有吸引力的。

威廉姆·西门子（1847 年）

维尔纳在他的《回忆录》里曾经这样描述其弟弟的移民动机："从英国回来后，威廉又回到马格德堡的工厂。在见识了英国工业的辉煌之后，他不再对马格德堡的小厂感到满意，他更喜欢英国的生活。"[①] 威廉姆本人在回首这一决定时，也提到英国工业给发明家提供了绝佳的机会，英国工程师对他的认可，以及在此基础上结成的许多友谊[②]。测时调速器虽然没有取得商业上的成功，但是，工程师界的大门因此为他敞开了。法拉第关于凸版印刷工艺的报告也带来与此异曲同工的效果。

曼彻斯特（1850 年左右）

① Siemens, Werner, Lebenserinnerungen, S. 74。移居英国、改称为"威廉姆"之后，他自己在家庭通信中还继续使用"威廉"的德文拼写方式，其他家庭成员亦如此。

② Siemens, On Technical Education, S. 237; Siemens, Science and Industry, S. 283 f.

威廉姆决定不光要留在英国，而且还要继续致力于技术创新活动。然而，他不可能一开始就以独立发明家和咨询工程师的身份来从业。为了谋生，他曾经在铁路公司、纺织厂、机械厂以及一家电报机生产厂任职①。在技术发明方面，他从一开始就寻求与企业合作。19 世纪 40 年代中期，他为多家铁路公司工作过②。他也曾徒然地寄希望于能参与修建德国北部的一条铁路线。1847 年，他搬到曼彻斯特，在印刷业和纺织业的多家公司里供职③。在曼彻斯特，他也萌生了利用外来资本建造自己的机械制造厂这一想法④。最终在 1849 年，他与伯明翰的福克斯–亨德森公司（Fox–Henderson and Co.）建立起比较固定的合作关系⑤。他在那里研发和建造一种新型回热式蒸汽机⑥。令福克斯–亨德森公司名振一时的是该公司为 1851 年的世界博览会建造了由约瑟夫 · 帕克斯顿（Joseph Paxton，1803—1865）设计的水晶宫。在这家公司里，威廉姆与爱德华·A. 考普（Edward A. Cowper，1819—1893）成为朋友⑦。后来，考普设计用于高炉供热的热风炉时，采用的就是威廉姆 · 西门子研发的回热原理。

我们可以把威廉姆在英国不同公司（有些还是著名的）、不同部门的工作视为一位机械工程师的职业培训阶段。研发和完善那些有着完全不同使用目的的机器，使得他获得了广博的技术科学知识以及超强的解决问题的能力。到 1850 年左右，他完全有资格自称为职业工程师，即便按照严格的英国标准，他也是能够胜任的。他的传记作者认为，他正行进在通往“有史以来最好的、最熟练的机械师”⑧ 的路上。

---

① SAA W1133 u. W1140, 1.11.1850 u. 28.12.1850—Wilhelm an Werner Siemens.

② SAA W1879 u. W1880, 8. u. 11.11.1845—Wilhelm an Werner Siemens; SAA W1875 u. W8540, 2. u. 9.10.1845—Werner an Wilhelm Siemens.

③ SAA W1054, 1.11.1847—Wilhelm an Werner Siemens; A Collection of Letters, S. XII; Proceedings of the Royal Society of London 37 (1884), III; Pole, Wilhelm Siemens, S. 71.

④ SAA W1102, 9.2.1848—Wilhelm an Werner Siemens.

⑤ Pole, Wilhelm Siemens, S. 76, 85 u. 93 ff.

⑥ 见本书第 138–141 页。

⑦ 见本书第 113 页。

⑧ 转引自 Pole, Wilhelm Siemens, S. 408; “He was probably one of the best and most accomplished mechanics that ever lived.” (Pole, Life, S. 393).

伯明翰（1850 年前后）

在 19 世纪 50 年代，威廉姆的经济状况有所好转。他那时从事的创新工作——水表和回热炉——不光给他带来专业上的认可，而且也让他盈利日增[①]。此外，国与国之间、各大洲之间的电报业务越来越繁荣。直到去世之时，威廉姆在业务上都有着双重身份：①他作为独立发明家开设了一家带有附属公司的工程师办公室；②他领导着西门子公司英国分支机构的业务。

为第一届世界博览会建造的水晶宫（伦敦，1870 年）

① 见本书第 140–141 页以及第 152–154 页。

由于经济状况改善，威廉姆在19世纪50年代能够考虑成家。可以设想，像他这样在职场上十分活跃的人物，选择伴侣也应该限于与业务相关的人群当中。安妮·戈登（Anne Gordon，1821—1901）就是这个人群中的一员，她后来成为威廉姆的妻子。1851年，威廉姆在伦敦的世界博览会上结识了安妮的哥哥、格拉斯哥大学的教授刘易斯·D.B.戈登（Lewis D. B. Gordon，1815—1876）[①]。戈登曾在弗赖贝格（Freiberg）矿业学院等地就读，并且娶了一位德国女性、西门子家族的远亲为妻。威廉姆与刘易斯·戈登建立起业务关系[②]，至少从1857年起开始与戈登家有私人交往[③]。他于1858年在信中告诉弟弟卡尔，在戈登家的社交圈里，“我是被当成家庭朋友的”[④]。维尔纳·冯·西门子似乎已经预感到时机已到，因为他时不时地开玩笑说，威廉姆到了该结婚的时候了[⑤]。

果真，在1858年春天，威廉姆明确决定打算结婚成家。此时，他可以在若干个候选者当中做出选择。在征求了姐姐玛蒂尔德的意见后，他选择了刘易斯·戈登最小的妹妹安妮。他在给玛蒂尔德的信中这样写道：“她本人是受过良好教育、富有才华的半个德国人，同时出身于良好的苏格兰家庭，不漂亮，但身材娇小，天性自由，受家人宠爱，有时受颈椎病和牙齿疾病的困扰，已经有些年纪（只比我年轻一两岁）。”在年龄上他弄错了：安妮并不比他年轻，而是比他大2岁。在权衡中，他还提到更进一步的想

安妮·戈登（日期不详）

① 参见 Bulloch, The Families, S. 116-121.

② 见本书第114-115页。

③ SAA W2119 u. W1968, 2.1.1857 u. 9.10.1858—Wilhelm an Werner Siemens; SAA W2202, 6.7.1857—Wilhelm an Mathilde Siemens.

④ SAA W2088, 4.1.1858—Wilhelm an Carl Siemens.

⑤ SAA W54, 30.6.1858—Werner an Wilhelm Siemens.

法：安妮是一个“没有财产的孤儿”，但是“她会说德语，也会用德国方式考虑问题……”在得到玛蒂尔德的建议后，威廉姆和安妮于1859年3月订婚。婚礼被推迟到1859年7月23日，因为维尔纳·冯·西门子和刘易斯·戈登正一起在红海铺设海底电缆[①]。

即便在订婚之后，威廉姆还是觉得必须在家人面前为自己的新娘辩护。他在给兄长维尔纳的信中写道：“我越来越看到，自己作出了完全幸运的选择。或者说，闭着一只眼睛发现了一个了不起的宝藏。如你所知，她已不再年轻，也不强壮，也不美丽，但她的灵魂如此纯洁，每个在她身边的人都注定会感到幸福！”他希望家人不要“以貌取人”。事实证明，他的这种担心完全没有必要。安妮很快就被西门子家族欢欢喜喜地接受了，不久后维尔纳就称她为“全家人的至爱”。他早就声称：“她会是被你挑中的人，我和我们大家，尤其是我的太太，早就一清二楚……我、弗里茨（弟弟弗里德里希）和迈耶先生所见到的、或者听人描述的戈登小姐，一直都是一位惹人喜爱、聪明又勇敢的好姑娘……”[②] 这的确是一桩非常幸福的婚姻。安妮陪伴并支持丈夫那些范围广大的业务活动。在安排他那为数不少的社交活动时，她发挥着重要的作用[③]。1883年，她抱怨说，为了履行她的社交义务，每天都要在办公桌前待上3个小时[④]。威廉姆去世后，安妮哀思不绝，直到自己的生命尽头。她在书信中反复回忆起与他在一起的日子[⑤]。

威廉姆在英国的最初几年，仍然是梅克伦堡－斯特雷利茨大公国的公民。考虑到接下来的19世纪史，也可以说他是德国人。1858年2月，他告知兄长

---

① 参见 Bulloch, The Families, S. 114–116; SAA F2417, 15.3.1859—Mathilde Himly an Wilhelm Siemens; SAA F1936, 17.3.1859—Wilhelm an Mathilde Himly; SAA F2305, 25.3.1859—Wilhelm an Mathilde Himly.

② SAA W1978, 1.4.1859—Wilhelm an Werner Siemens; SAA W2254, 18.7.1859—Wilhelm an Werner Siemens; SAA W8509, 24.3.1859—Werner an Wilhelm Siemens; SAA W100, 25.9.1859—Werner an Wilhelm Siemens.

③ 见本书第 79–82 页。

④ SAA, ohne Signatur, 22.7.1883—Anne an Anna Siemens.（这是不久前才发现的信件，在本书出版时还没有档案编号）

⑤ SAA, ohne Signatur, 11.6.1884, 28.10.1884, 19.9.1885, 23.8.1885, 15.11.1886, 7.5.1888, 29.1.1889, 29.1.1993—Anne an Anna Siemens.

维尔纳，他要让自己归化为英国人，要获得英国国籍[①]。这可能是一种理性的、出于业务活动的考虑，对此西门子家的兄弟们并没有多说什么。如果威廉姆是英国人，这对西门子公司在英伦岛上的业务会有好处。在政治方面，他根本不认可普鲁士强权领导下的德意志联盟；即便成为英国公民，他也仍然可以保持自己的德意志文化根基[②]。这项决定直到1859年3月才落到实处[③]。契机是不久后即将举行的婚礼。当时，入籍英国必须有人担保。威廉姆提议的 4 位担保人都是他的同行人士，其中也包括他的妻兄刘易斯·戈登。在提交给管理机构的声明里，威廉姆表示想让自己的孩子作为英国公民，在英国长大。此外，他也提到，新国籍会给自己的职业生涯带来优越性，如申请创新的专利权。

归化入籍让威廉姆正式成为英格兰人。与安妮的婚姻，让他们有了一个英格兰 – 苏格兰家庭、一个英国家庭。此外，他在 19 世纪 50 年代进入英国工程师界和英国工业界。徜徉在英语和英国社会中，他感到如鱼得水。这种自在自如的状态，在婚后应该是有增无减。

---

① SAA W1945, 10.2.1858—Wilhelm an Werner Siemens; vgl. Ehrenberg, Die Unternehmungen, S. 134.

② 见本书第 116 页。

③ The National Archives Kew (im Folgenden TNA) HO 1/88/2866; vgl. Pole, Wilhelm Siemens, S.130.

伍尔维奇工厂的庭院（1890 年）

第三章

西门子公司的英国业务

维尔纳的联络人

年轻的威廉姆在 1843 年和 1844 年两次前往英国，都是受维尔纳的委托而成行的。1843 年，威廉姆打算在英国售出的电镀技术工艺主要是维尔纳的发明。1844 年第二次英国之行带去的蒸汽机调速器和凸版印刷工艺，是兄弟二人合伙完成的，各自都有贡献。后来的一系列技术发明也都是同样的模式。威廉姆决定在英国定居后，他也继续在那里代理兄长的利益。威廉姆设法将兄长的技术发明在英国售出，他负责提交专利申请，用学术报告的形式将这些发明介绍给专业人士。如果他觉得维尔纳的创新未得到应有的关注和好评时，就会主动发声。

当维尔纳在 1846 年下定决心未来要专心于电报技术时，在某种程度上，他已经将自己发明的指针式电报机当成启动资本了[①]。他通过威廉姆对英国电报业的现状有了充分的了解。第一份获得商业成功的电报机是磁针电报机。使用这种电报机的人需要在两个磁针的交叉点上读取字母。维尔纳·冯·西门子的指针式电报机则采用两个同步的电气装置，字母会立即在接收方的装置上显示出来。莫尔斯电报机则基于代码——由长短不一的声音信号形成代码。铁路交

① SAA W1572, 22.12.1846—Wilhelm an Werner Siemens.

通是早期电报最重要的应用领域，因为人们可以借助电报来报告火车的发车和到达时间。

指针式电报机（摹制品，1847年）

威廉姆不放过任何一个机会，让哥哥发明的电报系统在专业领域为人所知。[①] 他于1849年在皇家工艺学会、1851年在土木工程师学会发表报告，介绍指针式电报机。尽管有弟弟弗里德里希帮忙，他在推广这一技术方面取得的成绩非常有限[②]。英国人很不情愿地放弃磁针式电报机。等到19世纪50年代时，莫尔斯电报机开始顺利进军市场。即便在此后，威廉姆也一直在努力传播这一发明，以免他哥哥在电报发展方面的贡献会被人遗忘[③]。

早期电报系统的弱点之一在于：在同一时间内，一条线路只能发送一份电报，使用电报变得特别昂贵。不难想象，通信技术专家们试图去解决这一问题，增加信道的数量。迈进这一方向的第一步发生在19世纪50年代初，此时出现了双工电报，即允许同时在两个方向上发报。维尔纳·冯·西门子早在

① Siemens, The Scientific Works, Bd. 2, S. 3–5 u. 6 f.

② Bähr, Werner von Siemens, S. 137 f.

③ Siemens, On the Progress, S. 22 f. u. passim.

1849年已经考虑过该问题，他于1854年再度拣起这个题目[①]。他的电报系统是一种采用不同电流强度的直流电报。威廉姆受哥哥的委托，在英国申请了这一解决方案的专利权，并报告了首批测试的情况。过了相当长一段时间，双工电报系统才被接受。但是，采用的不是西门子的设计，而是另外一套设计方案。

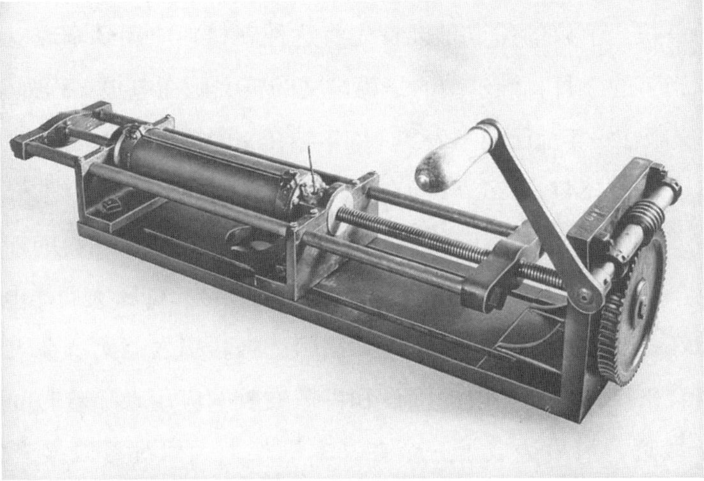

压胶机（摹制品，1847年）

维尔纳·冯·西门子在1848年，也就是在西门子－哈尔斯克公司成立仅几个月后，便获得了第一份重要合同——铺设柏林与法兰克福之间的电报线。此时，他决定铺设地下线路。虽然开始时遇到一些困难，但这一系统在德国电报扩建中经受住了考验。相反，英国惯有的通行做法则是借助于线杆在地面上架设电缆。威廉姆在1852年向英国议会强烈推荐其兄长的电报系统[②]。1881年1月由于暴风雪袭来，英伦岛上的电报联络大面积中断，他再次推荐兄长的电报系统[③]。

① Siemens, Werner, Wissenschaftliche und technische Arbeiten, Bd. 1, S. 60 ff. u. 83–91; Polytechnisches Journal 139 (1856), S. 161–167; Siemens, On the Progress, S. 36.

② SAA W1296, 12.6.1852—Wilhelm an Werner Siemens.

③ Telegraph Wires. To the Editor of *The Times*. January 19, 1881. In: Siemens, The Scientific Works, Bd. 3, S. 241 f.

电缆只有在具备良好绝缘性能的情况下，才可以铺设在地下。19 世纪 40 年代，从橡胶树的汁液中提取的古塔波胶，成为一种新型绝缘材料。事实证明，古塔波胶特别适合于铺设海底电缆。威廉姆在 1845 年皇家工艺学会的一次会议上了解到这种新材料[①]。他把这种材料寄给柏林的兄长，后者在随后几年里将它引入电缆生产中。

多年过后的 1876 年，维尔纳·冯·西门子与英国工程师之间发生了一场功绩归属的争执。争议的焦点是谁首先将这种新材料应用到全球电报网络建设当中的[②]。当年的 2 月，维尔纳的一篇论文的英文版在电报工程师学会被宣读，该论文的德文版在一年前已经发表[③]。维尔纳在文中提出了自己的大胆主张："跨洋电报的起始点是 1847—1852 年间在普鲁士铺设的地下电报电缆。"随后，他又缓和了一些："不过，正是英国的企业精神，把在一个领域获得的知识应用到另外一个领域，一个无需与廉价的地下电缆竞争的领域，即跨大西洋电报系统。"[④]

这种意在缓和关系的说明，还是无法阻止报告引发怒潮。在大会上，人们用几场专题会来讨论早期的电缆铺设和古塔波胶的应用。随着时间的推移，不同立场趋于接近，最后达成了一个在基本框架上大家都可以接受的发明史叙事。维尔纳·冯·西门子的主张，最初并没有得到太多支持。相反，一些工程师采用与西门子类似的方式提出自己的反对意见。供职于西门子海底电缆业务主要竞争对手的电气工程师威洛比·史密斯（Willoughby Smith，1821—1891）怀疑是否可以从德国地下电缆中学到很多用于跨洋电报的知识，并言："1850

---

① Siemens, The Scientific Works, Bd. 2, S. 11 f. u. 184 f.; Siemens, Werner, Wissenschaftliche und technische Arbeiten, S. 26–28 u. 125; Wood, A History, S. 104; Weiher, Die englischen Siemens Werke, S. 19 f.; Bähr, Werner von Siemens, S. 115.

② 相关讨论参见 Journal of the Society of Telegraph Engineers 5 (1876), S. 67–69, 71 f., 82 f., 85 f. u. 100–102; Appleyard, The History, S. 54 f.; Black, History, S. 11 ff.; Fuchs, Wie "Flachware".

③ Siemens, Werner, Contributions; 该文最初以德文发表在 Poggendorffs Annalen der Physik und Chemie 6 (1875), S. 272–304.

④ Siemens, Werner, Contributions, S. 42: "The starting point of submarine telegraphy is to be found in the subterranean lines constructed in Prussia during the years 1847—1852." "But it was reserved for English enterprise to convert the knowledge and experience thus gained to practical account in a sphere where there was no competition with cheaper overground lines, that is to say, to submarine telegraphy."

年9月，多佛－加来（Dover–Calais）线路的成功铺设是跨洋电报的起始点。"① 电报专家克伦威尔·弗利特伍德·瓦利（Cromwell Fleetwood Varley，1828—1883）也以同样的方式总结道："毫无疑问，跨洋电缆起源于英国……如果我们没有英国人的冒险精神，英国人的坚韧不拔，就根本不会有电缆，这么说并不算言过其实。"②

威廉姆·西门子也主持了一些发言，但是他在讨论中首先退避。最后，他用一个表述来结束这些争论，他接受了英国工程师的阐释，但是也提到西门子公司的贡献："铺设跨大西洋电报电缆线路，这是英国独有的事业。我甚至要说，目前几乎每一根使用中的海底电缆都是这个国家的产品，都是通过泰晤士河运出去的。"③ 威廉姆在这一外交辞令式的表述中，也把位于泰晤士河畔伍尔维奇（Woolwich）的西门子工厂包括进去了。

抛开这里民族国家的音调，电报工程师学会的讨论也多少厘清一些古塔波压胶机的历史。英国在19世纪40年代中期已经用压胶机来制作橡胶产品。没过几年，似乎在英国和德国同时开始了用压胶机来包覆电报电缆。最初的英国挤塑设备还非常不完美：压胶机把两个胶条压在一起，于是一条绝缘线有两条缝痕。而维尔纳·冯·西门子开发的挤塑机可以做到绝缘体无缝隙，因此减少了可能的薄弱环节。在英国，人们也很快转向了无缝绝缘技术。这里是否存在技术转移我们则不得而知。维尔纳·冯·西门子对这桩发明史的重新勾勒明确表示同意，并让人在电报工程师学会中声明，他的首发权诉求仅限于一种完成无缝包覆电报电缆的机器④。

电报工程师的讨论还涉及一个更深层的问题。维尔纳认为，由西门子公司

① Journal of the Society of Telegraph Engineers 5 (1876), S. 67: "The successful laying of the line from Dover to Calais, in September 1850, was the germ from which submarine telegraphy sprang."

② Journal of the Society of Telegraph Engineers 5 (1876), S. 79: "[...] that submarine cables are undoubtedly of English origin and design. [...] and I am not going too far when I say that it was due to English pluck and to English perseverance that we have any cables at all."

③ Siemens, The Scientific Works, Bd. 2, S. 183: "[...] that submarine telegraphs are specifically English enterprises. I might go further, and say every submarine cable which is now working is, almost without exception, the produce of this country, and has been shipped from the Thames."

④ Journal of the Society of Telegraph Engineers 5 (1876), S. 100–102.

铺设的跨地中海线路——从撒丁岛的卡利亚里到阿尔及利亚的博纳（今天的安纳巴）——是第一条铺设成功的深海电缆，而他本人在由此获得的经验中形成了一个电缆铺设理论。他在报告中提到的第二个要点，涉及由他提出的电缆故障定位方法。多位参与讨论者将他的方法与英国工程师的铺设方法进行比较，论述这两种方法是否具有可用性。两位英国工程师依照1858年发表的文章，提出了首发诉求①。维尔纳·冯·西门子在一定程度上接受了这一诉求。显然，当事人不约而同地产生了类似的想法。

维尔纳在威廉姆的帮助下开发出来的电缆检查方法，无论如何都是经得起推敲的。1859年，英国政府委托西门子公司为其做相应的检查②。随后，兄弟俩开发出一套程序，在电缆的生产、储备、铺设中不间断地进行电子监测，以便能及时发现并排除绝缘故障③。威廉姆不失时机地向英国学术协会表明，他的兄长在这一问题上有哪些贡献。

威廉姆义无反顾地维护兄长维尔纳的利益，凸显他的功绩。不过，如果其兄长提出的诉求太言过其实，或者无法被接受（如关于电报电缆的讨论）的话，他就保持缄默。另外一桩事例是确立电阻单位。维尔纳在1860年开发出一种汞单位。1861年，英国学术协会应著名物理学家威廉·汤姆森（William Thomson，1824—1907）的申请，开始考虑设立电学单位，电阻单位得到了特别的重视④。学术协会首先组成了一个包括6位成员的委员会。在随后的两年内，有更多成员加入，其中包括电气技术界的大人物，如詹姆斯·克拉克·麦克斯韦（James Clerk Maxwell，1831—1879）和詹姆斯·普雷斯科特·焦尔

---

① Longridge/Brooks, On Submerging; Siemens in: Journal of the Society of Telegraph Engineers 5 (1876), S. 122–126.

② Siemens, Deep Sea Telegraphs, S. 14 ff.; Polytechnisches Journal 187 (1868), S. 303–306; 参见 Siemens, Werner, Lebenserinnerungen, S. 257; Ehrenberg, Die Unternehmungen, S. 143 f.

③ Siemens, Werner u. William: Outline of the Principles and Practice Involved in Dealing with the Electrical Conditions of Submarine Electric Telegraphs. In: Siemens, The Scientific Works, Bd. 2, S. 47–65; auch in: Zeitschrift des deutsch–österreichischen Telegraphen–Vereins 7 (1860), S. 111–116 u. 195–207; vgl. Siemens, The Scientific Works. Bd. 2, S. 126 f.

④ 详见：Reports, S. 278 ff.；也参考 Siemens, Ueber die neuesten Errungenschaften, S. 10; Siemens, Address of the President of the British Association, S. 321; Thompson, Life, S. 417 f.; Hunt, Origin, S. 105.

（James Prescott Joule，1818—1889）。新增成员中也包括威廉姆·西门子，他自然知道兄长在电阻单位问题上所做的工作。到 1883 年威廉姆去世时，委员会发表了 10 份报告，后续还有更多的报告。在这些报告中，委员会阐明了建立单位体系的理由，而后确立了标准具。

威廉·汤姆森（1875 年前后）

委员会决定采用一种被称为“绝对的”或“推导的”体系。它测量既定的量，如长度、时间、力和功，使用计量式书写方式。这样就推翻了被人们称为“相对的”或者“实际的”测量体系。维尔纳确立的汞单位就属于后者。具体到电阻上，测量电阻要借助于金属线来进行。问题在于，所用金属线的电阻会因时间而改变。在随后的若干年里，许多科学家在寻找能显示持续稳定性的材料。维尔纳·冯·西门子本人也受到邀约进行此项工作，但是他对这种努力是否会带来结果表示怀疑，依旧使用校正后的汞单位。特别是金属化学家奥古斯都·马蒂森（Augustus Matthiessen，1831—1870）受英国学术委员会的委托，检验由各种金属或合金制成的线圈。委员会最终倾向于使用铂银合金，但也允许使用其他材料。

电动机（摹制品，1866 年）

委员会虽然拒绝了维尔纳·冯·西门子的提议，但高度赞赏了他的开创性工作。在整个调研过程中，由于他们的测量结果差异颇大，维尔纳·冯·西门子和奥古斯都·马蒂森之间存在相当大的分歧。威廉姆·西门子很可能意识到没有任何机会扭转局势，尽管他明确地认识到他的兄长的测量体系具有优势[①]。最终，他接受了英国学术协会的“绝对”体系。在1881年巴黎国际电气工程大会上，该体系——尽管有维尔纳的全力反对——获得了普遍约束性。此外，威廉姆也参与了对其他电测量单位的命名，提议了“瓦特”和“焦耳”。

威廉姆在英国介绍其兄长的成果，包括后者1876年对硒的研究[②]，以及10年前对电动机原理的发现。1866年，当维尔纳在用小型发电机进行实验时发现，当电磁线圈与蓄电池之间的连接已经中断时，发电机依然会发电。这种在当时还无法解释的现象源于残留的磁力。也就是说，电磁线圈中的铁里还余有磁力，从而使电磁线圈和发电机还能相互应和。

威廉姆于1867年2月4日在皇家学会介绍了其兄长的实验[③]。这个报告获得巨大的意义，因为英国的电报先驱查尔斯·惠斯通（Charles Wheatstone，1802—1875）在很短时间后也展示了同样的发明，另一位发明家塞缪尔·阿尔弗雷德·瓦利（Samuel Alfred Varley，1832—1921）也声言有所发现[④]。在接下来的几年里，威廉姆当仁不让地主张其兄长作为首位发明者的诉求[⑤]。一份报道错误地认定他本人发现了这一原理，他对此予以否认并澄清，同时也对瓦利的诉求提出批评。

---

① SAA W216, 4.1.1866—Werner an Wilhelm Siemens; Siemens, Werner, Lebenserinnerungen, S. 290ff; Siemens, Ueber die neuesten Errungenschaften, S. 11; Siemens, Address of the President of the British Association, S. 321 ff.; Pole, Wilhelm Siemens, S. 334 f.

② Siemens, William: The Action of Light on Selenium. Notices of the Proceedings at the Meetings of the Members of the Royal Institution of Great Britain 8 (1876), S. 68-79.

③ Siemens, On the Conversion; 参见 Siemens, Werner, Lebenserinnerungen, S. 385 f.; Pole, Wilhelm Siemens, S. 247 ff.

④ 参见 Mahr, Entstehung.

⑤ Siemens, William: The Electric Light. To the Editor of *Engineering*. 20. u. 30.10., 14.11. und 10.12.1877. In: Siemens, The Scientific Works, Bd. 3, S. 162-166; Siemens, On the Dynamo-electric Current, S. 1071; 参见 Pole, Wilhelm Siemens, S. 259; Bähr, Werner von Siemens, S. 237.

威廉姆的报告中的另一主题是维尔纳在电动轨道车建设方面的成就①。维尔纳设计的一台电动轨道车，首先在1879年柏林工商展览会（Berliner Gewerbeausstellung）上展出，随后在其他许多场合展出。1881年，他在柏林—利希特费尔德（Berlin-Lichterfelde）开设了第一条公共电车路线。1882—1883年，兄弟俩将有轨电车介绍到北爱尔兰，在英国建造更多的有轨电车也被纳入计划当中。

西门子家族的企业

维尔纳·冯·西门子很清楚，就在英国推广他的成果而言，很难指望还会有比弟弟威廉姆更合适的人选。威廉姆变成了维尔纳的非正式代理人。此外，威廉姆在1850年3月正式承担西门子-哈尔斯克公司的代理权，为此获得该公司在英国所得利润的三分之一②。他得到了两个弟弟弗里德里希和卡尔的帮助。卡尔比他小6岁，为1851年的伦敦世界博览会展出做了很多准备工作，博览会上展出的西门子电报机得到高度认可。属于威廉姆职责范围内的工作也包括为欧洲大陆的母公司购买设备材料。不过，他最重要的业务是在英国销售柏林生产的电报机，而这项工作进展缓慢。直到19世纪50年代中期，他才获得第一批数量较大的订单，其中就有来自铁路公司的。西门子-哈尔斯克公司与钢丝绳和电缆加工厂R. S. 纽沃尔公司（R. S. Newall & Co.）签订了合作协议③。兄弟俩早就考虑过在英国筹建自己的制造厂④。1858年，威廉姆在伦敦将此计划付诸实践。然而，这是一个只雇佣80~100名工人的小工厂。威廉姆还

---

① Siemens, The Dynamo-Electric Current, S. 241 ff.; Siemens, The Electric Transmission, S. 407 ff.; Siemens, Ueber die neuesten Errungenschaften, S. 24; Siemens, Friedrich, Bericht, S. 121 f.; SAA W8083, 17.8.1883—Wilhelm an Werner Siemens; Pole, Wilhelm Siemens, S. 314 ff.; Weiher, Die englischen Siemens Werke, S. 129.

② Siemens, Werner, Lebenserinnerungen, S. 167; Pole, Wilhelm Siemens, S. 88 ff.; Ehrenberg, Die Unternehmungen, S. 121; Weiher, Die englischen Siemens-Werke, S. 21; Lutz, Carl von Siemens, S. 66; Bähr, Werner von Siemens, S. 140, 179 u. 196 ff.

③ 见本书第53页。

④ Pole, Wilhelm Siemens, S. 89 f. u. 125 ff.

在那里建了一个小型实验室，供他本人从事研究之用。

这家制造厂的开业典礼与西门子－哈尔斯克公司英国分公司的成立仪式合二为一，于 1858 年在伦敦一并举行[①]。参加者有威廉姆和维尔纳、约翰·格奥尔格·哈尔斯克以及纽沃尔公司。威廉姆所得的分红，再次被确定为公司盈利的三分之一。柏林公司的负责人维尔纳和英国分公司负责人威廉姆之间的关系，很快就变得紧张起来。伦敦公司的大部分电报机来自柏林，而威廉姆觉得这是负担[②]。他认为自己能在英国找到便宜得多的产品。他也抱怨说，哈尔斯克——不管怎么说，他也是英国分公司的合伙人——认为海底电缆业务风险太大，宁愿放弃。维尔纳反驳说，伦敦（的公司）有赖于在柏林完成的电报创新，因此价格高是合理的[③]。他不无理由地指责威廉姆，后者没有让他明确地获知英国业务的发展情况，或者让他知道得太晚——威廉姆似乎厌烦处理那些中规中矩的会计工作。

卡尔·冯·西门子（1860 年前后）

无论如何，威廉姆都在争取从柏林总公司获得更大的自主性——并借此更多地独立于兄长维尔纳。将两家公司彻底分开也会是一个选项，兄弟俩在 1863 年和 1864 年间曾经商讨过[④]。维尔纳在写给卡尔的一封信中，对威廉姆的立场表示完全理解：“我也跟威廉交换了意见。威廉在英国业务中付出的工作最多，他对自己得到三分之一的分红不满

---

① Ehrenberg, Die Unternehmungen, S. 407 ff; Weiher, Die englischen Siemens-Werke, S. 38 u 135 f.; Feldenkirchen, Siemens, S. 37; Bähr, Werner von Siemens, S.202 f.

② SAA W4115, 2.6.1863—Wilhelm an Werner Siemens; SAA W4072, 9.4.1863—Wilhelm an Werner Siemens; 参见 Weiher, Die englischen Siemens-Werke, S. 49 f.

③ SAA W4088, 13.5.1863—Werner an Wilhelm Siemens; SAA W8612, 7.5.1864—Werner an Wilhelm Siemens.

④ SAA W185, 16.4.1863—Werner an Wilhelm Siemens; SAA W8613, 10.5.1864—Werner an Wilhelm Siemens; 参见 Ehrenberg, Die Unternehmungen, S. 433 u. 438.

意，这是自然而然的。也就是说，如果他现在经济收入高的话，他对我们的需要就更少……”[①] 最终，兄弟俩还是决定继续合作下去。

兄弟间讨论的结果是通过 1865 年成立的西门子兄弟公司（Siemens Brothers）对合同关系进行一番修正[②]。成立新公司的另一动机是铺设从西班牙卡塔赫纳到北非奥兰的海底电缆曾造成不菲的损失，他们希望不要让高风险的电缆铺设业务再次危及柏林总部。与这种预期相反的是，电缆业务在接下来的几年里发展良好，并获得可观的利润。西门子兄弟公司的合伙人一开始是维尔纳和威廉姆，当卡尔后来搬到伦敦时，他成为第三名合伙人。1867—1868 年，“整体业务”也进行了重新安排[③]。合伙协议到期后，哈尔斯克想退出业务。维尔纳得到 40% 股份，威廉得到 35% 股份，卡尔得到 25% 股份。当卡尔在 1869 年加入英国的公司时，他的股份增加到 30%，而威廉的股份减少到 30%。

西门子兄弟公司在伍尔维奇的电缆厂（1866 年）

虽然有了新业务形式以及重新分配了股份，但这并没能解决全部问题。即

① SAA W186, 17.4.1863—Werner an Carl Siemens.

② Siemens, Werner, Lebenserinnerungen, S. 274; Pole, Wilhelm Siemens, S. 171; Ehrenberg, Die Unternehmungen, S. 403 ff.; Weiher, Die englischen Siemens-Werke, S. 62 ff.; Bähr, Werner von Siemens, S. 248.

③ Ehrenberg, Die Unternehmungen, S. 449 u. 454 ff.; Lutz, Carl von Siemens, S. 149 ff.

使在 1865 年之后，伦敦和柏林之间也存在着一些矛盾：关于独立的程度、全球市场划分以及相互供应等问题[①]。维尔纳把这些主要归咎于路德维希·洛夫勒（Ludwig Löffler，1831—1906），他自 1858 年起一直在英国公司担任管理职务[②]。洛夫勒在柏林的公司成立之初就已经是公司的雇员。在英国，他在电缆铺设业务和商务管理方面的工作无可挑剔。另一方面，从为人处世的角度看，他的个性似乎是很有问题的。维尔纳在 1858 年如此评判道："洛夫勒非常能干，但也非常有野心，对金钱非常渴求。"[③] 而在 1863 年他写道："洛夫勒贪婪，无所顾忌而且素质欠缺。他似乎一心要让柏林和伦敦之间的关系断开，要向威廉证明，他不需要我们。在有分歧的情况下，威廉自然会站在洛夫勒那边并为他辩解。"[④] 维尔纳对洛夫勒的性格刻画可谓一针见血。在对洛夫勒的性格评判上，威廉姆与维尔纳的看法没有太大区别，但洛夫勒承担了他不喜欢的工作。当洛夫勒在 1883 年想从西门子兄弟公司退出时，威廉姆告诉哥哥："他是个很能干的雇员，但在其他方面，失去他也不值得遗憾，他的粗鲁给我们带来很多敌人！这件事最糟糕的地方是将来我在业务上的工作量会加大！"[⑤]

在洛夫勒的眼中，柏林和伦敦之间的关系则是另外一番景象。他认为，柏林对英国业务没有什么贡献，却将一笔可观的利润划归已有，"德国的公司正在从英国的公司身上挤奶"[⑥]。（他也认为）威廉姆太不关心业务。洛夫勒在很大程度上将西门子兄弟公司的良性发展归功于他本人，并力图成为公司的合伙人。对他的这一设想，维尔纳不容分说地予以拒绝了。在这一点上，维尔纳的家族企业理念与洛夫勒的经理型公司取向产生了冲突。维尔纳在向弟弟解释他为什么拒绝时，提到的是另外的理由：

---

① Ehrenberg, Die Unternehmungen, S.426E; Weiher, Die englischen Siemens-Werke, S. 131 ff.; Lutz, Carl von Siemens, S. 169 f. u. 178; Bähr, Werner von Siemens, S. 375 ff.

② Über Löffler s. Weiher, Die englischen Siemens-Werke, S. 33 ff.

③ SAA W52, 12.3.1858—Werner an Wilhelm Siemens; vgl. Weiher, Die englischen Siemens-Werke, S. 36.

④ SAA W186, 17.4.1863—Werner an Carl Siemens.

⑤ SAA W8083, 17.8.1883—Wilhelm an Werner Siemens.

⑥ 转引自 Scott, Siemens Brothers, S. 66 ff., 引文原文为 "[...] the German firm was milking the English one", S. 68.

“他（洛夫勒）缺乏构成我们业务之基础的科学和技术知识——他会快速地将业务转变成纯粹的赚钱生意，可能一时会赚很多，但也会带来很大危险，最终会从高处一落千丈。他会专横行事，也会妨碍你参与业务。然而，正如我反复所说的那样，如果没有你，我一天也不会将业务留在伦敦，因为那里的业务基本上是基于你的能力、你的个人声誉和信用。”[①]

1869—1880 年，卡尔分担了哥哥威廉姆在西门子兄弟公司里的负担[②]。当卡尔于 1880 年再度返回俄国——他曾经在那里把西门子的业务建起来——的时候，英国公司在威廉姆的推动下转变为股份公司[③]。威廉姆持股45%，是这家公司的最大股东，其他股东为维尔纳和卡尔。洛夫勒也获得了 2.5% 的股份并成为总经理。在 1882—1883 年的一次增资中，创始人还让西门子家族的下一代参与。四位股东组成了董事会，威廉姆担任主席。但事实上，董事会只由威廉姆和洛夫勒组成，在欧洲大陆工作的维尔纳和卡尔没有参加董事会议[④]。

威廉姆能毫无困难地做到限制洛夫勒的权力。威廉姆去世以后，公司内的紧张关系有所加剧：一方是不受待见的总经理洛夫勒，另一方是维尔纳和亚历山大·西门子（1847—1928），后者慢慢地进入其养父曾经在公司担任的角色[⑤]。洛夫勒先是通过收购更多股份来提高自己在西门子兄弟公司中的地位。在 19 世纪 80 年代后期，他逐渐从公司退出，亚历山大接手了对公司的领导。

---

① SAA W793, 7.4.1875—Werner an Wilhelm Siemens.

② S. u. S. 184—186.

③ Pole, Wilhelm Siemens, S. 308; Scott, Siemens Brothers, S. 61 ff.; Weiher, Die englischen Siemens-Werke, S. 109 ff.; Bähr, Werner von Siemens, S. 295.

④ 直到威廉姆在 1883 年去世前举行的 53 次董事会都是如此。(SAA Minute Book of Proceedings of the Company)

⑤ Weiher, Die englischen Siemens-Werke, S. 162 f.; Lutz, Carl von Siemens, S. 258; Bähr, Werner von Siemens, S. 379 ff.

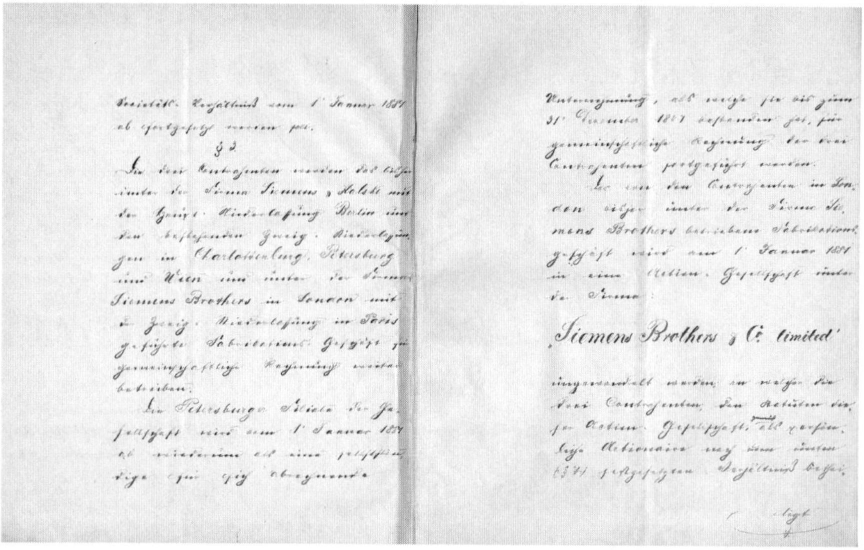
„Siemens Brothers & Co. limited"

西门子兄弟公司的公司合伙人合同（1880年）

人生规划不同，兄弟冲突难免

亚历山大·西门子（时间不详）

当威廉姆在1850年正式成为西门子－哈尔斯克公司的英国代理人时，他保留了自己的私人工程师事务所。他继续从事多方面的技术开发工作，并与一些公司合作。这一情况并没有因1858年设立西门子－哈尔斯克公司英国分公司、1865年成立西门子兄弟公司以及1880年转为股份制公司而发生改变。正好相反，威廉姆在西门子公司之外的活动一直在增加。他在自己的公司里推销自己的创新成果，并活跃在技术－科学协会中。西门子的核心业务电报技术只是他在技术－科学以及业务兴趣中的一个较小部分。在他的自我认知里，他首先是多个领域内的发明家和创新者，他的着重点曾经多次改变。

威廉·西门子（1860 年前后）

维尔纳对其家族企业的设想却走向了另一个方向。从 19 世纪 40 年代中期开始，他明确地把重点放在电报上，尽管他对其他有望盈利的经营主意也保持开放。他想通过两个弟弟来战略性地扩展业务：卡尔在俄国，威廉姆在英国。他的愿望是他们会对此全力以赴。因此，威廉姆在西门子公司以外的活动是他的眼中钉。在 19 世纪 60 年代初期，他还没有放弃这一希望，即按照他的设想将威廉姆牢牢地拴在家族企业里。他在 1860 年这样告知弟弟卡尔："假如威廉愿意放弃他的特殊业务，我就会出于这一理由，就像以前对你一样，把威廉变成全部业务的合伙人。"①1863 年，他写道："迄今在这种对半的关系下，即威廉一半是自食其力的私人工程师，另一半是合伙人，在我看来并不是形成一种确定关系的合适基础。"②

威廉姆的人生规划无法与维尔纳的设想取得一致。最后，双方都做出了让步，达成了妥协。威廉姆从 19 世纪 50 年代的下半期开始，努力让自己减轻负担。他考虑到的人选是弟弟卡尔和瓦尔特（Walter Siemens，1833—1868），也考虑到洛夫勒和阿道夫·威廉·迈耶（Adolph Wilhelm Meyer，1816—1868），后者曾经是维尔纳的管理层雇员、关系密切的朋友③。1857 年，威廉姆声明愿意放弃盈利分成，以便能"心安理得地做其他业务"。他曾经考虑过完全放弃电报业务和西门子公司，仅限于做他自己的工程师业务。在随后的 10 年里，

① 引文依据 Ehrenberg, Die Unternehmungen, S. 412.

② 引文依据 Ehrenberg, Die Unternehmungen, S. 429.

③ SAA W2012, 15.3.1857—Wilhelm an Werner Siemens（引文出自此信件）; SAA W1961, 28.6.1858—Wilhelm an Werner Siemens; SAA W54, 30.6.1858 – Werner an Wilhelm Siemens; SAA W2658, 6.4.1861—Wilhelm an Werner Siemens; vgl. Ehrenberg, Die Unternehmungen, S. 163, 417 u. 450 ff.; Weiher, Die englische Siemens-Werke, S. 46 f.

他寄希望于卡尔接替他，但后者几次都拒绝了[①]。一方面，卡尔没把握能否与威廉姆顺利合作；另外一方面，他为高加索地区的商业机会所吸引，这是他作为俄国西门子业务负责人时所见到的商机。最大的障碍是卡尔的太太玛丽（Marie，1835—1869）身患疾病，她绝不会想去伦敦。

当玛丽在1869年去世后，卡尔前往英国的道路就畅通无阻了[②]。他接手了公司的业务管理，与威廉姆的合作也很顺利。不过，由于卡尔身体患病以及在国外滞留时间比较长，威廉姆并未能如他期望的那样卸去很多负担,。在巴黎，卡尔在想办法建立一处西门子公司法国分公司，在商谈法国的大西洋电缆业务。不过，这些工作他也非需要威廉姆的支持不可[③]。卡尔亲自监督了一些电缆的铺设作业。威廉姆对自身处境的不满意体现在，他曾考虑将西门子兄弟公司卖掉，也就是说完全从英国的业务中退出来[④]。1880年，卡尔又回到俄国。维尔纳最终同意将西门子兄弟公司转变为股份制公司，以便把威廉姆留在公司里。威廉姆解释说："将这么美丽的造物拱手让出，令人可惜，但是我也不愿意一个人承担这么重的责任……"[⑤] 实际上，在股份制公司里，最后的责任还是落在他身上。

威廉姆并非对英国的西门子分公司的经营不感兴趣[⑥]。他比兄弟们更热衷于更多地进入电缆业务[⑦]。但是，他不愿意将自己的生活完全献给电报和家族企业，放弃自己的其他活动。他设想的理想情形是自己专注于战略性问题，把运营交给别人去做。他愿意与投资人、商业伙伴和政府官员进行深入商谈，在外

---

① SAA W4078, 22.5.1863—Wilhelm an Werner Siemens; SAA W4858, 4. u. 16.2.1867—Carl an William Siemens, u. a.; SAA W894, 4.12.1866—Werner an Wilhelm Siemens; vgl. Lutz, Carl von Siemens, S. 148.

② Siemens, Werner, Lebenserinnerungen, S. 399 f. u. 440 f.; Ehrenberg, Die Unternehmungen, S 456; Weiher, Die englischen Siemens-Werke, S.81; Lutz, Carl von Siemens, S. 176, 192, 197 u. 202 f.; Bähr, Werner von Siemens, S. 274.

③ SAA, ohne Signatur, 31.1.1879—Anne an Anna Siemens.

④ SAA W5296, 17.9.1874— Werner an Wilhelm Siemens; vgl. Weiher, Die englischen Siemens-Werke, S.110.

⑤ SAA W7851,—14.3.1880—Wilhelm an Werner Siemens.

⑥ Weiher 把威廉姆描写为"有些迟疑不决，没有力度，可以说，对西门子－哈尔斯克公司的业务感到无所谓，一副事不关己的样子"，这是他非常大的错误评判。(Weiher, Die englischen Siemens-Werke, S. 29)

⑦ 见本书第 58-59 页。

界面前代表公司。但是，他不想组织生产或者领导电缆铺设。因此，他的沮丧源于这些愿望没能实现。

在最初的犹豫之后，维尔纳对弟弟的愿望除了接受或者至少得容忍之外，再别无选择。就西门子公司在英国的运营而言，威廉姆如今已经变得价值不可估量，无可替代。兄弟俩对此都非常清楚：经营英国的业务，个人所起的作用要大于在其他国家[①]。至迟到19世纪60年代，威廉姆在英国的社会、经济和科学界都已赢得出色的声誉，为西门子公司的形象增光。在所有领域里他都有关系网，在需要时可以为公司利益而动用他的人脉。此外，在很长时间内，公司的英国业务状况要比德国的好。

维尔纳完全清楚这种状况。他在1860年向弟弟卡尔解释说：

> “在涉及威廉时，我们的利益非常复杂。在英国的业务存在下去或者倒闭，取决于他。离开英国的市场，我们在德国的业务就无法持续下去，因为余下的销售量太小。仅电报业一项就已经能让英国的业务未来可期，而且可能是真正举足轻重的。假如我们让威廉离开的话，在俄国的‘军马’项目到期后，我们的电报业务就会死掉。因此，我们必须把威廉高高托举起来。”[②]

“军马”项目指一份在1867年到期的电报线路维护合同，这是俄国于1853—1855年在克里米亚战争期间修建的电话线。对维尔纳来说，与威廉姆的合作不仅是经济上必须如此，他也毫无嫉妒地承认他的功绩：

> “威廉用他已经在英国具有的名气和影响，让我们在那里取得立足的可能性，他作为我们的代理人，无私地为我们工作，并为我们建立声誉做出了巨大贡献……迄今为止，英国的业务还没有产生太大利润，这部分

① 这一问题可参见 SAA W4O97, 3.5.1863—Wilhelm an Werner Siemens; Ehrenberg, Die Unternehmungen, S. 449.

② 转引自 Ehrenberg, Die Unternehmungen, S. 415.

是由于外在条件造成的，部分是我们自己的错，因为我们认为铺设地中海底电缆……对我们来说风险太大。”“（而且）迄今，威廉用他巨大的个人信誉在一定程度上弥补了我们的资本不足……在我们这里，这根本不可能。在英国，个人信誉因素比在我们这里重要得多。”[①]

在卡尔离开以及公司转换成股份制公司之后，威廉姆表明了再进入公司英国业务的意愿，维尔纳对此表示欢迎：“只有 L（洛夫勒）和 Ali（亚历山大·西门子）的话，长期来看根本不行，他们二人都缺少正确的策略和专业知识。”[②]

电报电缆带来的全球化

全球化——全球范围内的共同成长——可以被理解为一个延续了几个世纪的过程，这期间有放缓、也有加速的阶段。全球化的加速发生在 19 世纪下半叶，造成这一局面的推动力是铺设跨越大西洋的电报电缆、启用大型由蒸汽机驱动的轮船，以及开凿大型运河，如 1869 年的苏伊士运河以及 1914 年的巴拿马运河。运河缩短了大洋之间的航程，让货运和客运变得更快捷，让成本降低。在苏伊士运河建成之前，往返亚洲和欧洲之间的船只运输要绕行非洲南端的好望角，或者用火车将船上装载的货客运过苏伊士地峡，这就意味着两次装卸。大西洋和太平洋之间的通道需要经过南美洲的最南端，或者经由中美洲地峡的崎岖之地。蒸汽发动机提高了船的运力和航速，尤其是让航程变得可预测。采用帆船航行需要许多天，在极端情况下甚至需要许多个星期。

1867 年，维尔纳·冯·西门子对自己的两个弟弟说，他希望建成一个“像罗斯柴尔德家族那样的全球公司”[③]。后来的提法是“像福格家族那样的全球业务”[④]。这些都是非常大胆的目标。但是，由于有英国和俄国的业务，西门子公

① 转引自 Ehrenberg, Die Unternehmungen, S. 425 u. 449.
② SAA W7898, 18.5.1881—Werner an Wilhelm Siemens.
③ 转引自 Bähr, Werner von Siemens, S. 253.
④ SAA 8900, 25.12.1887—Werner an Carl Siemens.

司在19世纪50年代已经是一个国际公司，不久就走向了全球[①]。在1860年和1870年前后，公司在国外的员工人数已经超过在德国境内[②]。在19世纪70年代中叶，光是西门子兄弟公司就雇佣了2 000名工人。

从19世纪中叶到威廉姆去世的1883年，电报构成了西门子家族公司的最大业务，电力能源技术、照明和动力供应业务要远远落在电报业务之后。横跨大洲的跨洋电报电缆是通信技术中最惊心动魄的。全球化的最大推手之一是海底电缆的铺设。人类的远距离通信借此几乎可以同步进行，这是历史上的第一次。然而，从事这一业务领域的公司所面临的项目连带挑战则是巨大的——无论是在技术上还是在管理上。

苏伊士运河（1880年）

在陆地上铺设电缆，也注定得跨越河流、湖泊或者某些海湾。这就需要对电缆进行绝缘处理。19世纪40年代，人们普遍使用的是木胶油。后来证明，古塔波胶作为绝缘材料更合适。引起人们极大关注的首个项目是1850—1851

① 参见 Kreutzer, Von den Anfängen zum Milliardengeschäft, S. 49 ff.

② Kreutzer, Von den Anfängen zum Milliardengeschäft, S. 63; Weiher, Die englischen Siemens-Werke, S. 95; Pole, Wilhelm Siemens, S. 171.

年在英、法两国之间铺设横跨英吉利海峡的电报电缆。维尔纳·冯·西门子本来希望自己执行这个项目，他委托弟弟威廉姆去尽力拿到合同[①]。然而，西门子公司提出的方案没有被采纳。

丹佛—加来之间的海底电缆铺设（1850 年）

1850 年铺设第一条电缆时，人们就了解到接下来有待解决的问题。甲板上平放的电缆卷线筒上没有安装制动器。随着入水深度的增加，放线的速度越来越快，在海底铺成的电缆不是一条线，而是无数个线圈。该电缆的保护装置不够充分，海岸近处的电缆因为船只经过而受到破坏。在后来的电缆铺设中，人们从中吸取了教训，研发出制动系统，并采用铁制防护装置来保护电缆。

铺设跨大西洋电缆是一项巨大的技术挑战。在两个大陆之间，有几千千米的电缆需要铺设，有时候水深超过 1 000 米，而且人们对各处海底地形所知甚少。这需要开发并制造出合适的电缆、铺设船上要装备性能可靠的铺设机，还要有稳定的信号发送设备——这些还都是最重要的事项而已。

---

① SAA W1169, 7.11.1848—Werner an Wilhelm Siemens; SAA W1172 u. W1148, 5.3.1849 u. 4.1850（具体日期不详）—Werner an Wilhelm Siemens; 参见 Pole, Wilhelm Siemens, S. 120 ff.; Weiher, Die englischen Siemens-Werke, S. 20.

当时，研发出来的海底电缆有三个主要功能层，而每一层又可以进行细分。这三层分别为导体层、绝缘层、防护层①。制作导体的首选材料是铜，而作为导体的铜芯需要由多条细铜线编成。铜芯的这种构造是一个有待解决的问题。由于波浪的冲击，电缆在铺设时以及铺设后会受到机械应力，所以必须有一定弹性。因此，构成芯体的几条细铜线不能是平行的，必须采用绞线式芯体结构。此外，由于当时铜的生产还没有采用电解质技术，铜里会有杂质，这可能会造成某些困难。

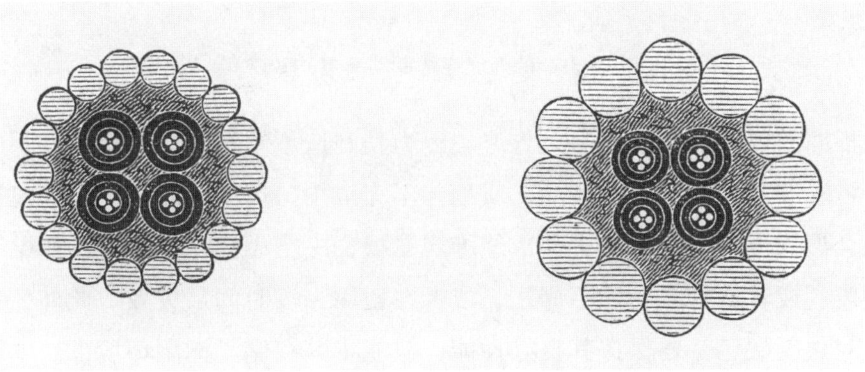

邦纳（位于阿尔及利亚北部，今天被称为安纳巴）到卡利亚里（位于意大利撒丁岛南部）线路所用海底电缆的横截面（1857 年）

第二个功能层要由绝缘材料构成。绝缘材料必须能将铜线充分绝缘，但同时也能承受海底的高压和低温。直到 19 世纪 40 年代才有橡胶可用。不过，橡胶是不是最合适的绝缘材料，对此人们在很长时间内还是有疑问的。

第三个功能层——防护层——需要抗得住电缆所承受的机械应力。深海铺设时以及铺设后电缆可能会受到损坏，尤其在近海岸、浅水域等地方，电缆可能会因为渔业作业或者船锚而受损。铁线最终被用作电缆保护装置材料。不过，这也存在一些问题。例如，由于铁自身也很重，在海底需要跨越海沟时可能会导致铜缆折断。而且，铁的锈蚀速度快，尤其是在海水温度较高的区域。在这三个核心功能层之外，还有更多的包裹层，由黄麻纤维、沥青、树漆、棉

① 参见 Kunert, Telegraphen-Seekabel.

纤维和其他材料构成。其中，不乏被海洋生物损坏的情况，因为有些材料也是海洋生物的食物。

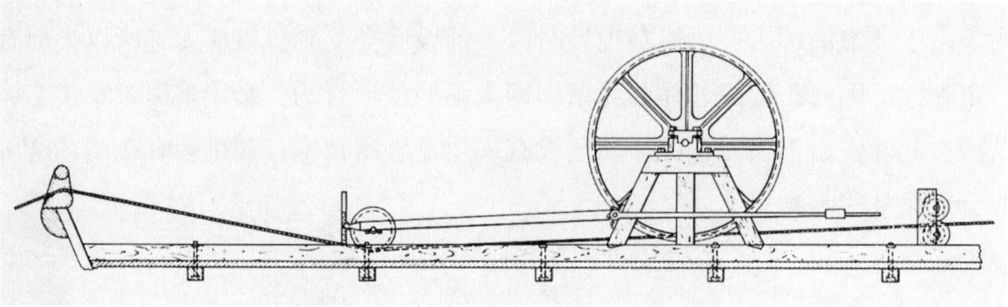

带有测力计的海底电缆制动装置（1857 年）

早期的很多电缆都以失败告终，因为其制造不够精良，材料处理不够得当。古塔波胶是一种天然产品，质地并不完全均匀。在制作成电缆外包层时可能会形成气泡，这可能会造成绝缘层受损，一个小错误就有可能让电缆全部报废：或者从一开始便不好用，或者在使用一段时间后失效。此外，古塔波胶对热度敏感，要保持其良好性能，只能将其存储于潮湿环境下。电缆制造商对这些问题的反应是在电缆的制造、储存和铺设过程中，对电缆的电气性能进行持续监测，借此监测绝缘质量。采用这种方式可以迅速认定故障点和质量不佳之处，并对所涉电缆部分进行更换。此外，电缆不能存放在干燥处，而是放在装有水的电缆储存仓里——无论在工厂里，还是在铺设船上都这样处理。

电缆在铺设时会受到机械应力。应力程度取决于放线方式、海底深度、船速和海浪。机械应力处于不断变化之中，有时变化幅度很大。因此，工程师们设计了由几个卷线筒组成、带有制动装置的铺设机器。测力表构成了该机械系统的核心要素，它能显示出铺设过程中作用于电缆上的应力。制动器或收紧、或放松，最初为人工手动，后来变成自动装置。这样一来，作用在电缆上的应力可以在一定程度上保持均匀。尽管如此，电缆还是会频繁断裂——尤其是在波涛汹涌的海面上。铺设一段时间后，人们学会用拖船锚将断裂的电缆打捞上来。断裂处被接合上之后，铺设可以继续进行。

信号的发射和接收是另外的难题。海底电报与陆地电报的区别在于，海底电报无法在中途加强信号。因此，通过跨大西洋电缆接收到的信号非常弱。此外，信号也因为电缆负荷而变得含混不清。如果要通过由蓄电池驱动的信号器提高电压，那就存在着使电缆薄弱处绝缘层破裂的危险。因此，至关重要的是接收器要具有高灵敏度。令人满意的解决方案首先是由威廉·汤姆森（William Thomson）在 1858 年设计的反射式电流计。该机器在 1870 年被进一步开发为印码接收机。

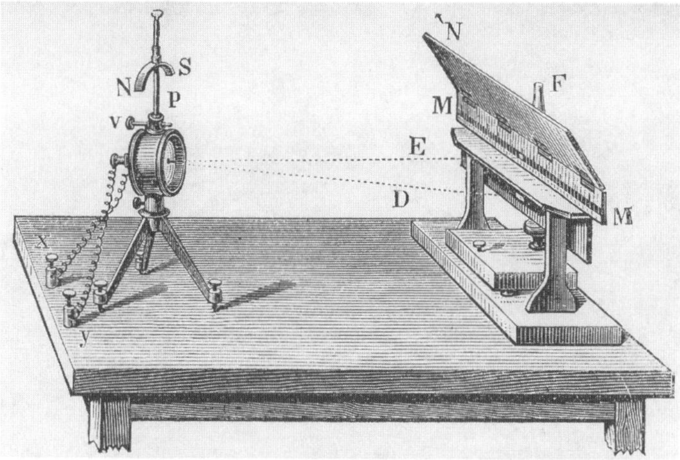

威廉·汤姆森的反射式电流计（1867 年的绘图）

为了进入铺设海底电缆业务，西门子公司在 19 世纪 50 年代与 R. S. 纽沃尔公司达成合作[①]。这家于 1839 年成立的公司，其创始人之一便是威廉姆·西门子后来的妻兄刘易斯·戈登。戈登曾在德国留学，在那里了解到由威廉·奥古斯特·朱利叶斯·阿尔伯特（Wilhelm August Julius Albert，1787—1846）研发的钢丝绳。回到英国后，他与罗伯特·斯特林·纽沃尔（Robert Stirling Newall，1812—1889）一起创办了一家钢丝绳厂。1850 年左右，该工厂涉足海底电缆业务。纽沃尔公司供应的电缆包括 1851 年成功铺设的跨英吉利海峡线路，以及 1856 年第一条跨大西洋线路中的一部分。

① Pole, Wilhelm Siemens, S. 124 ff.; Ehrenberg, Die Unternehmungen, S. 136 ff.; Scott, Siemens Brothers, S. 81; Weiher, Die englischen Siemens-Werke, S. 26 f., 42 ff. u. 53 f; Bähr, Werner von Siemens, S. 175, 196 ff. u. 206.

纽沃尔公司制造英吉利海峡电缆的场景（1851 年）

在双方的合作中，纽沃尔公司负责电缆制造，西门子公司则提供电气技术。例如，1853 年西门子公司从纽沃尔公司购买电缆，用于俄国圣彼得堡和喀琅施塔得之间的电报线路。在随后的几年里，合作范围有所扩大。纽沃尔公司铺设的电缆，由西门子公司来进行电子监测并向纽沃尔公司提供电报机。不过，业务合作从一开始就并不是一帆风顺的。西门子兄弟对合同上协定的内容表示不满，并抱怨纽沃尔公司没有把他们当成平等的合作伙伴来看待[①]。维尔纳觉得那是“民族嫉妒”在作怪。其结果是，在威廉姆的动议下，双方于 1860 年终止合作。一段时间后，纽沃尔公司完全退出了海底电缆业务。

分歧主要出现在罗伯特·斯特林·纽沃尔与西门子兄弟之间，但刘易斯·戈登也不是全无干系[②]。有趣的是，威廉姆在 19 世纪 50 年代末遇到并爱上了戈登的妹妹安妮，当时恰逢即将与纽沃尔公司解除合作之时。业务上的紧张关系并没有影响到私人关系。刘易斯·戈登和威廉姆·西门子一生都保持着亲密的私人朋友关系，并作为商业伙伴一起工作。

纽沃尔公司与西门子公司之间的合作是在两次重大失败后终止的。横跨英吉利海峡的电缆铺设成功之后，海底电缆在 19 世纪 50 年代进入人们的视野。于是，地中海、大西洋以及经过红海通向印度和印度洋的这些线路也得到关注。纽沃尔公司和西门子公司首先涉足了一段地中海的线路，从撒丁岛到北非[③]。威廉姆负责与撒丁岛 – 皮埃蒙特政府进行了谈判，纽沃尔公司在 1857 年承接铺设工作，维尔纳负责对电缆的电子监测。其结果是，电缆运行并不令人满意，最终被放弃。

1859 年，在铺设苏伊士与亚丁之间跨越红海的电缆线路时，两家公司的分工也与此前类似[④]。维尔纳·冯·西门子亲自监督电缆铺设工作，并在此过程

---

① SAA W71, 2.12.1858—Werner an Wilhelm Siemens; SAA W125, 1.3.1860—Werner an Wilhelm Siemens (引文出自此信件); SAA W2393, 15.3.1860—Wilhelm an Werner Siemens.

② 可见于 SAA W1236, 4.10.1852—Wilhelm an Carl Siemens; SAA W2393, 15.3.1860—Wilhelm an Werner Siemens.

③ Bähr, Werner von Siemens, S. 199–202; Eidgenössische Technische Hochschule (im Folgenden ETH) Zürich, gta Archiv, Nachlass Semper, 27.8.1855 – Siemens an Semper.

④ Siemens, The Scientific Works, Bd. 2, S. 76 f.; Trendelenburg, Aus der Geschichte der Forschung, S. 8.

中将他开发的电缆监测方法予以完善。问题在于，在铺设之前没有检测电缆，铺设后也没有进行充分检查。运行几个月后，电缆便失去了信号。这导致纽沃尔公司和西门子公司在确定失败原因时产生矛盾，并互相指责。

19 世纪 50 年代，像纽沃尔公司和西门子公司这样铺设电缆失败，并非孤例。其他创新者也同样需要付出学费。最大的挑战、同时也有望获得最大盈利的项目，便是欧洲与北美洲之间长达 3 000 千米、跨大西洋的电报电缆线。1857 年和 1858 年的第一次尝试，电缆断裂。1858 年的第三次铺设虽然成功，但是在大约 1 个月之后线路便中断了。铺设失败造成的损失以 50 万英镑计。接下来，没人进行更多的尝试。美国内战使得这一活动延迟到 19 世纪 60 年代中期。

铺设跨大西洋电缆和红海电缆的失败，促使人们去追寻失败的原因。悲观主义者对这种雄心勃勃的跨洋线路是否可行心存疑虑。毕竟，在 1861 年铺设完成的11 300千米电缆中只有3 000千米仍可以使用①。在这种情况下，英国政府中负责商业和贸易的机构——贸易委员会——于 1859—1960 年成立了一个专家组，以便评估海底电缆的可行性②。专家组进行独立调查并听取多名业界人士的意见，其中也包括西门子兄弟③。专家组最终得出的评判颇为乐观，威廉姆在工程师学会宣讲的报告中也传播这一乐观评估。西门子兄弟将失败主因归咎于生产工艺存在不足。在电缆制造过程中，必须持续进行电子检测。此外，他们也指出了电缆结构和信号发射中存在的薄弱之处，其他专家也得出类似的结论。这些结论后来也被专家组采纳。

---

① Müller, Wiring the World, S. 48.

② Kunert, Telegraphen-Seekabel, S. 9 f.; Appleyard, The History, S. 23 u. 68; Wobring, Die Globalisierung, S. 253.

③ Siemens, Outline, S. 47 ff.; Siemens, On the Electrical Tests, S. 90; vgl. Siemens, Werner, Wissenschaftliche und technische Arbeiten, S. 125 ff.

第一次铺设从瓦伦西亚岛（爱尔兰）至三一湾（纽芬兰）的跨大西洋电缆（1857 年夏）

在此期间，西门子－哈尔斯克公司获得的赞誉非常之高，甚至得到英国政府的合同，对政府委托的电缆铺设项目进行检查[①]。第一个项目是马耳他至亚历山大港之间的电缆，这是由英国四大电缆制造商之一的格拉斯－艾略特公司（Glass, Elliott & Co）在 1861 年铺设的。电缆铺设本身是成功的，但并非一切都无可挑剔。例如，电缆没有按计划那样存放在水里。类似问题也在其他地方出现过，例如，1859 年在铺设仰光至新加坡的电缆时，就没能做到给电缆存储库充水[②]。这促使威廉姆研发了电子温度计，以便在铺设时检测电缆温度。西门子－哈尔斯克公司与贸易委员会的合作时间不长。在完成马耳他—亚历山大港之间的电缆铺设之后，西门子方面在英国机构并不情愿的情况下终止了合作，因为电缆的运营没有让西门子方面参与，这一合作对西门

① Siemens, Deep Sea Telegraphs, S. 14 ff.; Siemens, On the Electrical Tests, S. 91 ff.; Siemens, Werner, Lebenserinnerungen, S. 257; Pole, Wilhelm Siemens, S. 166f.; Ehrenberg, Die Unternehmungen, S. 143 ff.; Weiher, Die englischen Siemens-Werke, S. 52ff.; Bähr, Werner von Siemens, S. 242 ff.

② Siemens, The Scientific Works, Bd. 2, S. 77 ff.

子的公司并不愉快[①]。

两兄弟在英国政府以及公众面前，显示出对海底电缆持乐观和积极的态度。然而，在西门子家族及其合伙人的内部讨论中，对于公司要在多大程度上涉足跨大西洋电报这一问题上，却存在相当大的分歧。到那时为止，西门子的业务活动一直仅限于对电缆进行电气检测。下一步的问题是，西门子公司是否也应该进入电缆的制造、铺设和运营。威廉姆强烈要求投标经营马耳他—亚历山大港的电缆，但维尔纳、卡尔和约翰·乔治·哈尔斯克对此疑虑重重[②]。威廉姆认为，电缆是“关系到在英国的业务存续下去性命攸关的问题”[③]。他驳斥了有人认为他只想借此追求自身利益的说法。“我对电报的兴趣，仅在于我把它当成你的事情来看待”，他在给维尔纳的信中这样写道[④]。威廉姆觉得最好终止与哈尔斯克的合作关系。他威胁说，他本人也可以就此从电报业务中退出来，“……但我是完全不想看到，在本该开始有收获的时候，一切又泡汤了！——假如我们不想完全被甩下的话，现在又到了一个需要行动的关键性时刻”[⑤]。尽管合伙人态度迟疑，威廉姆还是提交了运营这段电缆线路（马耳他—亚历山大港）的投标书，但是英国政府将合同给了格拉斯 - 艾略特公司[⑥]。

除了马耳他—亚历山大港的电缆之外，威廉姆觉得西门子 - 哈尔斯克公司正面临着一个根本性的决定。1860 年他提醒说：“现在是决定性的时刻，我们到底应该成为海底电缆方面的头部企业，还是不得不满足于只参与一小

① SAA W 2689, W2785 u. W2793, 2.5.1861, 2.9.1861 u. 19.9.1861—Wilhelm an Werner Siemens.

② SAA W2646, 28.3.1861—Wilhelm an Werner Siemens; SAA W2651 u. W2658, 3.u. 6.4.1861 —Wilhelm an Werner Siemens; SAA W2658, 6.4.1861—Wilhelm an Werner Siemens; SAA W2659, 8.4.1861—Wilhelm an Werner Siemens; SAA A7, 10.4.1861—Wilhelm an Werner Siemens und Johann Georg Halske; SAA W2666, 16.4.1861—Wilhelm an Carl Siemens.

③ SAA W2666, 16.4.1861—Wilhelm an Carl Siemens.

④ SAA W2658, 6.4.1861—Wilhelm an Werner Siemens.

⑤ SAA W2833, 28.11.1861—Wilhelm an Werner Siemens.

⑥ SAA W283O, 25.11.1861—Wilhelm an Werner Siemens; SAA W2651 u. W2658, 3. u. 6.4.1861—Wilhelm an Werner Siemens; SAA W2658, 6.4.1861—Wilhelm an Werner Siemens; SAA W2659, 8.4.1861—Wilhelm an Werner Siemens; SAA A7, 10.4.1861—Wilhelm an Werner Siemens und Johann Georg Halske; SAA W2666, 16.4.1861—Wilhelm an Carl Siemens.

部分业务。"[①] 第二年，他批评柏林的公司缺少做电缆业务的战略[②]。在电报业务方面，不可以当"给别人脱靴子的仆人"[③]，"像你们这么不用心以及缺少信任，好像你们想把自己的滚滚财源拱手送人一样"是无法与格拉斯－艾略特公司去竞争的。"我们现在几乎是在让别人来收获！"在仰光—新加坡段电报电缆的运营合同也落到他人手中之后，威廉姆将 1861 年描述为"希望破灭"的一年[④]。

他指责兄弟们过度追求安全："对于这项业务的一个大负担是，你们更在意保住已经到手的财富，而不是让这项业务腾飞。"[⑤] 他明确地看到，英国的电缆业务要比那些柏林计划中的陆地电报线风险更大，但他认为风险还是可预估的；他反唇相讥维尔纳对于"让人头晕目眩的英国业务方式"的批评，直言"用德国那种用喷壶浇水的方式，我们永远也不会有机会……"[⑥]

伦敦泰晤士河畔的伍尔维奇电缆厂（1874 年）

① SAA W2269, 22.2.1860—Wilhelm an Werner Siemens.
② SAA W283O, 25.11.1861—Wilhelm an Werner Siemens.
③ SAA W2856, 3.1.1862—Wilhelm an Werner Siemens.
④ SAA W2819, 10.11.1861—Wilhelm an Werner Siemens.
⑤ SAA W2833, 28.11.1861—Wilhelm an Werner Siemens; 参见 Ehrenberg, Die Unternehmungen, S. 162.
⑥ SAA W2864, 16.1.1862—Wilhelm an Werner Siemens; 参见 Ehrenberg, Die Unternehmungen, S. 164.

卡尔·冯·西门子和约翰·乔治·哈尔斯克一直坚持拒绝涉足海底电缆业务①，而维尔纳则在悲观和乐观之间摇摆不定。他曾表达过自己的疑虑，怀疑电报业是否已经达到顶峰、跨洋电报是否可行。他担心那些铺设完成的电缆正常运行时间不会太长，而且需求量太小②。陆地电报也不景气："因此，我们正在认真考虑电报机制造业务，即便不完全放弃，也要在英国和俄国业务允许的范围内进行收缩……我们的电报业务现在看起来相当糟糕。这样无事可做，我们还从来没有经历过。如果这种情况还长时间持续下去的话，还不如彻底关张呢！"③

在另一个场合，维尔纳为没有听从威廉姆的建议而感到遗憾："英国的业务可能会非常辉煌。如果我们能有威廉那样的勇气、做了他的项目，也许现在已经非常好了。"④他不乏自我批评地承认，财富让人变得保守⑤。西门子－哈尔斯克公司最终选择了一条中间路线，但是，对于约翰·乔治·哈尔斯克来说，这还是走得太远了。在随后几年里，他从业务中退出来。西门子－哈尔斯克公司参与了电缆的生产和铺设，但是没有完全投入到这一充满活力的业务领域，他们对电缆运营一直不予涉足。他们更愿意与大竞争对手携手同行，而不是去击败对方。

随着与纽沃尔公司解除合作以及电缆业务的扩张，西门子兄弟在1860年前后有了自建电缆厂的想法⑥。另一个理由，是来自法国的铺设跨地中海海底电缆合同。最终，威廉姆成功地实现了自己的计划，战胜了维尔纳和卡尔的疑虑。不过，在接下来的若干年里，维尔纳仍旧没把握工厂是否能够全产能运

① SAA W2666, 16.4.1861—Wilhelm an Carl Siemens.

② SAA W2652, 3.1.1861—Werner an Wilhelm Siemens; SAA W155, 30.3.1861—Werner an Wilhelm Siemens; SAA A7, 10.4.1861—Wilhelm an Werner Siemens und Johann Georg Halske.

③ SAA W2652, 3.1.1861—Werner an Wilhelm Siemens; SAA W148, 15.1.1861—Werner an Wilhelm Siemens（引文出自此信件）; vgl. Ehrenberg, Die Unternehmungen, S. 428; Weiher, Die englischen Siemens-Werke, S. 56 f.

④ 转引自 Ehrenberg, Die Unternehmungen, S. 163.

⑤ SAA W160, 2.12.1861—Werner an Wilhelm Siemens.

⑥ SAA W115 u. W2567, 21.12.1859 u. 21.12.1860—Werner an Wilhelm Siemens 以及 Wilhelm an Carl Siemens; SAA W2564, 16./28.12.1860—Carl an Wilhelm Siemens; SAA W133, 28.3.1860—Werner an Wilhelm Siemens.

营，甚至考虑过关闭或缩小规模[①]。1862年至1865年间设立在伍尔维奇的工厂，位于泰晤士河畔，能很方便地将电缆装到船上[②]。最初工厂购进带有绝缘层的铜芯电缆——大部分来自古塔波查公司（Gutta Percha Company），在伍尔维奇添加一层保护层——保护层用麻纤维和生铁制成。直到1870年，这里才生产出完整的海底电缆[③]。这是该工厂持续扩张的一部分。除海底电缆外，陆路电缆以及西门子系列电报设备也在伍尔维奇生产。

1863年，威廉姆从法国政府获得一份合同，铺设从西班牙的卡塔赫纳（Cartagena）至阿尔及利亚的奥兰（Oran，今天的瓦赫兰）之间的电报线[④]。由于风险不小，维尔纳与弟弟的想法不同，他只想生产电缆但不去铺设。但是，他的想法没能实现。卡塔赫纳－奥兰线是第一条完全由西门子公司负责的、长度比较大的海底电缆线。威廉姆为此设计了一个新型放线机以及一种新型电缆，从中我们可以知道，这项技术在当时仍然处于开发阶段[⑤]。在1864年和1865年的铺设过程中，这台机器和电缆都没能经受住考验。创新者们迫不得已改造了放线机，并改变了计划好的铺设线路。对西门子的公司来说，这项业务以亏损而告终。威廉姆的弟弟弗里德里希从柏林向他报告说："哈尔斯克和迈耶当然早就什么都分毫不差地预见到了，他们高兴地期待着未来所有这类活动都不会再出现。"[⑥]

---

① 例如 SAA W964, 11.4.1865—Werner an Wilhelm Siemens; SAA W5974 u. W5975, 5. U. 9.11.1867 – Werner an Wilhelm Siemens.

② 关于伍尔维奇的工厂，参见 The Journal of the Iron and Steel Institute 11 (1881), S. 543-547; Engineering 32 (1881), S. 379-381; Pole, Wilhelm Siemens, S. 170 f.; Kunert, Telegraphen-Seekabel, S. 426 ff.; Weiher, Die englischen Siemens-Werke, S. 58f.

③ SAA W4774, 9.11.1869 – Wilhelm an Werner Siemens; vgl. 参见 Werner, Lebenserinnerungen, S. 400; Weiher, Die englischen Siemens-Werke, S. 81 f.

④ SAA W4088, 13.5.1863 – Werner an Wilhelm Siemens; SAA W 4078, 22.5.1863—Wilhelm an Werner Siemens; SAA W203 u. W206, 17. u. 21.2.1864—Werner an Wilhelm Siemens; SAA W207, 29.2.1864—Werner an Wilhelm Siemens; Pole, Wilhelm Siemens, S. 172 ff.; Ehrenberg, Die Unternehmungen, S. 164 ff.; Kunert, Telegraphen-Seekabel; Siemens, Werner, Lebenserinnerungen, S. 259 ff., 273 f. u. 429; Weiher, Die englischen Siemens-Werke, S. 58 ff.

⑤ 见本书第63-64页。

⑥ SAA W6010, 19.2.1864—Friedrich an Wilhelm Siemens.

威廉姆从地中海的电缆中观察到，加固层中的铁质部分很快就会遭到腐蚀，而且麻纤维部分会被海洋生物毁坏[①]。此外，他们还用橡胶进行实验，橡胶似乎比古塔波胶的绝缘性能更好。按照这种出自威廉姆、被维尔纳描述为“经过深思熟虑、非常有想法的”电缆设计，只在沿海地区使用的电缆才采用铁质加固层，在深海域则在电缆外加护一层铜管来提供保护。后来，威廉姆还使用了青铜和锌为材料。威廉姆认为，这种方式可以让电缆保持更好的弹性。他采用双层绝缘，即分别用橡胶和古塔波胶做绝缘层。他设计的电缆好用，但比通常使用古塔波胶绝缘、采用铁质加固层的电缆昂贵。

伍尔维奇电缆厂里的卷线间（1870 年）

在接下来的几年里，威廉姆对橡胶作为绝缘材料进行了广泛的实验[②]。他比较了橡胶和古塔波胶的绝缘性能，发现在海洋深处古塔波胶的绝缘性能有所

① Siemens, The Practical Mechanics Journal, S. 532f.; Siemens, The Scientific Works, Bd. 2, S. 112 ff.; Siemens, On the Electrical Tests, S. 99 ff.; Polytechnisches Journal 187 (1868), S. 26 f.; Siemens, Werner, Lebenserinnerungen, S. 261 f.（引文出自此处）; Elektrotechnische Zeitschrift 3 (1882), S. 296; Ehrenberg, Die Unternehmungen, S. 169.

② SAA W1965, 14.9.1858—Wilhelm an Werner Siemens; Siemens, Deep Sea Telegraphs, S. 10 ff; Siemens, On the Electrical Tests, S. 105; Siemens, Description, S. 66 ff; Siemens, Ueber die elektrische Leitungsfähigkeit.

提高，而橡胶则有所下降。此外，橡胶会随着时间的推移而在海水中溶解。古塔波胶的另一优点是，如果使用维尔纳·冯·西门子和约翰·乔治·哈尔斯克开发的压制机，可加工性会更好。威廉姆设计了一个橡胶压制机来进行辅助工作，但是在把单条橡胶围压到电缆上时会出现条缝。最终，制造海底电缆还是用古塔波胶和铁制加固层，铁线上包覆涂层用来防止腐蚀。橡胶作为绝缘材料主要被用于陆路电缆上。

对跨大西洋电缆的损坏处进行检查（1866年）

为铺设卡塔赫纳—奥兰线的电缆，威廉姆开发出一种新型放线机：电缆线位于一个竖立的、圆锥形的、可旋转的滚筒上[①]。维尔纳从一开始就认为这种构造不可行，但是他只能做到这一步：在船上额外装备了一台放线机，一台曾经在与纽沃尔公司铺设电缆中被证明可用的放线机。果不其然，威廉姆的机器完全不可用，只好启用纽沃尔公司使用过的那台备用机器。维尔纳的结论是“要

① SAA W4189, 10.3.1863—Wilhelm an Werner Siemens; SAA W4117, 29.6.1863—Wilhelm an Werner Siemens; SAA W4177, 10.9.1863—Wilhelm an Werner Siemens; Siemens, The Scientific Works, Bd. 2, S. 115 ff; Siemens, Werner, Lebenserinnerungen, S. 258 ff; Polytechnisches Journal 187 (1868), S. 24 f.; Weiher, Die englischen Siemens-Werke, S. 58; Bähr, Werner von Siemens, S. 247 f.

是威廉姆掉进一个想法里，想让他放弃是非常困难的。至少他会非常难于承认自己错了”[①]。

1860 年，威廉姆·西门子连铺设跨大西洋电缆也毫不畏惧[②]。1863 年，他曾经想应邀作为总工程师参加这一项目[③]。相反，维尔纳对这些计划持特别审慎的态度[④]。兄弟之间没有发生大争执，因为那个项目合同落到格拉斯－艾略特公司手里。在美国内战结束之后，铺设工作就开始了。第一次铺设电缆中断，第二年，即 1866 年，重新开始，修复了前一年的电缆，又铺设了一条新电缆线。

1866 年，第一条跨大西洋电缆线的成功铺设，进一步证明了电缆电报具有可行性。在随后的几年和几十年里，一个遍及全球的海底电报电缆线路网络出现了。1870 年，英国铺设了一条穿越地中海、红海和印度洋的海底电缆线；1871 年，该线路被延伸到中国、日本和澳大利亚。1873 年，一条海底电缆线到达南美洲，1879 年到达南非。到 19 世纪 70 年代末，全球海底电缆网络长 70 000 ~ 100 000 千米。

1866 年跨大西洋电缆的铺设成功为英国纺织企业家约翰·彭德（John Pender，1816—1890）提供了进入电报业务的契机[⑤]。在接下来的几年里，他成功地建立起一个企业集团，继续控制全球的电缆业务。法国和美国方面曾试图打破彭德的准垄断地位，却并不成功。威廉姆·西门子也把彭德的市场地位看成眼中钉。他与彭德针锋相对，特别指出彭德的垄断阻碍了技术进步，而彭德则以质疑威廉姆作为企业家的能力来回应。两个对手，互相都极其不认可对方。在威廉姆去世之后，他的遗孀安妮还对彭德有负面的评议[⑥]。

---

① 转引自 Ehrenberg, Die Unternehmungen, S. 168.

② SAA W9355, 2.5.1860—Wilhelm an Werner Siemens.

③ SAA W3098, 2.1.1863—Wilhelm an Werner Siemens.

④ SAA W4526, 16.3.1864—Wilhelm an Werner Siemens.

⑤ Scott, Siemens Brothers, S. 55 ff; Weiher, Die englischen Siemens-Werke, S. 83; Wobring, Die Globalisierung, S. 183 ff; Winseck/Pike, Communication and Empire, S. 48 ff; Müller, Wiring the World, S. 50 ff, 258 u. passim.

⑥ SAA, ohne Signatur, 19.9.1885, Anne an Anna Siemens.

问题在于，西门子兄弟公司将以哪种方式、在多大范围内，才有可能在这个由同业联盟控制的电缆市场上获得竞争能力。铺设电缆一般来说是私人经济活动①。一家企业集团通过发行股票而筹集必要的资金，而后委托一家被证明有相应资质的公司来铺设电缆，有时候也兼运营线路。各国政府会授予企业上岸权限，这个环节通常都不会有问题。在一些情况下，某些国家的政府承诺一定的电报线路使用量。只有在例外情况下，政府才会作为电缆公司而介入项目。

英国与印度之间的电报线就是一个例外情形。这条线路不光将母国英国与它最重要的殖民地印度连接起来，而且也涉及英国在地中海、埃及和近东的利益范围。因此，英国政府委托部分线路的铺设并给予相应的补贴。1860 年，穿越红海的项目失败，西门子公司也曾参与其中，这在前文中已经提到。1862 年，一条过境土耳其的线路完成了，运行效果却并不尽如人意。

基于这一状况，西门子公司早在 19 世纪 50 年代就考虑到建设一条从英国经由普鲁士、俄国和波斯通往印度的电报线②。这是一个大胆的商业行动，不仅因为其距离长达 11 000 千米，而且必须与多个政府进行谈判，并需要取得各国的一致同意。毕竟西门子兄弟已经在这条线路涉及的大多数国家设立了分公司，并在那里建立了良好关系。这是一桩共同项目，三兄弟维尔纳、威廉姆和卡尔平等都参与了。

威廉姆首先与英国政府以及通讯社路透社进行协商，后者已经掌控英国与普鲁士之间的一条电报线路，也是电报的重要用户之一。当然，三兄弟必须考虑这条线路最后会不会盈利。威廉姆考虑到，目前使用电报进行联络的只有100位在印度的商人③。他们的任务在于，要让生活在印度的英国人把电报用于私人通讯上。

---

① 此处参见 Wobring, Die Globalisierung, S. 180 f., 247 ff. u. 327.

② Zum Indo-Europäischen Telegrafen: Siemens, Werner, Lebenserinnerungen, S. 309 ff; Pole, Wilhelm Siemens, S. 177 ff. u. 210 ff; Ehrenberg, Die Unternehmungen, S. 122; Kunert, Telegraphen-Seekabel, S. 430 f.; Weiher, Die englischen Siemens-Werke, S. 32 u. 63 ff; Kärner, Pioniere; Bähr, Werner von Siemens, S. 257 ff.

③ SAA W4600, 2.6.1867—Wilhelm an Werner Siemens.

1868年，三兄弟在伦敦成立印欧电报公司（Indo-European Telegraph Company），作为西门子兄弟公司与西门子－哈尔斯克公司的共有企业。筹集必要的资金遇到困难，因此这两家西门子家族的公司不得不各自认购了五分之一的份额。参与国政府向监事会派出了代表。

西门子公司的印欧电报线的首要竞争对象是同时铺设的跨红海电报电缆线。1868年底，威廉姆在《泰晤士报》发表文章，发起一场从根本上赞同海底线还是陆地线的争论[①]。主要的争论者是詹姆斯·安德森（James Anderson，1824—1893），一位受雇于竞争对手的电缆业务经理人。安德森认为，装备通往印度的多条线路是浪费钱财，强调与陆路线——需要穿越若干个可能充满敌意的外国——相比，海底线路具有安全性和可靠性。他得到其他读者的支持。一位匿名读者写道："的确，大英帝国有必要拥有一条从头到尾的英国线路，只在英国人手上，由英国人运营。"[②] 另外一位读者指出，所有那些"敌对的、野蛮的和无知的"人，都有可能会利用陆路线[③]。

针对这种论点，威廉姆很难入手反驳。威廉姆在回复中称赞了为保证印欧电报线可靠运行而采取的技术防范措施。他指出，海底电缆也可能成为阴谋破坏行动的目标；有关政府已承诺要尊重该陆路电报线路的中立性；同时拥有海底与陆路电缆线，貌似冗余实为优势。威廉姆要求英国政府要平等对待通往印度的电报线路。在印欧电报线之外，国际社会在1870年前后也力求保证越洋电报线的安全运营。然而，直到1897年才缔结了相应的条约，而且只限于和平时期。

在1870年前后的几年里，通往印度的线路被建起来。威廉姆指挥了跨黑海的海底电缆铺设工作。短时间运行后，电缆发生断裂，并被一条沿海岸而敷设的线路取代。在克服了初期问题后，印欧电报线经受住了考验，并一直运行

---

① SAA 4.Lr 562, Telegraph to India; Siemens, The Scientific Works, Bd. 2, S. 195, u. Bd. 3, S. 49-52 u. 315 f.; 关于不同通往印度不同电缆的（政治）安全性的讨论，参见 Winseck/Pike, Communication and Empire, S. 36 f.; Müller, Wiring the World, S. 101 ff. u. 253 u. passim.

② SAA 4.Lr 562, Telegraph to India: "It is indeed an imperial necessity that there should be an English line from end to end, in English hands alone, and worked throughout by Englishmen."

③ SAA 4.Lr 562, Telegraph to India: "may be hostile, are barbarous or ignorant."

到20世纪30年代。

建设印欧陆路电报线，并非西门子公司要退出海底电缆业务的信号。1873—1874年建造的“法拉第号”电缆铺设船，更多地表明了西门子兄弟公司在这一商业领域的持续雄心[①]。“法拉第号”并不是第一艘专门用于铺设电报电缆的船[②]，但用于此目的环节设计得特别周到。威廉姆将造船工作委托给纽卡斯尔的造船厂米切尔公司（Mitchell & Co.）。该公司已经拥有建造电缆铺设船的经验。此外，威廉姆向著名造船工程师威廉·弗劳德（William Froude，1810—1879）寻求建议[③]，还亲自参与了该船的结构设计，并独立设计了放线机。

印欧电报线的建设工作（1868年）

① SAA 35.Lk 252; Siemens, The Steamship <Faraday>; Siemens, The Scientific Works, Bd. 2, S. 180 ff.; Merrifield, On the Telegraph Cable Shlp; SAA W5294, 13.9.1874—Werner an Wilhelm Siemens; Siemens, Werner, Lebenserinnerungen, S. 400; Pole, Wilhelm Siemens, S. 216 f.; Scott, Siemens Brothers, S. 38 fi; Weiher, Die englischen Siemens-Werke, S. 95; Lutz, Carl von Siemens, S. 185; Bähr, Werner von Siemens, S. 285.

② Ostersehlte, Der Werftunternehmer, S. 204; Pole, Wilhelm Siemens, S. 216.

③ 参见A Collection of Letters, S. 56.

这艘长约110米的船，在建造时特别重视的是其在波涛汹涌的海面上的可操控性和稳定性。“法拉第号”有两个稍微向内倾斜的螺旋桨。船头和船尾都有舵。弗劳德主要负责那些要避免让船左右摇摆的结构性因素，2个烟囱的布置就属于其中。在船的中部，他给“法拉第号”装备了两个比较大的减晃龙骨。3个电缆存储库也有助于船的稳固。在船的前后都有用于放线和在必要时收线使用的机械装置。“法拉第号”上安装有电灯[①]。威廉姆后来说，船上的照明灯曾经避免了该船与另一艘船相撞，他认为原则上每条船上都应该有相应的装备。

电缆铺设船“法拉第号”(1874年)

尽管专业能力以及获取的相关经验都派上了用场，“法拉第号”还是具有创新者的特征，在第一次铺设跨大西洋电缆时仍然无法完全消除初期的问题。船没有达到预期的速度；船桨不够稳健，不得不更换；放线机尤其是计力器都显示出薄弱点；船身出其不意地打横。这些问题都得到解决了。比这些问题糟糕得多的是，在铺设完跨大西洋电缆后就拿不到其他合同了。1878年，该蒸汽

① Report from the Select Committee Nr. 154 ff, 290 ff. u. 310 ff.

船用来运输马匹[①]，而将其出售也在考虑之中。

抛开这些不谈，这艘船的展演价值不容小觑。面对专业圈、尤其是竞争对手们，这艘船浓墨重彩地表明西门子公司在全球电缆市场上的存在。威廉姆把它当作一个有吸引力的展示品来利用。1876 年，维多利亚女王（1819—1901）和德国皇后奥古斯塔（1811—1890）参观了“法拉第号”[②]。在克服了磨合期的问题以及在电缆市场恢复之后，这艘船在实现其原本用途方面也经受住了考验。到 1883 年威廉姆去世时，它铺设了 4 条跨越大西洋的电缆线[③]。“法拉第号”是建造其他电缆船的标本，它一直被用到 1923 年，之后才被后续型号取代。

威廉姆、安妮和亚历山大在“法拉第号”的落成仪式上

电缆业务虽然在 19 世纪 70 年代开始起飞，但其间也不乏挫折。1870 年左右，德国、法国和美国发起倡议，要用自己的电缆来打破彭德对北大西洋的垄断。1873 年，由此产生了“直通合众国电报公司”（Direct United States

① SAA W7730, 4.6.1878—Wilhelm an Werner Siemens.

② Hopkinson-Woolley/Woolley, The Personal Life, S. 13.

③ SAA 6o.Li 468, “Aufstellung...”；参见 Kunert, Telegraphen-Seekabel, S. 583 f.

Telegraph Company）。正如这个名字所表明的那样，人们不想让电缆在加拿大上岸，而是直接在美国上岸[①]。威廉姆和卡尔属于此事的推动者，而维尔纳则提醒他们谨慎行事[②]。资金来自法国的银行以及德意志银行，西门子在投资者中排名第二，但也有小股东认购股份，其中不少是生活在英国的德国移民。威廉姆成为公司的咨询董事。1874—1875 年，该公司采用“法拉第号”船铺设电缆，威廉姆本人、卡尔、维尔纳和洛夫勒都参加了。这个活动遭到了来自不同方面的敌意，其中也包括有人到处散布的谣言，声称“法拉第号”已沉没。铺设完成的电缆路段遭到破坏。

电缆铺设船“法拉第号”的甲板（1874 年）

① Pole, Wilhelm Siemens, S. 215 ff; Weiher, Die englischen Siemens-Werke, S. 83 ff. u. 100 ff; Bähr, Werner von Siemens, S. 281 ff; Winseck/Pike, Communication and Empire, S. 53-55; Müller, Wiring the World, S. 63 ff.

② Kreutzer, Von den Anfängen zum Milliardengeschäft, S. 70, 其中对威廉姆的立场的表述与实际情况不符。

灾难性的情况出现在南美洲里约热内卢与乌拉圭之间的海岸电缆上①。西门子公司在19世纪60年代铺设了一种由威廉姆设计的、以橡胶为绝缘材料的电缆，但是这些电缆没有经受住考验，必须被替换②。在威廉姆与巴西皇帝谈判之后，西门子在1873年获得铺设新电缆的合同。这项工程非常不走运，甚至到无以复加的程度：在铺设过程中，两条船相撞，造成船上多名人员死亡。由西门子兄弟推动的英国商业部的调查宣布他们无责。西门子公司向专为遗孀和孤儿设立的基金会支付了一大笔钱。1875年，第三条船完成了电缆铺设工作。

约翰·彭德（1870年）

抛开初始的困难以及出现的灾难不言，在19世纪70年代，铺设跨洋电缆已经是常规操作，尽管这仍然工程浩大，也不能排除意想不到的负面情况。由此得来的常规操作能力，在随后3条由西门子公司铺设的跨大西洋电缆让西门子公司获得丰厚的回报。1879年，西门子斩获法国大西洋电缆的合同，该电缆直接从布雷斯特（Brest）到马萨诸塞州（Massachusetts）③。1881—1882年，“法拉第号”为美国铁路大亨杰伊·古尔德（Jay Gould，1836—1892）的公司铺设了两条跨大西洋电缆，后者曾一度是彭德的竞争对手。

在19世纪60~70年代，西门子成功地在电缆业务中立足。然而，来自强大的约翰·彭德公司的竞争，是悬在所有商业活动头上的达摩克利斯之剑。在

---

① Pole, Wilhelm Siemens, S. 220 ff.

② SAA W5955, 2.8.1867—Werner an Wilhelm Siemens; SAA W5960, 10.8.1867—Werner an Wilhelm Siemens.

③ Pole, Wilhelm Siemens, S. 233 f; Griset, Entreprise, S. 70 ff.

实施印欧电报线项目时，西门子兄弟已经担心他们的公司会被彭德收购[①]。在19世纪70年代，他们已经动过将全部电缆业务都出售给彭德的想法[②]。他们没有这么做。不过，“直通合众国电报公司”也只是稍微获得一些喘息的机会而已[③]。公司经受不住彭德发起的价格战，从1877年起“直通”公司一直受到彭德的控制。印欧公司以及其他企业也无法绕开与彭德的合作。

使用全球电报网络是极其昂贵的，至少到威廉姆去世时情况一直如此。这主要是因为电缆的容量极低。最初，一次只能传输一条消息。过了很长时间才出现的双工电报使容量翻倍。用机器来完成发送和接收的技术使得信息传输进一步加速。然而，这并没有改变电报是“富人的邮件”这一事实[④]。越洋电报非常昂贵，以至于一些政府将其使用仅限于外交使团。

海底电缆网络在中长期带来的惊人效应，当时的人仅仅能够预见其中的一部分[⑤]。有了电报网络，贸易可以更多地根据订单和交货系统来结算，各贸易中心以及贸易流向都开始出现推移，政府能够更好地控制和管理它们在世界各地的机构，新闻机构和媒体对遥远的国家和世界各地的报道变得多起来、快起来。因为公众与政治人物同时获悉重要事件及其发展，所以公众舆论得到了重视。

---

① SAA W5832, 15.6.1870—Werner an Wilhelm Siemens.

② SAA W720, 3.5.1873—Wilhelm an Werner Siemens; SAA W721, 6.5.1873—Wilhelm an Werner Siemens; SAA W530, 9.5.1873—Werner an Wilhelm Siemens; SAA W527, 28.4.1873—Werner an Wilhelm Siemens.

③ Wobring, Die Globalisierung, S. 202 f.; Müller, Wiring the World, S. 63 ff.

④ 引文出自 Müller, From Cabling, S. 512; 参见 Müller, Wiring the World, S. 124.

⑤ Coates, A Retrospective Technology Assessment; König, Retrospective Technology Assessment.

BIOGRAPHISCHER VERLAG BERLIN W.
KÖNIGGRÄTZERSTRASSE 22.
William Siemens

威廉姆·西门子肖像

第四章

英德之间的世界公民

威廉姆·西门子于1823年4月4日出生于德国，并在那里长大。1844年，时年21岁的他在英国永久定居。1859年，36岁的他与一位苏格兰女子结婚，并取得了英国公民身份。此时，他已经在英国社会中扎根，同时他也研习德国的语言和文化，并经常光顾伦敦的德国居民区。他很可能认为类似于“觉得自己是英国人还是德国人”这种问题根本不着边际，从而拒绝回答。

他身边的英国人始终意识到，威廉姆并非土生土长的英国人。他去世时，一些讣告中提到了他的德国血统[①]。也有不少人指出，他已经“完全适应了英国方式”[②]。威廉姆精通英语，这对他融入英国社会是有帮助的。从1851年起，他用英语写论文，很快就开始能脱稿演讲[③]。在讣告中，他的外语技能受到极力赞扬：“他的语言能力非常出色；如果撇开口音不谈，他的英语更纯正、更

① 参见 Pole, Wilhelm Siemens, S. 393 ff.

② 引文出自 Saturday Review (Pole, Wilhelm Siemens, S. 401). “[...] at the practical absorption into English life [...]” (Pole, Life, S. 386).

③ Pole, Wilhelm Siemens, S. 192 f. u. 414 f.

正确，表达的流畅程度远远超过大多数本土英国人。”① 另一位讲话者赞扬他的“语言表达甚至连儿童都能理解，他具备用外语清晰表达的超凡能力”。

总体来说，威廉姆似乎很有语言天赋。例如，关于1873年维也纳世界博览会期间举办的专利大会，他曾经说，由于并非所有参加者都能听懂其他人的语言，他在4种语言之间翻译②。他所指的，应该是英语、德语、法语和意大利语。他在法语会议上致辞，与法国公司通信，他的表达完美无瑕。而且，他在一家意大利公司担任重要职务，与意大利朋友交往。

费城世界博览会（1876年）

① Proceedings of the Institution of Mechanical Engineers (1884), S. 71; Report of the Meeting of the British Association of Science 54 (1885), S. 4: “His linguistic attainments were very remarkable; accent apart, he spoke purer and more correct English, and with far greater facility of expression, than most Englishmen by birth.” “[...] language which a child could understand, so great a master was he of the art of lucid Statement in his adopted tongue.”

② Siemens, The Scientific Works, Bd. 2, S. 341.

威廉姆（亦如他的兄长维尔纳）经常为工作而奔波，他出席各种大型会议以及集会，参与电缆铺设活动并进行商业谈判。在做这些事情的过程中，他似乎比维尔纳更能浸入其他国家的文化当中。维尔纳的做法更像一个身处异地的德国人①，威廉姆则更能适应每个国家的习俗。此外，他还与妻子安妮进行了相当多的休闲旅行，或者将工作任务与私人兴趣结合起来②。他以高度开放的心态来对待外国。妻子安妮的说法，也能代表他的态度："……所有思想开放的人，都急于学到另一国家里的美好事物，以便让自己的国家变得更美好—— 在我看来，这就是旅行最重要的价值。"③ 1876 年，威廉姆与妻子安妮一起参观了费城世界博览会，然后在美国旅行。他这样总结了自己的印象："美国在许多方面让我感到惊讶。在习俗和设施方面，完全见不到预期中的粗鄙痕迹。酒店无可挑剔，旅行舒适，人们彬彬有礼，洁净是常态……一切都让你觉得，未来是属于这个国家的！——有孩子的人应该搬过来到这里。"④ 更为安土重迁的维尔纳觉得威廉姆的兴奋之情未免好笑。

家庭及生活方式

威廉姆在与妻子结婚时，极兴奋地赞赏她的性格，认可并接受了她已不再年轻，也不貌美⑤。西门子一家人和他一样，对安妮的评价非常好。在安妮两次流产之后，这桩无子嗣的婚姻似乎并没有影响到威廉姆与安妮之间的和谐

---

① 参见维尔纳在回忆录中对于旅行的描述。

② 参见 Pole, Wilhelm Siemens, S. 190 ff., 294, 362 u. 364; Bulloch, The Families, S. 115 f.; Hopkinson-Woolley/Woolley, The Personal Life, S. 12.

③ "All large-minded people, are anxious to carry out the good things of another country to beautify their own.-That seems to me the only result of travelling worth having" (SAA, ohne Signatur, 21.12.1881—Anne an Anna Siemens).

④ SAA W9320, 1876 年 11 月初—Wilhelm an Werner Siemens; SAA W8588, 16.11.1876—Werner an Wilhelm Siemens.

⑤ 见本书第 27-28 页。

关系[①]。

威廉姆经常光顾专为男性设立的协会和会所。在这些地方，父权制和性别歧视的基调很可能占据主导地位。至少在一个场合下，威廉姆也曾认同这些看法。那是在一场特别保守的冶铁业会议上，他在演讲结尾处引用了一句大男子主义俗语："妻子和桑树一样，打得越勤质量越好。"[②] 在信件中则是完全不一样的调子，他非常疼爱地关心着安妮的幸福以及她的健康状况。

威廉姆经常去的会所和工程师协会，基本上还都是清一色的男性协会[③]。幸好自 19 世纪 50 年代以来，女性可以作为嘉宾参加机械工程师协会的会议。在技术－科学协会中，女性通常不可能有会员资格，因为女性没有机会成为工程师或自然科学家。但也有例外，接纳女性会员的问题自 19 世纪 70 年代以来就进入机构的议事日程当中——这与德国有所不同。特别是在比较新的、更多以科学为导向的协会中，人们对这一要求有某种开放的态度。但是，地位优越的土木工程师学会表现出拒斥的态度，而其他协会最终也步其后尘。

在那些不仅接纳工程师和科学家，而且也接纳对专业感兴趣的非专业人士为会员的协会中，情况则有所不同。例如，英国学术协会（British Association）、工艺协会（Society of Arts）和皇家科学知识普及会（Royal Institution）[④]。在这类协会的认知中，向公众宣讲技术和科学是自身的任务之一。他们举办的会议面向当地市民阶层，鼓励女性参加。这使得会议更像是社交活动。在 1882 年英国学术协会的年会上，1 259 名参与者当中有 189 名女性[⑤]。

---

① SAA F2418, 26.5.1861—Mathilde an Wilhelm Siemens; SAA W2806, 12.10.1861—Wilhelm an Werner Siemens.

② Siemens, The Scientific Works, Bd. 1, S. 450.

③ 关于技术－科学协会中的女性，参见 Parsons, A History, S. 22; Appleyard, The History, S. 46 f.; Moore/Philip, The Chemical Society, S. 57.

④ Levi, The Scientific Societies, S. 464; Report of the Meeting of the British Association of Science 46 (1876), S. 1; Wood, A History, S. 51; Higgitt/Withers, Science and Sociability.

⑤ Bois-Reymond, Die zweiundfünfzigste Versammlung, S. 1; vgl. S. 7.

皇家科学知识普及会的会议场景（时间不详）

各种科学支持协会也接受女性会员，不过这种会员资格是有一定限制的。1873 年，皇家科学知识普及会推选安妮·西门子和早逝的奥托·西门子（Otto Siemens,1835—1871）的遗孀安妮特（Annette）为成员[①]。1877 年，皇家科学知识普及会大约有 8% 的会员为女性，其中不少是男性成员的妻子和近亲[②]。1900 年，在英国学术协会中的女性会员约占会员总数的 5%[③]。

奥托·西门子是家里不让人省心的孩子，在一定程度上处于被看管之下[④]。很长一段时间里，他的职业前景未明。最终，他还是在化学专业获得博士学位。维尔纳特别赞赏奥托与安妮特的婚姻，对安妮特的评价极好[⑤]。安妮特在丈夫去世后有一段时间，住在威廉姆和安妮伦敦的家里。从现存资料中，我们无法知道这两位女性在皇家科学知识普及会有何活动，她们至少应该去旁听那里定期举行的讲座。

女性在科学界的活动并不限于此。例如，1882 年在皇家科学知识普及会上发表的一篇报告，其共同作者中有一位女性，威廉姆称之为“好极了”。此外，当时的会长夫人也参加了会议。威廉姆用“就缺一位女会长了！”这句话来评论这一情况[⑥]。我们无法知道，这究竟是不是带有讽刺意味。面对这件让其他人感到不安的事情，他至少表现出某种镇定。

那个时代的通常设想是男性在事业上有成，女性操持家务并让男人无后顾之忧。特别忙碌的威廉姆也不例外。然而，他很可能在语言、文化和社会方面大大仰仗了妻子。在一份追忆文中可以读到：她知道“如何将他引入英国的高级社交圈，让他习惯一些严格而固定的规则和形式——幸运的是，这些规则和

---

① Notices of the Proceedings at the Meetings of the Members of the Royal Institution of Great Britain 7 (1873—1875), S. 55.

② 依据 Royal Institution of Great Britain, List of the Members 1877；参见 Higgitt/ Withers, Science and Sociability, S. 8.

③ Higgitt/Withers, Science and Sociability, S. 8.

④ 见本书第 119 页。

⑤ SAA W5833, 18.6.1870—Werner an Wilhelm Siemens; vgl. Bähr, Werner von Siemens, S. 275.

⑥ SAA W8020, 14.5.1882—Wilhelm an Werner Siemens.

形式在高级社交圈还依然奏效，我会这么说”[1]。安妮参与威廉姆的职业活动的程度不同寻常，这不仅体现在她成为皇家科学知识普及会会员一事上。她经常陪同他出差，例如出席1873年的维也纳世界博览会和1878年的巴黎世界博览会[2]。1865年卡塔赫纳与奥兰之间的电缆铺设以及1869年跨黑海的电缆铺设她都在现场，这些都不是休闲旅行。为准备从西班牙卡塔赫纳起程的铺设活动，安妮专门去学习当地语言[3]。同样参与了该项电缆铺设的维尔纳，把这位弟媳形容为一位“心智聪明并受人爱戴的女士”[4]。

威廉姆和安妮热情好客。1870年，他在肯辛顿花园（Kensington Gardens）对面购置了一处比较大的住宅，1874年又购置了舍伍德（Sherwood）的乡村庄园[5]。威廉姆之所以购置舍伍德庄园，主要是为了满足安妮的愿望——她住在伦敦感到不舒服。此外，舍伍德庄园也是电力应用的示范点，是威廉姆从事技术－科学研究的实验室。舍伍德庄园有一个装备了蒸汽机的小型发电厂，设有电力驱动水泵、锯木厂以及农产品加工机器，产生的蒸汽还能为温室加热。这样一来，威廉姆就有了实验设施，观察电灯是否能促进植物生长。在19世纪80年代，这里还增加了一个配备了煤气发动机和蓄电池的发电站，为房子提供电力和照明。

---

① Wedding in: Sitzungsberichte des Vereins zur Beförderung des Gewerbfleißes 1884, S. 5. 信息可能是作者从维尔纳·冯·西门子那里询问得来的。Wedding 跟威廉姆和安妮的关系没有近到足以形成这一评判的程度。

② SAA, ohne Signatur, 22.9.1878—Anne an Anna Siemens.

③ SAA W4177, 10.9.1863—Wilhelm an Werner Siemens.

④ Siemens, Werner, Lebenserinnerungen, S. 259.

⑤ 依据 A Collection of Letters, S. XXIV; SAA W4669, 25.10.1874—Wilhelm an Friedrich Siemens; SAA W8077, 29.5.1883—Wilhelm an Werner Siemens; Siemens, On Some Applications, S. 253 u. 258 ff.; Hopkinson-Woolley/Woolley, The Personal Life, S. 13.

舍伍德庄园（1882 年）

在伦敦和舍伍德，威廉姆和安妮接待了众多客人，并举办了节日聚会[①]。受邀者的范围很广，从亲密的私人朋友到王室政要——比如巴西的皇帝，或者德国的威廉皇太子，即后来的德国皇帝威廉二世（1859—1941）。客人中经常有艺术家，特别是音乐家。东道主夫妇组织过音乐会，发起人很可能是接受过声乐培养的安妮。总的来说，安妮在跟许多来访者进行通信。舍伍德庄园存有一本 1881—1883 年的来宾留言簿[②]。留言者当中有威廉姆的亲属，有那些从 19 世纪 50 年代以来与威廉姆保持友好关系的家庭，包括戈登家和洛夫勒家，以及威廉姆在科学和技术界的朋友和同事，如物理学家威廉姆·汤姆森（William Thomson）和威廉姆·H. 斯波提斯伍德（William H. Spottiswoode，1825—1883）以及工程师弗雷德里克·约瑟夫·布拉姆威尔（Frederick Joseph

① Hopkinson-Woolley/Woolley, The Personal Life, S. 13. Vgl. Pole, Wilhelm Siemens, S. 192, 198 f., 287 u. 293 f. 值得注意的是，碰巧保存下来的 255 封信件中，超过 50 封信件都涉及邀请 (A Collection of Letters, S. 8, 11, 19-22, 31 f., 34 f,, 53, 61, 70, 80, 92 f., 100 f., 103, 109 f., 112, 114 f., 118, 123, 125, 129, 131, 135, 145, 148, 155 f., 160, 162, 164-168, 171, 173 f., 180 f., 184-186, 192, 194 f., 201, 223 u. 234).

② SAA3.Lr 506, 3 Sherwood, Gästebuch.

Bramwell，1818—1903）。

留言簿上有不少留言都盛赞西门子一家的好客以及舍伍德的美景。其中，一位客人在信中评论道："在我看来，这个国家的任何其他地方——不管多么宏伟或者引人入胜——都不如舍伍德。没有哪个乡间别墅有西门子博士这样的东道主，我对他那位来自（苏格兰）高地的尊夫人有着与对他一样的尊敬和感念。"[①]

技术－科学类协会

英国在过去和现在都拥有非常出色的协会组织。协会履行多种职能，它们是社会生活的中心，其目的在于让人休闲和放松，也在于向外界展示自身。协会把具有相同兴趣的人士聚集在一起，并为专业交流提供服务。技术－科学类协会以这种方式促进技术进步，它们提供适当的场合，以非正式方式处理各种问题，有时候对即将做出的决定进行准备。还有不容忽视的一点是，会员身份表明了对特定群体的归属。这可能是某一社会阶层，或者是某一由知识和能力来界定的共同体。对技术－科学类协会而言，会员身份意味着，一个人作为工程师或者自然科学家的职业活动所取得的成功得到了认可。

威廉姆是许多协会的成员。这些协会依照其典型特征，可以被分成如下几类[②]：

（1）专业协会（学会）服务于专业交流。协会定期举办聚会，聚会上有专题报告并对此进行讨论。专业协会通常会编辑并出版多个学术期刊，用于发表会议报告及其他研究成果。协会向优秀出版物以及其他学术成果颁奖，并资助研究项目。协会组成委员会来澄清技术－科学问题。

---

① A Collection of Letters, S. 135: "Sherwood needs no commendation to me as compared with any other place in the land–however grand or attractive. Few Country Houses enjoy the advantage of such a host as Dr. Siemens: and of course his Highland Lady fully shares in the respect and regard which I feel for him." 参见 Maynard, Biographical Notice, S. 5.

② 参见 Reader, A History, S. 21 ff.

（2）职业协会在组建职业群体并使之稳定方面发挥着重要作用。毕竟，职业协会制定行业准入标准，决定谁属于或者不属于该职业群体。特别是在 19 世纪，“机构 ”的会员资格比学术学位更重要。后来，职业协会也开始参与对有志于成为工程师的人进行培训和考试。

（3）行业协会的成员中不仅有科学家和工程师，还有企业家和管理人员。这些行业协会不仅处理科学和技术问题，而且还涉及经济和社会政治议题。

（4）科学协会除了针对各自的共同体外，还面向更广泛的公众。这类协会认定自身的核心任务之一便是在英国社会推广科学和技术。这类协会不仅接受专家为成员，而且还接受那些对技术和科学感兴趣并致力于此的非专业人士。这些机构的工作也包括组织会议、讲座、发行出版物等，但面对的是更广泛的受众。

（5）俱乐部（会所）主要是开展社交活动。其成员来自不同的职业，所拥有的精英社会地位不相上下。俱乐部往往拥有豪华的建筑物，成员在此举行宴请活动。此外，人们可以在俱乐部的会所里阅读、参加棋牌活动或休闲。

上述协会的描述是协会的各标准型之间的差别。大多数协会都不单属于一种类型，而是可以归入多个类别当中的。例如，大多数专业协会也具有职业规范的功能，职业协会也讨论专业问题。下文将描述威廉姆所加入的协会所具备的特征[①]，主要的关注点是他参与的方式和范围。这里首先谈及专业协会、职业协会以及行业协会，而后是科学协会，最后是俱乐部。

英国最富有传统、影响力最大的工程师协会，是成立于 1818 年的土木工程师学会（Institution of Civil Engineers）[②]。19 世纪初，“民用”（civil）一词有两方面的含义：一方面要把自身与军事工程师区分开来；另一方面旨在凸显自身与简单的、手工业技能水准上的“工程师”有所区别。在 19 世纪的发展进程中，“民用”一词的应用范围日渐缩小，被限定在建筑技术范围内。尽管该协会保持了一定的灵活性，但协会成员的范围也相应调整。1828 年，该机构获颁皇家特许状，这使得它在 19 世纪有别于其他工程师协会。随后，它相当成

① 参见 Pole, Wilhelm Siemens, S. 271; A Collection of Letters, S. XXI ff.

② 参见 Watson, The Civils; Buchanan, The Engineers, S. 50 ff.

功地阻止其他协会也获颁皇家特许状。1848 年，协会会员人数约为 600 人；到 1878 年时，增加到 3 300 人[①]。在成员资格方面，有合作会员和正式会员之别，要取得正式会员资格，需要在承担责任的岗位上有 5 年职业经验。这无疑是一个精英者的协会。

土木工程师学会的建筑物（1869 年）

威廉姆在 1844 年移居英国后，便参加了土木工程师学会的会议[②]。1846 年，他让约翰·格奥尔格·博德默（Johann Georg Bodmer，1786—1864）推荐其为合作会员。这一方面说明他对自己评价甚高，也说明别人对他予以认可[③]。博德

---

① Levi, The Scientific Societies, S. 464.

② SAA W1796 u. W1801, 2.3.1844 u. 30.4.1844—Wilhelm an Werner Siemens.

③ SAA W1558, 22.5.1846—Wilhelm an Werner Siemens; 参见 Pole, Wilhelm Siemens, S. 129（引文出自此处）, 135, 273 u. 353; “[...] for the last three years in business on his own account, occupied in the establishing of extensive lines of submarine and other telegraphs on the Continent, and in other works.” (Pole, Life, S. 122); Watson, The Civils, S. 120.

默是一位在其家乡瑞士、英国和其他大陆国家之间往来的人，作为机械工程师而饮誉当时[①]。我们不清楚威廉姆和博德默是如何相识的，可能是在本杰明·希克父子机器厂（Benjamin Hick & Son），因为两人都曾经在那里工作过。不过，威廉姆的申请被拒绝了，因为该机构刚刚将合作会员的最低年龄设定为25岁，而威廉姆当时才23岁。1854年，他的雇主查尔斯·福克斯（Charles Fox）等人再度提名他入选并获得成功。威廉姆的支持者指出，“在过去3年里，他一直在独立经营着业务日益扩展的水下电报设备以及欧洲大陆的其他电报设备，并从事工程师工作”。1860年，在十位著名工程师的提议下，威廉姆被授予正式会员资格。这需要有特别的工程师业绩，表明他不仅仅是一位企业家和工厂主。此后，威廉姆更经常地参加土木工程师学会的会议，但总体而言，他的参与程度有限。建筑技术不是他的重点，那不是他感兴趣的领域。不管怎样，从1871年起，他是该学会的理事会成员。1883年，该学会追授他霍华德奖（Howard-Award）以表彰他在钢铁生产方面的创新。

土木工程师学会的报告厅（1869年）

① 参见 Brownlie, John George Bodmer.

从他早期的工作来看，机械工程师学会对威廉姆更适合。在土木工程师学会拒绝接纳声名卓著的铁路先驱乔治·史蒂文森（George Stephenson，1781—1848）之后，机械工程师们于1847年成立了自己的机构①。1848年，其会员人数为189人；1878年为1 146人，远远低于土木工程师学会的人数②，这表明该学会的吸引力较低。威廉姆在1851年加入这个学会，没有遇到任何困难，与他力图加入土木工程师学会的情形不同③。威廉姆在机械工程师学会的参与度要高得多。他做过多次报告，1857年成为理事会成员，1868年成为副会长，并于1872—1873年接任会长。1877年，该机构从伯明翰迁往伦敦，他在这一过程中发挥了重要作用。

机械工程师学会的四位会长（1866年）

威廉姆日益增加的知名度以及得到的认可，体现在他于1869年当选为“民用工程师协会”（Society of Civil Engineers）的会员④。该协会在此时已更名为

① Parsons, A History; Rolt, The Mechanicals; Pullin, Progress; Buchanan, The Engineers, S. 80 ff.

② Levi, The Scientific Societies, S. 464.

③ Pole, Wilhelm Siemens, S. 273 f.; Proceedings of the Institution of Mechanical Engineers (1884), S. 3 f. u. 8.

④ Watson, The Smeatonians; Buchanan, The Engineers, S. 38 ff.

斯米顿协会（Smeatonian Society）以纪念其创始人[①]。这家于 1771 年成立的组织是最悠久的工程师协会，它更看重社会目标而不是专业目标。在 19 世纪，它发展成为一种晚餐俱乐部，会员们每月一次共同进餐。威廉姆能够当选是一份巨大的荣誉，因为会员人数限定在几十人，而且要求当选人要获得很高的票数才行。1879 年，威廉姆接任该协会主席一职。

在科学与技术的分化过程中，19 世纪下半叶出现了更多的机构。造船工程师学会（Institution of Naval Architects）成立于 1860 年。当时，蒸汽船和铁船正在彻底改变造船业[②]。1861 年，该机构有 390 名合作会员和 64 名正式会员。威廉姆是第一批会员之一，1883 年成为理事会成员。在电缆铺设以及钢材作为造船材料等领域，威廉姆的兴趣与该学会的工作一致。然而，总体而言，他的参与是有限的，他没有在那里发表报告，但参加了讨论[③]。

机械工程师学会在利兹举行的一场会议的入场券（1859 年）

---

① SAA W4753, 30.1.1869—Wilhelm an Werner Siemens. 关于会员人数以及所需要的票数，西门子与 Watson 给出的信息有出入。

② 参见 Barnaby, The Royal Institution of Naval Architects.

③ Transactions of the Institution of Naval Architects 25 (1884), S. 311 f.

威廉姆在钢铁学会（Iron and Steel Institute）的活动情况则完全不同[①]。这是一家于1869年成立的学会，企业家和管理人员在协会中占主导地位，成员从292人（1869年）增加到960人（1876年）。威廉姆在该协会中非常活跃[②]。19世纪70年代，钢铁生产是他的工作重点之一。他通过该学会传播自己研发的炼钢方法，声言他制造的钢可以应用到更多领域。威廉姆是协会的创始人之一。自1871年以来，他一直是理事会成员，并于1877年接任会长职务。作为会长，他致力于使钢铁学会更加国际化。1874年，他荣获该学会的金质贝塞麦奖章（Bessemer-Medal），"以表彰他通过重大发明和研究为钢铁工业做出的宝贵贡献"。

高炉炼铁（油画，1874年）

① Pole, Wilhelm Siemens, S. 274 ff.; Siemens, Eisen-und Stahl-Industrie.

② Siemens, The Scientific Works, Bd. 3, S. 107 f.; Siemens, Address of the President of the Iron and Steel Institute Paris 1878; The Journal of the Iron and Steel Institute 13 (1883), S. 655; Hopkinson Woolley/Woolley, The Personal Life, S. 19（引文出自此处）: "[...] in recognition of the valuable Services he had rendered to the iron and Steel trades by his important inventions and investigations".

威廉姆于1870年加入伦敦化学协会（Chemical Society of London），但是与该协会的关系并不密切。化学协会成立于1841年，并于1848年获得了皇家特许状[①]。协会不光接受科学家为会员，也接受其他与化学专业相关的人士，而这种做法一直是存在争议的。会员人数从551人（1870年）增加到1 034人（1880年）[②]。尽管成员构成异质性很强，化学协会还是以理论化学为关注焦点。威廉姆以襄赞人的身份出现在那里，并做了两次演讲[③]。然而，在化学协会中，应用化学只是个边缘角色。这一缺陷从1879—1880年起得到弥补：在英国化学工业的中心兰开夏郡成立了化学工业协会（Society of Chemical Industry）。1881年，威廉姆接过这一新机构的副会长一职[④]。

1871年，电报工程师协会（Society of Telegraph Engineers）的成立涉及西门子活动的核心领域[⑤]。路德维希·洛夫勒是发起人之一。协会的成立事先得到了威廉姆的同意，他是起草协会章程的委员会成员之一，也出任了首位会长一职。在协会章程中，可以看出该协会致力于高质量标准。协会的章程以土木工程师学会的章程为依托，也像后者一样区分合作会员和正式会员。正式会员至少要在负责岗位上任职5年，或者独立经营2年以上；必须获得10名正式会员的支持，才有资格加入协会。从19世纪70年代起，一部分会员力图获颁皇家特许状，但最终因为惮于与“土木工程人”发生冲突而作罢，后者试图保留这一特权。该协会的成立，可以被理解为这是人们对电报业与日俱增的重要性做出的反应——因为跨大西洋电缆铺设成功，电报业的重要性在19世纪60年代得到凸显。这也体现在会员人数的增长上——从110人（1872年）到近1 000人（1881年）[⑥]。1880年，“电气工程师”（Electricians）一词被加到协会的名称里，协会的全称变为“电报工程师与电气工程师协会”。这是对当时刚

---

① Moore/Philip, The Chemical Society; Bud, The Discipline of Chemistry.

② Levi, The Scientific Societies, S. 464; Moore/Philip, The Chemical Society, S. 49 u. 232.

③ Pole, Wilhelm Siemens, S. 281; The Jubilee S. 206 u. 259.

④ The Journal of the Iron and Steel Institute 13 (1883), S. 657.

⑤ Appleyard, The History; Reader, A History; Buchanan, The Engineers, S. 108 ff. u. 117 ff.; Müller, Wiring the World, S. 156 ff.

⑥ Appleyard, The History, S. 42 u. 53; Reader, A History, S. 2; Müller, Wiring the World, S. 159.

刚兴起的电力能源技术热潮的反应。

威廉姆在他的会长就职演说中提到，他很高兴看到一家新协会成立，让电报的专业化、分工以及发展速度获得应有的认可[①]。他将电报描述为“一流的文明推进者”[②]。他致力于有目标地选择外籍会员，让协会具备国际性或者全球性。的确，在 1881 年，电报工程师与电气工程师协会（Society of Telegraph Engineers and Electricans）有 15% 的会员为外国人[③]。在这种情况下，威廉姆萌生了让协会期刊以英语、法语和德语三种语言出版的想法。然而，这一计划没能实现。在 19 世纪 70 年代，该协会以及期刊反复陷入危机当中，只好靠捐款——其中也包括威廉姆本人的捐赠——来苟延残喘[④]。

在公开场合，威廉姆作为一个新技术和新产业的骄傲代表而登场。事实上，他将自己在协会中的活动看成自己对德国电气技术以及西门子家族公司的奉献。他在 1873 年向维尔纳表示，自己坚决拒绝第二个任期并陈述自己的理由：我“从总体上倾向于更多地或者完全地从电报业中退出。我之所以接受当选第一届任期，因为我从中看到有机会借此形成一个提出正当诉求的国际论坛，而且有利于在这里的业务”[⑤]。威廉姆的拒绝态度没能坚持很长时间。1878 年，他没能躲过出任第二届会长一职。

这些协会服务于信息和经验交流，其中不乏有争议的话题和立场。在学术报告后的讨论中，往往有不同意见发表。如果争论的形式不失其客观性和礼数，就不构成问题。在这些争议中，威廉姆也当仁不让。他绝不畏于批评英国的技术，反而推荐他所了解的、来自德国或其他欧陆国家的解决方案。例如，在 19 世纪 50 年代，他批评了英国坚持用磁针式电报机，尽管当时已经有其他解决方案[⑥]。在英国，电报线一般架设在地面上的线杆之间，而在德国则更倾向

---

① Siemens, Inaugural Address; 参见 Reader, A History, S. 23 f.

② Siemens, Inaugural Address, S. 75: “civiliser of the first magnitude”; 参见 Müller, Wiring the World, S. 106 ff.

③ Müller, Wiring the World, S. 162.

④ Appleyard, The History, S. 44; Buchanan, The Engineers, S. 110; Reader, A History, S. 25 f.

⑤ SAA W713, 2.2.1873—Wilhelm an Werner Siemens.

⑥ Siemens, On the Progress, S. 21 u. 41.

于在地下铺设①。当1881年的一场暴风雪对英国电报系统造成严重影响时，威廉姆利用这一机会强力游说铺设地下电缆。他认为，英国将电报国有化是一个错误的决定②。他警告说，以私营经济组织起来的美利坚合众国可能会让英国落入二流地位。他认为，德国铁路事故数量之所以比较低，首先归因于机车制造方面更为精心、保持车距的规则以及将电报整合进铁路系统当中③。

惠斯顿电报系统（1888年的绘画）

① Siemens, Address of the President of the Society of Telegraph Engineers, S. 171 f.; Siemens, The Scientific Works, Bd. 3, S. 241 f.

② Siemens, Address of the President of the Society of Telegraph Engineers, S. 172 ff.

③ Siemens, The Scientific Works, Bd. 2, S. 302 ff.; Journal of the Society of Telegraph Engineers 3 (1873/74), S. 289 f.; Minutes of Proceedings of the Institution of Civil Engineers 38 (1873/74), S. 225.

威廉姆在各种技术－科学类协会中担任众多职务，他以报告和声明的形式做出各种贡献，种种做法都表明他对这些机构及其工作予以高度重视。不过，他的许多职位也让他从内部认识到协会的分散状况、经常发生的重复性工作。这些经验促使他在19世纪70年代后半期发起成立技术－科学类协会的联合会，加强各协会之间的协调与合作[①]。

作为走上这条道路的第一步，他提议相关的工程师学会进驻同一座建筑物当中——他采用了“应用科学大厅”（Hall of Applied Sciences）这个名称。自然科学组织已经有类似的做法。个别工程师协会，如土木工程师学会有自己的建筑物；另外一些则寄居在“土木人”那里，或在其他地方承租活动场所。它们也部分地得到政府的支持。当时，机械工程师学会正计划从伯明翰迁往伦敦[②]。1877年，威廉姆的想法在钢铁协会、机械工程师学会和电报工程师协会那里得到积极回应[③]。在探讨这一问题时，威廉姆指出，土木工程师学会在实现该计划中担当着关键性的角色。

1879年，威廉姆再次提出了这一建议，并提供1万英镑捐款让这一建议变得更具分量。这笔钱在当时相当于大约20万马克[④]。他向土木工程师学会、钢铁协会、机械工程师学会和造船师协会介绍了自己的计划，所到之处都得到了积极的反响和热忱的欢迎。造船师协会指出，他们无力提供额外的资金来支付租金；“土木人”则希望，即便在同一屋檐下，他们也能保持自己的独立性。威廉姆的建议是推进该项目要由联合委员会来进行，由土木工程师学会担任理事会主席。随着时间的推移，“土木人”似乎与该项计划渐行渐远，他们并不

---

① 参见 Pole, Wilhelm Siemens, S. 278 f.; Watson, The Civils, S. 97.

② Institution of Mechanical Engineers (im Folgenden IMechE) Archives, Council Minutes v. 1.6.1877, 4.7.1877 u. 2.10.1877.

③ Siemens, Eisen-und Stahl-Industrie, S. 40 f.; Journal of the Iron and Steel Institute 7 (1877), S. 100-103; Siemens, The Scientific Works, Bd.3, S. 154 f.; Institution of Engineering and Technology (下文中为 IET) Archives, Minutes v. 28.3.1877; IMechE Archives, Council Minutes v. 28.4.1877 u. 31.5.1877.

④ Minutes of Proceedings of the Institution of Civil Engineers 58 (1878/79), S. 103, u. 59 (1880), S. 195; The Journal of the Iron and Steel Institute 9 (1879), S. 185—188, u. 13 (1883), S. 656; IMechE Archives, Council Minutes v. 30.5.1879, 19.6.1879, 5.8.1879, 22.4.1880; 参见 Pullin, Progress, S. 81 f.; Barnaby, The Royal Institution, S. 113.

迫切地需要新的学会办公处，也许他们还担心自身现有的优越地位会在联合会中失去。总而言之，威廉姆的倡议最后不了了之。

威廉姆认为，工程师协会在技术进步方面发挥了重要作用。问题是一个人在被某一学会接受为会员之前，如何成为一名工程师呢？长期以来，英国一直认为实践是培养工程师的最佳途径。这里存在两种可能性：①未来的工程师在一位经验丰富的土木工程师那里当学生；②在工业企业里当学徒。在这些工作之余，短时间内去学校获得深入的理论知识。要想成为真正的工程师，该人还必须在一个需要承担责任的岗位上工作若干年。

这一教育体系的价值已经得到证明，它曾经为英国工业的世界领先地位作出过贡献。在 19 世纪，认为该制度已经过时或不完善的声音越来越多。这些人看到欧洲大陆各国工业的崛起，以及英国工业的相对衰退。他们认为，后发国家在工业化进程中的成功，首先要归功于那里的技术学校。

威廉姆·西门子也是技术学校体系的支持者，以及英国实践式工程师培养方案的批评者[①]。他盛赞法国的中央工艺制造学院以及各省的技术学校。相比之下，他不太认可德国的理工学校，反而更青睐德国的大学教育。其原因在于，威廉姆·西门子更倾向于将理论和实践予以严格区分[②]。学校应该提供数学－自然科学方面的教育，实践知识应该让未来的工程师们在车间、办公室或者工作现场上获得，学校里根本就不应该设立车间课。德国出现的问题是理工技术学校及其教授们要求自己去传授实践性内容，可是他们自己对此一无所知。课程中缺少“商业性知识，这是因为教师们对于生产成本所知甚少。不然的话，我们就会在工厂或者工程师办公室里而不是在教室里找到这些教师们”[③]。学校传授的都是已经被检验过的内容，这对于国家行政管理可能是有用的，但对于创新是有害的。

---

① Siemens, Address as President; Siemens, Address of the President of the Iron and Steel Institute Paris 1878; vgl. Scott, Siemens Brothers, S. 257 f.

② Siemens, Science and Industry; Siemens, Eisen–und Stahl–Industrie, S. 3 ff.

③ Siemens, Science and Industry, S. 274: “[...] commercial element, that is of due regard to cost of production, of which the teacher himself must be compara–tively ignorant, as otherwise we should probably find him employed at the fac–tory or the engineer’s office, instead of in the schoolroom.”

威廉姆虽然承认技术实践者启动了工业化进程，但是这个时代已经过去了[①]。他站在那些要求并支持成立技术学校的工业家和工程师这一边。威廉姆认为，英国与欧陆国家的不同之处在于，英国的技术学校肇始于私人举措，政府没有在其中担任重要角色。这一类型的学校在过去若干年里的发展令人欣慰。不难想象，威廉姆本人也会成为这类学校的资助者。

皇家印度工程学院（位于伦敦附近的库柏山，1871 年）

于是，他对皇家印度工程学院（Royal Indian Engineering College）大力支持。该学院于 1871 年应英印殖民政府的呼吁在伦敦附近成立，以培养在殖民地公共事务中需要的工程师为目标[②]。该校每年有 40 名左右的毕业生，其中大部分是建筑工程师，后来又增加了一些电报工程师。在 19 世纪 70 年代中期以后，政府的投入逐步减少，最终导致学院的生存都成为问题。在这种情况下，学院召集了一个顾问委员会，其中也包括一些著名的工程师，威廉姆·西门子就隶属其中[③]。顾问委员会每年视察学院一次，并提出改革建议。学院果真因此

---

① Siemens, On Technical Education; Siemens, The Scientific Works, Bd. 3, S. 230–237; 参见 Divall, A Measure of Agreement; Guagnini, Worlds Apart.

② Cameron, A Short History; Cuddy, The Royal Indian Engineering College.

③ Pole, Wilhelm Siemens, S. 342 ff.

度过了危机，并且扩大了招生。

1881 年，威廉姆接任伯明翰和米德兰学院（Birmingham and Midland Institute）的院长职务[①]。这是一个涉及面比较大的继续教育机构，设有图书馆、博物馆并举办教学活动，1881 年有近 2 700 名听众参加。威廉姆为该学院设立了一份研究奖项。他也曾考虑将这项冶金学研究奖设在伦敦国王学院（London King's College），该学院很早就设立了工程科学的教授讲席[②]。该研究奖在 1883 年发布的首届招标选题是“适用于船舶和锅炉板的钢材制造”，这源自威廉姆自己的研究兴趣。

伯明翰和米德兰学院（日期不详）

威廉姆对伦敦城市与行业学院（City and Guilds of London Institute）特别热心[③]。该学院于 1878 年由伦敦市及其行会和贸易协会共同发起成立的。作为金匠行会的荣誉会员，威廉姆感到自己与该协会有某种特殊的关联。该学院的教学范围包括技术以及艺术、文学，这些学科范围是威廉姆明确倡导的。他赞扬学院提供的夜校课程以及基础设施，这些都比他在德国上过的学校要好。他

① Siemens, Science and Industry, S. 291; Pole, Wilhelm Siemens, S. 356 ff.

② The Journal of the Society of Chemical Industry 1 (1882), S. 346; 参见 Pole, Wilhelm Siemens, S. 358 f.

③ Siemens, Address Delivered at the Distribution of Prizes, S. 384 ff.

尤其赞赏该学院在老师们的帮助下，致力于吸引全国优秀学生备考该学院的入学考试。

1883 年，当威廉姆被问及如何成为一名电气工程师时，他提出如下建议：首先应该在国王学院或其他学校学习自然科学和机械工程，然后在机械工程师那里做学徒，因为电气工程只不过是机械工程里的一个专门领域而已[①]。威廉姆与他的兄长维尔纳[②]一样，在当时还无法想象电气工程能单独成为一个学科。尽管维尔纳主张设立电气工程专业的教授职位，但他认为这只是在物理学或机械工程学之外的附加资质而已。后来随着对电气工程师的需求扩大，这种观点才得到修正。

由此可见，威廉姆对工程师培养有着明确的设想。对于教育的一般性看法，他少有涉猎。不过，他还是强调训练记忆力和培养说理能力的重要性，将人文学与自然科学科目结合在一起，像伊顿公学所做的那样，是最合适的。学校教育传授的知识不应该太驳杂，而应该集中于传授基础知识[③]。

他认为，德国传统的手工艺培训体系堪称典范[④]。双元制培养三年，实习和学校上课交替进行，这种培养应该足够了。他认为，学校里的老师应该是通识者而不是技能专家，传授给学生的是世界观以及对职业的热爱。旧时行会实行的那些保证技能水准的努力，仍然值得效仿。

威廉姆在各种技术－科学协会中具有会员资格，这是不言而喻的。这与他广博的技术钻研以及可观的专业活动相吻合。此外，成为皇家学会（Royal Society）的会员，就如同获得科学界的骑士资格一样。英国皇家学会成立于 1660 年，是英国科学协会中最受人尊敬、最有声望的协会。在 19 世纪，英国皇家学会以特别的方式保持其高学术水准，限定会员人数。1878 年，英国皇家学会只有 549 名成员[⑤]。

---

① IET Archives SC MSS 40, 1.10.1883—Wilhelm Siemens an C. Crowther.

② 参见 König, Technikwissenschaften, S. 87–96.

③ Siemens, Science and Industry, S. 275 ff.

④ Siemens, Science and Industry, S. 280 f.; Siemens, Address Delivered at the Distribution of Prizes, S. 388 ff.

⑤ Levi, The Scientific Societies, S. 459.

英国科学界以及英国皇家学会都重视实践取向，这对于候选人威廉姆有利。人们普遍认为，技术是应用科学。1862 年，威廉姆获得候选人提名，提交给皇家学会的建议书中将他描述为发现者和发明者，强调他的“应用科学知识”①。建议书上的签名者名单，看起来如同英国技术科学的名人录一样，其中包括迈克尔·法拉第、威廉·汤姆森、查尔斯·惠斯通、机械工程师乔治·雷尼（George Rennie，1791—1866）、詹姆斯·普雷斯科特·焦耳和他后来的传记作者威廉·玻尔。由此可见，威廉姆的当选过程似乎没有问题。1870 年和 1871 年，威廉姆还成为皇家学会内两个精英圈里的成员②。

威廉姆曾两次担任皇家学会理事会成员③。他在地中海探索委员会里任职④，也参与了关于莱布尼茨和牛顿在微积分发展中之角色的争论认定工作⑤。他主张选举更多工程师进入皇家学会，如亨利·贝塞默（Henry Bessemer，1813—1898）⑥。在 1878 年为学会出版物筹款的活动中，他捐赠了 500 英镑⑦。1871 年，他获得发表贝克讲座（Bakerian Lecture）的殊荣，题目是关于利用

皇家学会的成员（日期不详）

① The Royal Society Archives EC/1862/10（引文出自此处）; SAA W2938, 19.4.1862—Wilhelm an Werner Siemens; 参见 Pole, Wilhelm Siemens, S. 135 f.

② Pole, Wilhelm Siemens, S. 272; A Collection of Letters, S. 18 u. 33; University of Manchester Library, Archive Centre, 27.11.1870−Siemens an Frankland; 参见 Stimson, Scientists and Amateurs, S. 217 f.

③ Proceedings of the Royal Society of London 15 (1869/70), S. 113; A Collection of Letters, S.XXI.

④ The Royal Society Archives CMB/2/04; CMB/2/04/1−2, S. 6; CMB/2/06/1, S. 33.

⑤ The Royal Society Archives CMB/2/34; CMB/2/34/1.

⑥ The Royal Society Archives EC/1871/13; EC/1873/07; EC/1879/04 (Bessemer).

⑦ Huxley, Life and Letters, Bd. 2, S. 135.

电阻测量高温[①]。

大约在 18 世纪中期，英国出现了一些促进经济发展的协会。这包括 1754 年成立的工艺、制造业和商业激励协会（Society for the Encouragement of Arts, Manufactures and Commerce），工艺协会（Society of Arts）这个简称更为人所知[②]。工艺协会不光接纳科学家为会员，而且还接纳对科学感兴趣的普通民众。1858 年，该协会有 1 900 名成员，1878 年会员人数则超过 3 100 名[③]。此外，还有数量众多的相关协会。该协会把在公众中传播科学视为己任，设立各种奖项和表彰，支持技术和科学方面的课程。它在全国各地组织活动，举办科学讲座，并参加在伦敦举行的世界博览会。工艺协会举办技术考试，并在关乎科学和技术的问题上有明确的立场，如关于专利法、电报管理、能源问题、消防安全等。

工艺协会的自身定位及其任务，与维多利亚女王的丈夫阿尔伯特亲王（Prince Albert，1819—1861）的意图非常相符。后者从 1840 年起就是该协会的会员，并于 1843 年担任会长。1847 年，工艺协会获得皇家特许状。阿尔伯特去世后，威尔士亲王爱德华（Edward Prince of Wales，1841—1910）接任会长。为纪念阿尔伯特亲王，工艺协会于 1863 年设立“阿尔伯特亲王奖章”，这是该学会的最高奖项。

工艺协会受到高度尊重，而入会的门槛却不高。威廉姆早在 1849 年就已经加入该学会[④]。1850 年，这位年轻的工程师以其发明的回热式冷凝器获得该机构颁发的金质奖章。威廉姆后来曾经提到，这一奖项对他是非常大的鼓励，尽管这一发明最后并没有找到用武之地[⑤]。1874 年，他被授予“阿尔伯特亲王奖章”，以表彰“他的热能理论研究及其在燃烧技术中的实际应用；在冶铁方

① Philosophical Transactions of the Royal Society 161 (1871).

② 参见 Wood, A History.

③ Levi, The Scientific Societies, S. 464.

④ 关于威廉姆的参与活动，见 Pole, Wilhelm Siemens, S. 279 ff. u. 351 ff.; Wood, A History, 389 u. 513; Siemens, Address of the Chairman, S. 366; Siemens, Address which should be Delivered, S. 413; Journal of the Royal Society of Arts 31 (1883), S. 811, u. 32 (1884), S. 8.

⑤ 见本书第 134 页。

面的创新；他的技术研究给热能经济带来的总体成就”①。王室成员在工艺协会的任职主要起到外联作用，协会的工作由理事会以及理事会主席来领导。威廉姆自 1874 年起便担任理事会成员，1882 年他接任了理事会主席职务。

不列颠科学促进协会（British Association for the Advancement of Science）也致力于普及科学②。它成立于 1831 年，以德国自然科学家和医生协会的模式为基础。不列颠科学促进协会有意让自身有别于皇家学会的精英主义方向，会员资格也向科学爱好者敞开，1878 年有 3 600 多名会员③。该协会的年会每次都在不同城市举行，有时会吸引大量听众。该协会依照专业划定不同分支领域，以财务资助的方式支持研究工作，并就技术与科学问题发表自己的立场和观点。

威廉姆于 1856 年加入该协会④。1869 年，他首次担任 G 分支领域（工程与机械）的主席，1882 年连任。1871—1875 年，他是总会的理事会成员。1882 年，他担任主席并主持了在南安普顿举行的年会。德国生理学家埃米尔·杜布瓦 – 雷蒙（Emil du Bois–Reymond，1818—1896）是会议的参加者之一，对西门子公司以及威廉姆的年会开幕演讲大加赞赏：

> “威廉姆·西门子极为精通英国人的讲话艺术，他的描述通俗易懂但内容丰富，朴素却娓娓动人，令人百听不厌。他那种渊博的、即便是刻意衔接起来的解析，也会显出自然天成般的松散风格，我无法给出恰如其分

① Wood, A History, S. 513: “[...] for his researches in connection with the laws of heat, and the practical application of them to furnaces used in the Arts; and for his improvements in the manufacture of iron; and generally for the Services rendered by him in connection with economisation of fuel in its various appli–cations to Manufactures and the Arts.”

② Howarth, The British Association; MacLeod/Collins, The Parliament; Barton, The X Club, S. 264 ff.

③ Levi, The Scientific Societies, S. 463.

④ 关于威廉姆的活动，参见 Pole, Wilhelm Siemens, S. 165 f., 271 f. u. 349 ff.; SAA W7944, 15.11.1881—Wilhelm an Werner Siemens; Siemens, Address of the President of the British Association, S. 320; A Collection of Letters, S. 188 ff.; Thompson, Life, S. 787; Projekt “The Correspondence of John Tyndall”, 22.6.1882–Clausius an Tyndall sowie 22.6.1882 u. 22.12.1882–Bois–Reymond an Tyndall; vgl. 26.6.1882–Tyndall an Clausius.

> 的描述。每一个能想到的要点，他都轻松而有的放矢地谈及；他一以贯之地强调科学与技能之间的关系；他所瞩目的，是最大限度实现人的力量与福祉。这位演讲者涉足了科学技术的全部领域，涉及以机械运行、光和热为形式的能源利用，同时他也左右兼顾，也谈及那些并不直接发生在自身领域里的新成就。”[①]

威廉姆除了从经济上资助该协会，也通过他的电气工程知识让协会获得支持[②]。像对待其他协会一样，威廉姆也力图让不列颠科学促进协会更加国际化，但成效有限[③]。德国科学家如鲁道夫·克劳修斯（Rudolf Clausius，1822—1888）、杜布瓦－雷蒙和他的哥哥维尔纳参加了在南安普顿举行的年会[④]。

不列颠科学促进协会发展成为一个受人尊敬的学术机构，在科学和技术问题上，政界日益听取其意见。协会通常会召集相应的委员会，在经过一定的、有时候是非常全面而丰富的调研和咨询之后形成意见，而后公开发表或者递交给政府主管部门。威廉姆参加了多个这类委员会。在 1861 年组建的确立电学单位的委员会中，他最终为了与委员会保持更大一致性而与兄长维尔纳的电阻研究工作保持距离，提出以物理学和电力技术先驱者的姓氏来命名电测量单位[⑤]。

1863 年，不列颠科学促进协会成立一个委员会，意在从科学角度出发来确立度量衡[⑥]。作为委员会成员之一的威廉姆·西门子丝毫不怀疑，英国必须跟上国际发展。实际上，委员会明确地支持计量系统——包括造币在内——的十

① Bois-Reymond, Die zweiundfünfzigste Versammlung, S. 9.

② Barton, The X Club, S. 283.

③ Vgl. Bois-Reymond, Die zweiundfünfzigste Versammlung, S. 5.

④ Vgl. SAA, ohne Signatur, 8.1882 (der Tag ist nicht angegeben)-Anne an Anna Siemens.

⑤ S. o. S. 46.

⑥ Report of the Meeting of the British Association of Science 35 (1865), S. 375-379, 36 (1866), S. 352-355, 37 (1867), S. 468-474, 38 (1868), S. 484-489, 39 (1869), S. 308-313, 40 (1870), S. 232-235, 41 (1871), S. 198-201, 42 (1872), S. 25-28, 44 (1874), S. 359 f., u. 54 (1885), S. 27 f.; 参见 Howarth, The British Association, S. 204; Siemens, The Scientific Works, Bd. 2, S. 305 ff.; Siemens, Address of the President of the British Association, S. 320 f.

进制体系和公制体系。其他工程师学会以及不同商业机构也支持这一立场。然而，这一影响深远的改革在下院和商贸部未能通过，他们想让传统的英国度量衡系统与新的十进制系统并行存在。此后，不列颠科学促进会致力于在学校中普及十进制和公制度量衡体系。

1881 年，委员会要确立精密机械中使用的小螺钉的螺纹标准[①]。委员会认为公制系统根本就不可能通过，从一开始就建议采用惠式螺纹（Whitworth）标准。威廉姆对这一决定并不满意，但接受了这种务实的考虑。

威廉姆参加的其他委员会要处理的事务，都与他自己的工作直接连在一起。1872 年，他加入的一个委员会，评估对象是由他设计的电子温度计[②]。此外，他在 19 世纪 70 年代加入的一些委员会，考察他不久前研发的钢材的质量，并评估该钢材在建筑上获得更多应用的可能性[③]。除此之外，威廉姆参加的其他委员会，则更多涉及基础研究，比如，1876 年成立一个重力测量委员会[④]，另一个委员会则检验不同金属线的弹性[⑤]，还有一个委员会探究确定船行速度的可能性[⑥]，一个委员会自 1878 年起致力于当时正有待修订的专利制度[⑦]。

普及科学也是 1799 年成立的大不列颠皇家研究院（Royal Institution of Great Britain）的目标，其皇家特许状是在 1800 年获得的[⑧]。会员资格与数量不菲的经济捐助连在一起。1877 年，该机构有 1 000 名成员[⑨]。科学家会员为大范

① Report of the Meeting of the British Association of Science 52 (1882), S. 311–314; 参见 Howarth, The British Association, S. 210; Siemens, Address of the President of the Mechanical Section, S. 117.

② 见本书第 177–178 页。

③ 见本书第 175–177 页。

④ Report of the Meeting of the British Association of Science 46 (1876), S. II, 50 (1880), S. 25 f., 51 (1881), S. 93–126, 52 (1882), S. 95–119, u. 53 (1883), S. 93–126; 参见 Howarth, The British Association, S. 172.

⑤ Report of the Meeting of the British Association of Science 46 (1876), S. 11V; 48 (1878), S. 103 f., 49 (1879), S. 33–36 u. 50 (1880), S. 61 f.

⑥ Athenaeum (1876), S. 374; Report of the Meeting of the British Association of Science 48 (1978), S. 219, u. 49 (1879), S. 210–218.

⑦ 见本书第 201–202 页。

⑧ Caroe, The Royal Institution; Royal Institution of Great Britain, List of the Members 1877, S. VI ff.

⑨ Royal Institution of Great Britain, List of the Members 1877; Levi, The Scientific Societies, S. 463, 给出的数字要低得多。

围听众举办特定题目的讲座。威廉姆在1859年加入皇家科学知识普及会并参与了讲座工作①。1874—1876年，他是理事会成员，并在1876年担任理事会副主席。1883年换届时，他原本会继续担任该职务的。为此，他还将收藏的一套珍贵的仪器捐献给皇家科学知识普及会。

威廉姆成为技术－科学类各种协会会员的模式是很清楚的。在19世纪50年代，这位在当时还并不著名的工程师就已经得到了认可其工作成绩的同事们的支持，而后加入了一系列协会。在19世纪60年代，他越来越多地投入协会的工作中并赢得声誉。从19世纪70年代开始，他成为顶尖的工程师和科学家，有资格在科学组织中担任任何职位。即便他有时候有些犹豫，但最终还是表现出很愿意去接手协会/学会中的职务，并积极投身其中。投入最多的，是那些关涉到他自身职业以及他涉足的技术－科学领域的协会，这包括机械工程师学会、钢铁学会和电报工程师学会。在这些学会以及其他协会，他多次发表学术报告并参加讨论。当协会遇到困难时，他也会给予财力帮助，以便确保协会在技术－科学方面的工作得以进行。

雅典娜俱乐部（伦敦，1896年）

① Notices of the Proceedings at the Meetings of the Members of the Royal Institution of Great Britain 3 (1858—1862), S. 137, 7 (1873—1875), S. III u. XXI, S. 299 u. 470 u. 10 (1882—1884), S. 473; Pole, Wilhelm Siemens, S. 281 u. 394; A Collection of Letters, S. 27 u. 224.

技术科学协会是专业交流的场所，也是同事们的聚会地。俱乐部则有另外的重点，这里更看重会员们的社会地位，而不是专业地位，通常情况下，会员是通过选举加入的。俱乐部为其成员提供高档场所，会员们可以在里面谈话、进餐、进行棋牌等娱乐活动或者放松休闲。俱乐部也会帮助其成员彼此间建立关系。不难想象，许多科学、商业或政治上的决策，是在俱乐部的空间里完成准备工作的。

自 1866 年以来，威廉姆一直是白厅俱乐部（Whitehall Club）的成员[①]。该俱乐部会员人数限制在 800 人，来自商业和技术领域。俱乐部所在的建筑物位于议会大厦的附近。更重要的是，威廉姆拥有 1824 年成立的雅典娜俱乐部（Athenaeum Club）的会员资格，那是伦敦最好的地址之一[②]。其成立条款谈及：

> “由那些在科学或文学上成就卓著的人物、各种门类的杰出艺术家，那些在慷慨襄助科学、文学、艺术方面卓尔不群的贵族和绅士组成的团体。”[③]

的确，这个限定 1 200 人的俱乐部成员中不乏首相、画家、音乐家和科学家。要想成为雅典娜俱乐部的会员，需要专门委员会成员的一致同意。由于会员人数有限，有时候需要等上很长时间。威廉姆 · 西门子是在 1865 年得到提名的，提名人是皇家铸币厂的负责人托马斯 · 格雷厄姆（Thomas Graham，1805—1869）、当时受雇于英国政府铁路部门的道格拉斯 · 高尔顿（Douglas Galton，1822—1899）以及威廉姆的密友、化学家爱德华 · 弗兰克兰（Edward

---

① SAA 3.Lr 44, S. 23, 7.3.1866—Wilhelm Siemens an Whitehall Club.

② 参见 Cowell, The Athenaeum.

③ Pole, Wilhelm Siemens, S. 282 ff. (引文见 S. 282 f.) u. 405 f.; “[...] for the association of individuals known for their scientific or literary attainments, artists of eminence in any class of the fine arts, and noblemen and gentlemen distinguished as liberal patrons of Science, literature, and the arts.” (Pole, Life, S. 270); 参见 Cowell, The Athenaeum, S. 11.

Frankland, 1825—1899）[①]。这三人与威廉姆一样，同为皇家学会会员。他们在提名的理由中将威廉姆描述为：

> “发表在《自然科学会报》（Philosophical Transactions）和其他科学期刊上大量关于动力、热、电的研究文章的作者；享誉业内的工程师以及陆路和跨洋电报电缆线路的建设者；煤气生产、玻璃制造以及冶金行业中重要的回热工艺方法和设备的发明者，同时也是一系列新型电力机械和设备的发明者。”

威廉姆在 1871 年被接收为会员，跟许多其他人相比，他的等待时间并不算长。随后，他被选入理事会并参加补选新会员的工作[②]。

人际关系网络

对于像威廉姆·西门子这样的工程师、科学家和企业家来说，人际关系网络非常重要。人际关系为这位从德国移民而来的技术员进入英国社会铺平了道路，也有助于让威廉姆的名字在英国工程师圈子里为人所知，并建立了商业关系。威廉姆绝大多数关系密切的同事和好朋友，很可能都是他在技术－科学类协会和俱乐部里结识的。这里，我们需要将科学界的同事与业务伙伴加以区分，哪怕二者的分界线并不清晰。此外，威廉姆也与生活在英国的德国人保持着密切关系。

---

① Mail Jeannie de Protani, Athenaeum Club, v. 8.11.2017; 参见 Pole, Wilhelm Siemens, S. 283 f.: “Author of numerous papers in the <Philosophical Transactions>, and other scientific Journals, on dynamics, heat, and electricity. Well known as an engineer and constructor of lines of submarine and land telegraphs. Inventor of several valuable and important processes and apparatus in connection with the application of heat in gas-making, glass manufacture, and metallurgy; also of several kinds of new machinery and electrical apparatus.”

② A Collection of Letters, S. 76 u. 83.

科学共同体

随着时间的推移，威廉姆在技术专家和自然科学家中形成了一个友谊群体。他的朋友们都从事过基础科学工作，但同时也对技术应用感兴趣，或者自身就是工程师。他们的形象，与威廉姆自己展示的、或者说他追求的形象相符合。当时的科学家们还没有像后来那样专业化，大多是知识渊博的通才。威廉姆与朋友们的研究领域或多或少有一些重叠，这使得专业沟通以及共事者间的交流变得容易。朋友们互相引用对方的研究成果，也因此促进了研究成果的传播和扩散。很明显，这种公开的相互借鉴都是正面的，批评性的争论更多在私下里以非正式的方式进行。

威廉姆是多个技术－科学类协会的会员，并在其中担任许多职位。他的大多数科学界朋友们亦如此。他们在协会的理事会中担任职务，包括主席或会长。在这样的职位上，他们很方便推荐同事和朋友成为会员，或者在有空缺职位时对他们予以考虑。在若干个案中，即将离任的主席或会长会安排自己的朋友接任。这给人留下一种利益联盟的印象，联盟成员互相帮助得到职位。不过有一点也需要考虑到：在当时，要找到出任某些空缺职位的合适候选人，其困难程度并不小。

下文将简要地介绍威廉姆在科学界的朋友们，并勾勒他们彼此间的关系。这些只是举隅，完备性既不是这里要追求的目标，也不可能做到。所涉人物与威廉姆的友谊关系，是双方都曾谈及并且得到证实的。关于他们之间的合作，很可能会有缺漏，我们可以想象，很多事情都以非正式的方式发生，在私下谈话或者信件中交流，没有书面文件保留下来。此处要谈及的人是约翰·廷德尔（John Tyndall，1820—1893）、爱德华·弗兰克兰（Edward Frankland）、威廉·H. 斯波蒂斯伍德（William H. Spottiswoode）、弗雷德里克·约瑟夫·布拉姆威尔（Frederick Joseph Bramwell）和威廉·汤姆森（William Thomson）。

约翰·廷德尔是英国自然科学家，他在专业上表现出色，同时也致力于社

约翰·廷德尔（日期不详）

爱德华·弗兰克兰（日期不详）

会政治问题①。在朋友弗兰克兰的建议下，廷德尔前往德国的马堡大学和柏林大学，师从罗伯特·威廉·本生（Robert Wilhelm Bunsen，1811—1899），这导致他高度赞赏德国的自然科学研究和德国的大学体系。廷德尔的主要研究领域是物理学，专注于电磁学以及热学理论（以热辐射为重点）。他一度作为铁路工程师为商贸部就港口灯塔等问题提供咨询。1853 年，他受法拉第的推荐进入大不列颠皇家科学知识普及会。

威廉姆·西门子在 1860 年底去找廷德尔，向他介绍自己研发的电子温度计②。专业交流逐渐发展为友谊交流，也有了私人交往。不管怎样，双方在公开场合都不讳言他们之间的友谊，廷德尔与妻子曾经在西门子家的舍伍德庄园里驻留过。

廷德尔比威廉姆早大约十年成为皇家学会成员。他于 1874 年担任英国学术协会主席的就职演讲引起轰动。他在演讲中特别指出，科学的社会价值堪比

---

① 关于廷德尔，参见 Tyndall: Gieryn, John Tyndalls Double Boundary-Work; De Young, A Vision; Lightman/Reidy, The Age.

② 感谢约克大学的 James Elwick 让我注意到相应的信件。信件刊登在 Philosophical Magazine 21 (1860), S. 73 f; 参见关于威廉姆与廷德尔之间的友好关系 Notices of the Proceedings at the Meetings of the Members of the Royal Institution of Great Britain 8 (1876), S. 68; A Collection of Letters, passim; Projekt "The Correspondence of John Tyndall", 7.1.1884—Tyndall an Clausius, u. 4.1878（日期不完整）-Tyndall an Spottiswoode.

宗教，这说出了威廉姆的心声①。他也和威廉姆一样，认为科学对于技术发展起着重要作用。尤其是在热学的理论研究方面，他们二人的兴趣有重合之处。我们不能排除两人在专业问题上有分歧和小冲突，比如，在如何确保即将建造的英吉利海峡隧道免遭入侵这一问题上②。在廷德尔看来，威廉姆的太阳热能理论③是无稽之谈④。

爱德华·弗兰克兰和廷德尔一样，也曾经留学德国，师从本生和尤斯图斯·冯·李比希（Justus von Liebig，1803—1873）⑤。他娶了一位德国女性。1865年，他接替奥古斯特·威廉·霍夫曼（August Wilhelm Hofmann，1818—1892）加入皇家化学学会。1871—1873年，他担任皇家化学学会主席。在那几位提名威廉姆加入雅典娜俱乐部、加入皇家学会内影响力颇大的哲学俱乐部的学者里，弗兰克兰便是其中一位⑥。威廉姆和弗兰克兰有不少共同兴趣：关于伦敦的污水问题以及关于太阳的理论。此外，威廉姆对弗兰克兰开发的一种蓄能器很感兴趣⑦。

数学家和物理学家威廉姆·H. 斯波提斯伍德（William H. Spottiswoode）在英国科学体系中担任过许多重要职务。他担任英国科学协会的财务主管多年，并于1878年接任主席职务。1878—1883年，他还担任皇家学会主席。威廉姆关于太阳能的理论，也立足于斯波提斯伍德的贡献之上⑧。斯波提斯伍德非常看重这一做法，不偏不倚地推崇威廉姆的研究，并以自己的一份重要出版物向威廉姆致敬。当斯波提斯伍德于1883年去世时，威廉姆极力主张斯波提斯伍德理应获得被安葬在威斯敏斯特大教堂里的尊荣⑨。

---

① S. u. S. 131–133.

② Siemens, The Scientific Works, Bd. 3, S. 313 f.

③ 威廉姆在这一题目以及其他工作领域的情况会在第五章“技术创新集群”进行详细讨论。

④ Projekt“The Correspondence of John Tyndall”, 28.8.1882—Tyndall an Debus.

⑤ W(est)/C(olenso), Sketches; Moore/Philip, The Chemical Society, S. 43.

⑥ University of Manchester Library, Archive Centre, 27.11.1870—Siemens an Frankland; 关于西门子与弗兰克兰之间的友谊，参见 A Collection of Letters, S. 101.

⑦ University of Manchester Library, Archive Centre, Frankland Papers, 11.9.1883—Siemens an Frankland.

⑧ Siemens, Ueber elektrische Entladungen, S. 31 ff.; Siemens, Ueber die Erhaltung, S.VIII.

⑨ SAA W6914, 3.7.1883—Wilhelm an Carl Siemens; vgl. Pole, Wilhelm Siemens, S. 370.

在专业上，工程师弗雷德里克·约瑟夫·布拉姆威尔与威廉姆特别接近[①]。他和威廉姆一样积极投身到技术－科学类的各种协会活动中。1874年，他接替威廉姆成为机械工程师学会的会长。两人都赞成将机械工程师学会的总部从伯明翰迁至伦敦。1881年，布拉姆威尔是工艺协会的主席，即威廉姆的前任。当威廉姆在第二年就职时，布拉姆威尔盛赞他在科学上的自由态度以及他致力于将科学应用到工业中的做法[②]。在威廉姆等人的提名下，布拉姆威尔于1873年成为皇家学会会员[③]。威廉姆去世后，布拉姆威尔在英国科学体系中担任其他职务。

布拉姆威尔与威廉姆·汤姆森高度赞赏和推崇西门子兄弟在19世纪70年代中期铺设的跨大西洋电缆[④]。威廉姆·西门子则盛赞布拉姆威尔为修订英国专利法所做的贡献[⑤]，以及他加入伦敦城市与行业协会的做法[⑥]。他们二人都是皇家印度工程学院顾问委员会成员[⑦]。1881年，威廉姆曾考虑与布拉姆威尔一起参与铁路项目[⑧]。威廉姆去世后，一些工程师力主威廉姆·西门子应该获得被安葬在威斯敏斯特大教堂里的尊荣，布拉姆威尔便是其中之一[⑨]。在纪念威廉姆的彩窗落成仪式上，布拉姆威尔发表了庄严的讲话[⑩]。

威廉·汤姆森是英国最著名的电气工程师之一。1846年，他接任格拉斯哥大学的自然科学教授职位，并一直任职直至老年。汤姆森很早就参与电缆电报的行业当中，从19世纪50年代开始，他参与了跨大西洋电缆的铺设——在西门子公司竞争对手的公司里。在这项工作中，他研发了测量仪器，建议对电缆

---

① 关于布拉姆威尔参见：Watson, The Smeatonians, S. 82; 关于威廉姆与布拉姆威尔之间的友谊，参见SAA W2848, 24.12.1861—Wilhelm an Werner Siemens; Pole, Wilhelm Siemens, S. 372.

② Siemens, Ueber die elektrische Beleuchtung, S. 93–96; Siemens, Address of the Chairman, S. 381 f.

③ The Royal Society Archives EC/1873/07.

④ Weiher, Die englischen Siemens–Werke, S. 100 u. 103.

⑤ 参见 Report of the Meeting of the British Association of Science 49 (1879), S. XXII.

⑥ Siemens, Science and Industry, S. 275.

⑦ Cuddy, The Royal Indian Engineering College, S. 220.

⑧ SAA W7940, 15.8.1881—Wilhelm an Werner Siemens.

⑨ Projekt "The Correspondence of John Tyndall", 20.11.1883—Huxley an Tyndall.

⑩ 见本书第211–212页。

结构进行改进，研究电缆铺设以及频带宽度。他在 1858 年开发出用于接收微弱信号的反射式电流计，后来被改进为记录式收报机。

威廉·汤姆森在格拉斯哥大学的最后一堂课（1899 年）

在关于电缆电报的公开讨论中，汤姆森的声音有着巨大的分量。威廉姆和汤姆森在19世纪70年代发展出来的友谊，对西门子兄弟公司有直接好处[①]。汤姆森在西门子这里担任了某种顾问的角色。1874—1875 年，当西门子铺设的跨大西洋电缆出现困难时，汤姆森确认，这些是竞争对手的破坏行为。在其他个案中，如西门子公司在爱尔兰北部建造的有轨电车项目，汤姆森也提供专家评估意见，对公司予以支持。

除了电报以外，威廉姆和汤姆森还另有一些共同的兴趣，包括热力学和太阳理论。对于威廉姆用电灯促进植物生长的实验，汤姆森也很感兴趣[②]。他还非常积极地接受了威廉姆关于利用尼亚加拉大瀑布发电并长距离传输电能的想

① Pole, Wilhelm Siemens, S. 316 ff; Weiher, Die englischen Siemens-Werke, S. 100, 103 u. 129.

② A Collection of Letters, S. 140.

法[1]，也高度赞赏威廉姆设计的水表为“三十年来最辉煌的成果”[2]。如果抛开实际操作上的困难不论，该装置采用的基础理论和想法绝不可小觑。威廉姆则盛赞汤姆森开发的电报信号接收器，以及这位苏格兰物理学家的其他构造设计[3]。

电缆铺设船“法拉第号”（1874 年）

1871 年，汤姆森接任英国科学协会主席一职。19 世纪 70 年代，他主持英国科学协会的若干委员会，威廉姆也在这些委员会中任职。在提名威廉姆加入英国皇家学会的科学家当中，也有汤姆森的名字。反过来，威廉姆也竭尽全力让汤姆森入选土木工程师学会[4]。他在去职电报工程师学会主席之后，让汤姆森

① Siemens, The Scientific Works, Bd. 2, S. 188 f.; Thompson, Life, S. 639 f., 690 f. u. 772.

② Pole, Wilhelm Siemens, S. 115 f. “a splendid thirty years’ success” (Pole, Life, S. 109).

③ A Collection of Letters, S. 137; Siemens, Ueber die neuesten Errungenschaften, S. 48; Siemens, The Scientific Works, Bd. 2, S. 323−335.

④ A Collection of Letters, S. 54.

接任他的这一职务①。格拉斯哥大学在1879年授予威廉姆以名誉博士学位，身为苏格兰人的汤姆森对促成此事应该功不可没②。1873年，他们二人共同代表英国出席维也纳世界博览会③。

威廉姆与汤姆森之间的私人关系能随着时间的推移发展成亲密的友谊，这很可能也与威廉姆的妻兄刘易斯·戈登有关，后者很早就与汤姆森有过接触。不管怎样，威廉姆在1876年告诉兄长维尔纳说，他已经与汤姆森"建立了深厚的友谊"④。这种友谊并不局限于他们二人之间，也扩展到两家人之间⑤。至少从1878年开始，这两对夫妇彼此拜访，拜访时间持续了·个星期之久。1881年，维尔纳的两个女儿还在汤姆森家的船上度假了一个星期。在威廉姆去世之后，其遗孀安妮继续跟汤姆森一家保持来往，而威廉姆·汤姆森发表了篇幅最长、最个人化的讣告文章来纪念威廉姆·西门子⑥。

投资者以及商业伙伴

1845年，威廉姆·西门子在英国长期定居，目的是推销他和兄长发明的创新产品。他没有资本，只能依靠与英国企业家的合作。至于蒸汽机的计时调节器和回热式蒸汽机，自1846年起，其合作伙伴就是位于博尔顿（Bolton）的本杰明·希克父子机器制造厂（Benjamin Hick & Son），当时由约翰·希克（John Hick，1815—1894）等人经营。该公司以建造蒸汽机而闻名，经营者是著名工程师、土木工程师学会会员和机械工程师学会的创始人之一。约翰·希克当时肯定对决定性地改善蒸汽机——19世纪最重要的发动机——的想法大为欣赏。

---

① A Collection of Letters, S. 50.

② A Collection of Letters, S. 126 u. 129.

③ Pole, Wilhelm Siemens, S. 288 f. u. 347 ff.

④ SAA W1363, 1.2.1876—Wilhelm an Werner Siemens; vgl. hierzu: Thompson, Life, S. 912; Pole, Wilhelm Siemens, S. 366 u. 398.

⑤ A Collection of Letters, S. 122, 140 f. u. 174; SAA W7726, 12.3.1878—Wilhelm an Werner Siemens; Thompson, Life, S. 690 u. 858; SAA W7939, 8.8.1881—Wilhelm an Werner Siemens; SAA, ohne Signatur, 8.1882（具体日期不详）-Anne an Anna Siemens; SAA W8077, 29.5.1883—Wilhelm an Werner Siemens.

⑥ Nature 29 (1884), S. 97-99; vgl. Pole, Wilhelm Siemens, S. 304, 398 u. 402 f.; s. u.S. 203.

威廉姆与希克之间签订了怎样的协议，我们无从知晓，但很可能是威廉姆提供设计图纸，希克按订单制造机器。这意味着，风险主要集中在威廉姆身上。果然，相当失败的两项创新使他陷入经济困境，给他的职业生涯造成负担长达十几年之久。

长期来看，这种合作最终还是达到了一个对双方都有利的结果[①]。约翰·希克于 1860 年创建了博尔顿钢铁公司，该公司属于最早采用西门子－马丁炼钢工艺方法——一种最终非常成功的炼钢法——的英国先行者。无论如何，蒸汽机研发失败似乎没有留下任何坏情绪。约翰·希克对回热式蒸汽机的能源效率表示赞赏，在他的继任者手下设计建造的一种火车机车就是以威廉姆·西门子的名字来命名的。

博尔顿钢铁公司的徽标（1870 年）

① Artikel “John Hick” in: Wikipedia (England)（核查时间：2019 年 3 月 13 日）; SAA W2160, 15.1.1855—Wilhelm an Werner Siemens.

查尔斯·福克斯（Charles Fox，1810—1874）的公司位于伯明翰，威廉姆与他达成的合作力度，甚至超过与约翰·希克的合作。1849年，福克斯－亨德森公司雇佣了威廉姆，希望能成功地推销他的创新产品。对于威廉姆来说，光凭他在那里得遇爱德华·考普（Edward Cowper）这一点，这份工作的回报就值得——他们二人一生都在合作。几年后，当预期的创新未能如愿以偿时，威廉姆离开该公司。福克斯－亨德森公司因为建造了由约瑟夫·帕克斯顿（Joseph Paxton）为1851年在伦敦举办的第一届世界博览会设计的玻璃宫而名动一时。作为奖励，查尔斯·福克斯在博览会后受封为贵族。然而，这并没能阻止他的公司盛名之下其实难副，不得不在1856年进行破产清算。在这种情况下，创新失败也没有造成参与方之间的紧张关系。在查尔斯·福克斯的建议下，威廉姆于1854年成为土木工程师学会的合作会员。1867年，威廉姆致力于让福克斯加入皇家学会①。为了推销回热式蒸汽机，威廉姆在1855年找到了投资者，并在热那亚成立一家公司②。他以自己的专利参与公司，将自己的风险控制在一定范围内，而出资者则承受了相当大的损失。

1860年左右，水表与回热炉是威廉姆第一批获得商业上成功的创新产品。这次，他采取了另一种方式与人合作。他授予罗瑟汉姆（Rotherham）的水管制造商格斯特和克赖姆斯（Guest and Chrimes）许可权来生产水表。回热炉则由他自己在订户那里制造，开始时他的弟弟弗里德里希来帮助他。私人关系有着多么大的价值，这可以从约西亚·梅森（Josiah Mason，1797—1881）的例子中看出。1844年，当威廉姆第一次去英国时，他被引荐给电镀厂埃尔金顿－梅森公司的合伙人之一的梅森，并成功地售出他的兄长开发的电解工艺。在伯明翰，梅森还拥有一家为打字机制造钢弹簧的工厂。1860年，威廉姆为这家工厂提供了回热炉③。回热炉的使用体验非常好，使得梅森甚至在1863年考虑让

① Cambridge University Library, Department of Manuscripts and University Archives, Add 7656, 18.4.1867—Siemens an Stokes.

② 见本书第136-137页。

③ Bunce, Josiah Mason, S. 39 f.

威廉姆参与伯明翰的一个大型煤气网络计划①。按照原计划，威廉姆将为此提供燃气发电机。虽然这一项目进展得非常缓慢，但这桩轶事足以表明，人际关系会影响到不同业务。

在跨洋电报方面，威廉姆在19世纪50年代与R. S. 纽沃尔公司的电缆厂合作②。他后来的妻兄刘易斯·戈登是该公司的合伙人之一。合作出现了不愉快，并在1860年中止。然而，威廉姆与戈登一家的私人关系和业务关系都没有因此而受到影响。当威廉姆的钢铁厂在兰多尔（Landore）成立时，除了刘易斯·戈登外，他的兄弟、商人唐纳德·麦克劳德·戈登（Donald MacLeod Gordon，1813—1891）也是股东之一③，并担任总经理。威廉姆去世后，另外一位来自戈登家族的人，即刘易斯的儿子约瑟夫·G. 戈登（Joseph G. Gordon，1851—1915）④也加入兰多尔的企业管理中。约瑟夫曾就读于矿业学校，与亚历山大·西门子同为威廉姆的遗嘱执行人。

威尔士的兰多尔西门子钢厂（1880年）

① SAA W4084, 18.5.1863—Friedrich an Wilhelm Siemens; SAA W4567, 1.12.1864—Wilhelm an Werner Siemens.

② 见本书第53页。

③ 参见 Bulloch, The Families, S. 111 f.

④ 参见 Siemens, Friedrich, Entwicklung, S. 32; Bulloch, The Families, S. 121 f.

戈登一家的例子表明，威廉姆为新企业寻求资金时，常常从亲密的朋友和亲属中挑选合作伙伴。当然，最先考虑的是西门子家族的自家人。维尔纳、威廉姆和卡尔参与了 1858 年成立的西门子－哈尔斯克公司英国分公司，以及 1865 年重组的西门子兄弟公司。兄弟们的共同参与使得资金调动在柏林总公司、俄国和英国的分公司之间变得更加容易。威廉姆和英国的公司从 19 世纪 50 年代末开始就能够做到这一点，因为他从水表、回热炉和电报电缆中获得了可观的利润。因此，西门子公司的发展至少有一部分也是靠在英国所获得的利润来支持的。此外，兄弟们还参与进威廉姆的个人项目，如维尔纳入股了为生产回热式蒸汽机而成立的大陆公司（Société Continentale），卡尔则入股了兰多尔的钢铁厂。

在重大投资方面，如铺设跨洋电缆以及扩建兰多尔钢铁厂等，还额外需要外部资本。至于完成大型海底电缆项目，通常需要在银行的帮助下成立股份制公司。除了来自西门子家族和戈登家族的亲戚外，威廉姆还为兰多尔钢铁厂赢得了许多投资者，其中包括住在斯旺西地区（Swansea）的议员刘易斯·卢埃林·迪尔温（Lewis Llewelyn Dillwyn，1814—1892）①。迪尔温拥有一家陶瓷和金属制品厂，他为工厂购置了威廉姆的回热炉。由于巨大的资金需求，投资者后来将兰多尔钢铁公司转变为一家股份公司。

如果我们聚焦威廉姆的投资者和合伙人网络的话，那么就该把它限定在西门子家族和戈登家族。在他们之外，威廉姆也会为各种计划寻找投资者，或者采用发行股票这一融资工具。我们可以相信，威廉姆在商界和工业界有很多熟人。这一方面有助于他赢得投资者，另一方面，这些人也是潜在的客户，能够购买他生产的机器和设备。

---

① Proceedings der Royal Society of London 37 (1884), V; SAA 4.Lr 562, passim.

德国侨民

在19世纪，有几万名德国人居住在英国，其中至少有一半在伦敦[①]。他们当中的大多数是在19世纪中叶左右来到英伦半岛上——出于国内经济状况不佳的原因。说实话，威廉姆·西门子也可以属于这一群体。无论如何，1847年德国的通货膨胀是他在信中多次提到的一个话题[②]。语言能力不足、缺少在大不列颠联合王国的生活经验，使得他在英国的起步并不容易。与已经长期居住在这里的德国人和中欧人来往，对他来说是一种帮助。在存留下来的材料中，这些人似乎一闪而过。比如，在1846年，瑞士工程师约翰·格奥尔格·博德默（Johann Georg Bodmer）提名威廉姆成为土木工程师学会的成员。而在1850年左右，威廉姆与居住在曼彻斯特商人斯蒂芬·塞缪尔·施瓦贝（Stephan Samuel Schwabe，1803—1878）一起推销他的水表[③]。

19世纪50年代，威廉姆在英国的文化和社会中越来越觉得如鱼得水。即使在1859年入籍后，他仍然觉得自己有必要了解德国文化和语言。对他来说，用自己的母语与家人和其他德国人交流是自然而然的。他在英国也跟一些同胞以及德国的各种协会一直保持着联系。

值得注意的是，威廉姆的德国朋友中有不少是政治移民。他的传记作者威廉姆·玻尔提到约翰·戈特弗里德·金克尔（Johann Gottfried Kinkel，1815—1882）、戈特弗里德·森佩尔（Gottfried Semper，1803—1879）、理查德·瓦格纳（Richard Wagner，1813—1883）和洛塔·布赫（Lothar Bucher，1817—1892）以及与意大利民族运动即复兴运动（Risorgimento）关系密切的斯卡利亚两兄弟路易吉（Luigi Scalia，1806—1888）和阿方索（Alfonso Scalia）[④]。必须认识到的一点是，政治移民只是移民中的一小部分[⑤]。对于一些政治难民来说，这个

---

① 参见 Panayi, Germans, S. 48 ff.; Dorgeel, Die Deutsche Colonie, S. 1, mit Berichtigung, S. 99; 也参见 Ashton, Little Germany; Panayi, German Immigrants.

② 比如 SAA W1044, 24.5.1847—Wilhelm an Werner Siemens.

③ SAA A1336, 13.8.1850—Schwabe an Wilhelm Siemens.

④ Pole, Wilhelm Siemens, S. 128.

⑤ Panayi, German Immigrants, S. 80 f.; Panayi, Germans, S. 49; Ashton, Little Germany, S. XII, 3, 34 u. 40 ff.

对外国人保持自由态度的岛屿是最后的避难所。即使对社会主义者，英国也没有为他们的政治活动设置障碍。

约翰·戈特弗里德·金克尔（1860 年）

不过，社会主义者在政治移民中只是一小部分而已，大多数政治移民都是自由主义者和具有民族意识的人。他们的“主心骨”是艺术史学家约翰·戈特弗里德·金克尔[①]。金克尔作为 1848—1849 年革命的积极分子在普鲁士遭到监禁，在被他的朋友、后来成为美国内政部长的卡尔·舒尔茨（Carl Schurz，1826—1906）以冒险方式救出后，他的知名度有所提升。1851—1866 年，金克尔与妻子、儿女住在伦敦。他在若干所大学和其他机构举办报告和讲座，并以此谋生。在至少一个场合中，安妮·西门子（Anne Siemens）是听众之一[②]。

金克尔在英国依然继续从事政治活动，并进入卡尔·马克思（1818—1883）的视野。1852 年，马克思写了一篇针对金克尔的檄文，用词中对金克尔的鄙视程度之强烈，难有出其右者。不过，这篇文章直到马克思去世后才得以发表。随着时间的推移，金克尔像其他许多德国人一样，把民族希望寄托在他们曾经要消灭的普鲁士身上。在 1866 年的普鲁士－奥地利战争期间，他在一次演讲中兴高采烈地说道：“……如今，普鲁士的旗帜是进步的旗帜，是统一的旗帜，是民族强大与融合的旗帜。”参加金克尔演讲活动的威廉姆·西门子在给兄长维尔纳的信中说，金克尔“对普鲁士的武器表现出的兴奋超出所有人的预期……”[③]威廉姆认为，“他曾经那么憎恨的黑白旗帜，如今是他的旗

① 参见 Ashton, Little Germany, 150 ff. u. 188 ff.; Schmidt, Gerechtigkeit, bes. S. 147–199.

② Universitäts-und Landesbibliothek (im Folgenden ULB) Bonn, Nachlass Kinkel, S 2667, 2, 18.1.1865—Siemens an Kinkel.

③ 转引自 Schmidt, Gerechtigkeit, S. 197; 参见 S. 205 u. 216.

帜”，从中可以得出结论说“德国人真的一心想要统一”[①]。

同一年，即1866年，金克尔接受了苏黎世理工学院艺术史教授的任命，他在那里一直待到去世。威廉·西门子主持在伦敦成立了一个委员会，负责募捐送给金克尔的礼物并举办告别活动[②]。为此目的而撰写的吁请书将金克尔描述为“忠于政治信念的牺牲者”以及“一位连政治对手对其都不乏敬意的德国爱国者”。在约有300人参加的庆祝活动中，威廉姆承担了做告别演讲的任务，他的演讲以非常充满情绪的天体类比来开头——把金克尔称为“恒星”或者“燃烧之星”。他利用这个机会来旁敲侧击教会及其教条：金克尔“以前是一位神学博士，在教会体系的狭窄围墙内，他无法给自己那乐于探索的精神找到营养”。威廉姆认为失败的1848年革命来得太早、走入歧途。“武装起来的行动开始了：还有那么一点微弱的希望之光，在公开的斗争中来挽救可贵的珍宝。”他赞扬英国在革命失败后给金克尔提供避难所，英国这个国家“在欧洲政治生活的各种动荡中，是唯一向遭受迫害的爱国者伸出双臂、给予安身之地的国家。因此，让我们永远最衷心地感恩英国的待客之谊！”威廉姆表达出这样的希望：金克尔还会在德国议会中发挥重要作用。“他不是最近已经向我们表示过吗？他不是一个党派人物，而是一位爱国的政治家，他能忘记前嫌，将敌人的旗帜当成他自己的旗帜，只要他认识到，这样做会奠定一条让祖国统一的路。”[③]

金克尔有两个儿子，其中赫尔曼·金克尔（Hermann Kinkel，1848—1898）在苏黎世就读工程学[④]。1867年，威廉姆给他提供了一份雇员工作。在接下来的几年里，他特意雇用赫尔曼·金克尔从事回热炉的建造和调试工作。

在威廉姆的德国移民朋友中，也有建筑师戈特弗里德·森佩尔（Gottfried Semper）[⑤]。森佩尔参加了1848—1849年德累斯顿的革命，失败后逃往巴黎并

---

① SAA W7648, 9.7.1866—Wilhelm an Werner Siemens.

② ULB Bonn, Nachlass Kinkel, S. 2702:11: 71; vgl. Ashton, Little Germany, S. 166. Siemens, Fest-Rede.

③ Siemens, Fest-Rede.

④ ULB Bonn, Nachlass Kinkel, S. 2667, 2, 18.1.1865 – Siemens an Kinkel; SAA 4.Lr 562, passim; Ashton, Little Germany, S. 193. 在西门子公司档案资料中的业务文件当中有很多关于金克尔各种活动的资料。

⑤ 参见 Herrmann, Gottfried Semper; Ashton, Little Germany, S. 176 ff.

撇开家人只身前往英国。他本来想去美国，又寄希望于能够在英国得到设计合同，所以他留了下来。但是森佩尔的希望落空了，他在英国从来没有找到真正的家的感觉。他想争取大建筑计划或者项目的努力，全是徒然。不管怎样，他为参加 1851 年世界博览会的几个小国家做了展室设计，后来他也参与了威灵顿将军——这位对抗拿破仑战争中的英雄——葬礼用金属灵车的设计和装饰。1854 年，森佩尔得到了约瑟夫·帕克斯顿（Joseph Paxton）的委托，为在西德纳姆（Sydenham）重建的水晶宫设计一个庭院。

森佩尔于 1852 年在一所大型设计学校实用艺术系获得一个永久性职位，从而让他的生计有了保障。他把家人接到英国，搬进了海德公园（Hyde Park）的一处高档公寓。1855 年，他还是离开了伦敦，前往苏黎世担任建筑学教授。初到苏黎世时，他并没有真正感到特别愉快，因为他曾经打听是否有可能回到先前在英国的工作地。他把打听消息的任务交给了自己的朋友威廉姆·西门子[①]。威廉姆建议他留在苏黎世，森佩尔最终就这样做了。

戈特弗里德·森佩尔（日期不详）

森佩尔在 1853 年搬到海德公园附近后，成了威廉姆的邻居，二人很快就结成友谊[②]。威廉姆在给维尔纳的信件中称赞森佩尔在建筑学方面的才能，并不无调侃地说，革命期间德累斯顿的街垒便是他的才能经受住了考验的明证。1854 年，威廉姆把弟弟奥托托付给森佩尔学习建筑学，当时家人对奥托的职业发展还没有形成统一意见。长期来看，这是一项没有成果的投资。奥托最后成

① ETH Zürich, gta Archiv, Nachlass Semper, 26.6.1856 u. 12.8.1856, 12.6.1857—Siemens an Semper; 参见 Herrmann, Gottfried Semper, S. 90 ff.

② SAA W1835, 28.10.1854 u. 14.12.1854—Wilhelm an Werner Siemens; 参见 Herrmann, Gottfried Semper, S. 86 u. 133.

了化学家。

威廉姆和森佩尔之间的关系似乎非常密切[①]。1855年，威廉姆在巴黎拜访了森佩尔的家人。后来，他表示给森佩尔的儿子提供职位。在业务问题上，他也对森佩尔很信任[②]。威廉姆曾经让这位建筑学家森佩尔投资卡利亚里－博纳的电报线路，以及投资为建造他的回热式蒸汽机而成立的大陆公司。这很可能是出于好意，但是最终这两项投资都宣告失败。森佩尔是如何从投资中脱身的，我们不得而知，但是投资失败并没有损害两人之间的良好关系。

在西门子和森佩尔的朋友圈子里，作家洛塔·布赫（Lothar Bucher）也是其中的一员[③]。1851—1861年，布赫流亡伦敦。他写了关于1851年和1862年在伦敦举行的两届世界博览会的相关报道[④]，也对英国议会制度进行了批评。回到普鲁士后，他与霍亨索伦王朝和解，并作为俾斯麦的心腹而平步青云。

理查德·瓦格纳（Richard Wagner）在1849年选择瑞士作为移民目的地。1855年和1857年，他颇不情愿地在伦敦举办了两次巡回音乐会，受到了英国公众的热烈欢迎[⑤]。威廉姆很照顾这位作曲家，并尽量让他在逗留期间心情愉快[⑥]。

除了对当年的革命者在个人层面上的关照以外，威廉姆也在组织层面上为德国移民服务。我们发现，1866年时，他已经是德国民族协会（Deutscher Nationalverein）伦敦分会的会员——该分会在1860年成立[⑦]。该分会秉持自由主义和共和理念。即便在德国侨民的“精神首领”约翰·戈特弗里德·金克尔前往瑞士之后，威廉姆仍然继续参与德国侨民的活动。他加入了1869年成

---

① ETH Zürich, gta Archiv, Nachlass Semper, 17.6.1855—Siemens an Semper; 6.12.1857—Siemens an Semper.

② ETH Zürich, gta Archiv, Nachlass Semper, 27.8.1855—Siemens an Semper, 26.6.1856 u. 29.12.1856—Siemens an Semper.

③ SAA W1964, 8.9.1858—Wilhelm an Werner Siemens; SAA W47, 29.4.1858—Werner an Wilhelm Siemens; Herrmann, Gottfried Semper, S. 99; Ashton, Little Germany, passim.

④ Bucher, Bilder, Bd. 1 und 2.

⑤ Westernhagen, Wagner, S. 200 ff.; Panayi, German Immigrants, S. 209.

⑥ Hopkinson-Woolley/Woolley, The Personal Life, S. 11; SAA W4997, 1.5.1877—Wilhelm an Werner Siemens.

⑦ SAA 3O.Lm 285, 10.1.1866—Beitragsquittung.

立的德国艺术与科学协会（德国人的雅典娜俱乐部，German Athenaeum）。到1880年时，该协会有300多名成员，其中包括住在伦敦最知名的德国人物①。威廉姆在那里发表演讲并担任会长。1874—1875年，受协会邀约，他担任名誉会长。德国艺术与科学协会拥有一处高档会所，其设施包括一处有400个座位的报告厅、两个餐厅、一个图书馆和一间台球室。从某种意义上说，德国艺术与科学协会将移民议程从政治转向了文化。

对政治和社会的看法

威廉姆与兄长维尔纳有所不同，他没有参与任何政党或议会。根据他的自我定位，他“要对社会、宗教和政治事务做独立判断”②。但是，正如他在信中偶尔表达的那样，他对政治感兴趣。这些句子一般都是捎带的看法，我们几乎找不到威廉姆对政治－社会问题的系统性思考。他在1850年之所以加入英国一家政治辩论俱乐部，可能一方面意在接受这一英国人的生活方式，另一方面借此训练自己的语言能力③。他初次演说的题目为“备受压迫的爱尔兰”，这可能更好地表达了他的基本政治态度。

德意志问题

1814—1815年的维也纳会议导致了欧洲和德国的重组。在德语区，普鲁士的势力得到加强，与哈布斯堡皇权治下的多民族国家形成双峰对峙的局面。德意志各国随后建立了一个监视和压迫体系，压制了具有自由主义取向的民族运动。在1848年和1849年革命之前，这种做法的成效很有限。普鲁士军国主义引起人们特别强烈的憎恨。在地方和区域层级上，正在发生有组织的民族运

① 参见 Dorgeel, Die Deutsche Colonie, S. 3, 7 u. 63–67; Ashton, Little Germany, S. 164; Jahresbericht des Deutschen Vereins für Kunst und Wissenschaft in London 1876, S. 8, u. Jahresbericht des Deutschen Vereins für Kunst und Wissenschaft in London 1880, S. 21, 29 u. 41.

② 他的传记作者如是说。Pole, Wilhelm Siemens, S. 415. “Independent in judgment in social, religious, and political matters.” (Pole, Life, S. 400).

③ SAA W1114, 17.1.1850—Wilhelm an Werner Siemens.

动。这一运动致力于从根本上改变德意志国家的状况，不管其手段是改革还是暴力。此外，民族运动也准备捍卫德国的领土完整。例如，拒绝丹麦对石勒苏益格－荷尔斯泰因（Schleswig–Holstein）的领土主张，因领土诉求与法国产生冲突。民族运动还对其他国家争取自由的运动充满热情，例如，支持波兰对沙俄帝国的反抗。

威廉姆与他的兄弟们一样，在1848年之前的若干年里持有自由主义和民族主义观点，但更加激进。1845年，当他与兄长维尔纳在信中讨论在普鲁士海上贸易公司这家国有企业任职的可能性时，他婉拒这一建议并声言自己是“极端者、反普鲁士者”①。他没有完全放弃希望，也许普鲁士还存在某些积极的发展苗头，但是从根本上而言，政治压迫在德国和普鲁士普遍存在②。他对霍亨索伦皇室没有一句好话可说。例如，他在1847年讽刺地指出：“顺便说一句，F.W.（即弗里德里希·威廉四世——作者注）是我心目中的国王，他尽一切可能，努力来让你们看到他现在的政府多么有缺陷，而且他（与贵族阶层）的对抗也带来一个好处，能让自由不期而至。”③

与普鲁士的黑暗状况相比，年轻的威廉姆对其他政治共同体的评价则正面得多，尤其是汉萨商业联盟中的城市汉堡：“我特别喜欢汉堡市民的自由思维方式和自豪感。在那里，在所有的人群中都可以自由地商谈政治事务……”④他对英国人也这么看，虽然有时候他的评判也相当严厉：“但作为一个民族，他们是伟大的，因为他们是自由的。这种自由是什么，德国人对此一无所知。如果我在这里生活一年，可以说我在德国就不适应了。”⑤

在1848年的革命中，威廉姆的观点变得激进：“反正我不想再和普鲁士有

---

① SAA W1872, 11.8.1845—Wilhelm an Werner Siemens.

② SAA W1810, 17.12.1844—Wilhelm an Werner Siemens; SAA W1565, 22.9.1846—Wilhelm an Werner Siemens; SAA W1562, 17.7.1846—Wilhelm an Werner Siemens; 参见 Bähr, Werner von Siemens, S. 119 u. 222.

③ SAA W1046, 1.7.1847—Wilhelm an Werner Siemens.

④ SAA W1788, 21.2.1843—Wilhelm an Werner Siemens.

⑤ SAA W1794, 11.2.1844—Wilhelm an Werner Siemens; 参见 SAA W1794, 11.2.1844—Wilhelm an Werner Siemens.

任何关系……”[①] 他形容自己是一个“极端共和派”，王公和贵族都必须被彻底废除。他在给维尔纳的信件结尾处写道：“共和国万岁！”维尔纳在思想上与革命者保持距离，而威廉姆却感到遗憾，因为在法兰克福召开的议会根本没有针对贵族公侯，他称这些公侯们为“无忧宫和美泉宫里的叛乱者”[②]。

1848 年，具有民族意识的西门子兄弟们跟随维尔纳前往基尔（Kiel）参加对丹麦的战争[③]。冲突的焦点是石勒苏益格和荷尔斯泰因两个公国的政治归属问题。冲突的结果是，它们仍处于丹麦统治之下。威廉姆在基尔接管指挥一个由他哥哥维尔纳设置的炮台。在一定程度上，石勒苏益格 – 荷尔斯泰因争端直接波及到西门子家庭，因为姐姐玛蒂尔德 · 希姆利和丈夫就住在基尔。从威廉姆和姐姐的大量通信中可以看到，玛蒂尔德在接下来的几年里有许多反丹麦的言论。威廉姆很可能从根本上赞同这种态度，并乐见在 1864 年德国 – 丹麦的战争中，普鲁士和奥地利军队在战争中夺回了这两个公国。然而，他也讨厌随后两个大国就石勒苏益格 – 荷尔斯泰因讨价还价。1865 年，他在给担任普鲁士议员的兄长维尔纳的信中建议道：“议会表现得很得体，但可能很快会被送回老家。但在这发生之前，你们应该提出决议，石勒苏益格 – 荷尔斯泰因人民有权任命他们自己的政府。”[④] 当普鲁士 – 奥地利战争表现为争夺对德国的政治统治权时，他感叹道：“石勒苏益格 – 荷尔斯泰因就会被彻底肢解！但愿这两只秃鹫早日遭受同样的命运！早已经臭气熏天了。”[⑤]

1848 年的革命失败后，维尔纳和威廉姆 · 西门子基本上保留了民族主义与自由主义的观念。两人都参加了 1860 年在科堡（Coburg）举行的德国自由运动会议，佩戴了黑、红、金三色丝带，威廉姆是在妻子安妮陪同下前往的[⑥]。威廉姆对普鲁士政策的拒绝态度，在 1862 年的宪法冲突和 1863 年波兰反抗沙皇

---

① SAA W1106, 4.8.1848—Wilhelm an Werner Siemens.

② SAA W1097, 13.10.1848—Wilhelm an Werner Siemens.

③ Siemens, Werner, Lebenserinnerungen, S. 169; Bähr, Werner von Siemens, S. 122.

④ SAA W4573, 23.1.1865—Wilhelm an Werner Siemens.

⑤ SAA W5632, 2.9.1865—Wilhelm an Friedrich Siemens.

⑥ Pole, Wilhelm Siemens, S. 190; Bähr, Werner von Siemens, S. 217; Hopkinson-Woolley/Woolley, The Personal Life, S. 12.

俄国的起义中再次得以加强。1862年，普鲁士议会拒绝批准政府用于军事改革的资金，俾斯麦随后在未经议会同意的情况下而实行此项改革。威廉姆因为议会遭受这种待遇而感到愤怒，他参加了为普鲁士议员捐款的行动，这些议员将针对俾斯麦无视议会预算法的行为而发起反抗活动①。

科堡的德意志体育大会（1860年）

1863年初，当波兰爆发反抗沙俄统治的叛乱时，普鲁士与沙皇俄国达成了一项针对叛乱的协议。威廉姆评论说："如今，这就是俄国和普鲁士之间彻头彻尾的暴君阴谋！"② 协议事项包括允许双方军队在追击叛乱者时跨越彼此的国境线。威廉姆在给维尔纳的信中讽刺道："这意味着普鲁士国土现在是合法的哥萨克猎场，而普鲁士军队就是随时待发的狗群，在等着北方吹出的狗哨。对于一个所谓的宪政国家来说，这是一种可笑的状态！"③"你们的政府，或者确切地说，国王的疯狂政策让你感到难受，这我最能理解。我自己也为此愤怒得夜不能寐。如今到了必须采取些举措的时候了，需要把国家从这种无脸面的做派中解放出来。"④ 当普鲁士国家将那些往返于家乡和法国之间的波兰人抓捕并引渡给俄国时，威廉姆的愤怒变得更加强烈，说："我确实希望，对于引渡来自巴黎的旅行者这种无以复加的无耻行为，民众要进行报复。"⑤ 1863年夏天，奥地利动议在法兰克福

---

① SAA W3039, 15.11.1862—Wilhelm an Werner Siemens; 参见 SAA W2915, 20.3.1862—Wilhelm an Werner Siemens.

② SAA W4060, 18.2.1863—Wilhelm an Friedrich Siemens.

③ SAA W4058, 19.2.1863—Wilhelm an Werner Siemens.

④ SAA W4048, 2.3.1863—Wilhelm an Werner Siemens.

⑤ SAA W4038, 14.3.1863—Wilhelm an Werner Siemens.

召开公侯会议，讨论德意志联盟的扩展问题。俾斯麦阻止普鲁士国王参加会议，从而导致这项动议失败。威廉姆的反应是“我饶有兴趣地追踪法兰克福的事件。如果公侯们分崩离析，那就是到了形成人民党的时候了！”①

1870—1871 年普法战争中的西门子探照灯

鉴于威廉姆持有共和派人士的态度，在普鲁士 - 奥地利战争初期，战争没能在他身上激起任何对于普鲁士的热情便不足为奇。1866 年 3 月，他还曾反诘道：“德国人难道真如此懈怠，让自己被一个低劣的集团卷入内战吗？”② 当战争迫在眉睫时，他希望市民的军队能够联合起来对抗政府：“这将是整个嗜血团伙逃跑的信号！”③ 关于普鲁士是否有取得胜利的可能性，他写道：“现在和平的希望似乎完全破灭了，一个没有人民、以朝臣和亲王为首的宫廷党，能否抵御奥地利军队的力量还有待观察。我无法想象、也不希望会如此，尽管奥地利也肯定不会给德国带来任何好东西。”④ 一开始，他对风靡伦敦的支持普鲁士的情绪持怀疑态度：“……然而，我还没被说服，俾斯麦的胜利最终不会导致

---

① SAA W4169, 26.8.1863—Wilhelm an Friedrich Siemens.

② SAA W7641, 30, 3.1866—Wilhelm an Werner Siemens.

③ SAA W7646, 23.6.1866—Wilhelm an Werner Siemens.

④ SAA W7644, 5.6.1866—Wilhelm an Werner Siemens.

自由和统一在德国会化为乌有。”[1] 当普鲁士的胜利已成定局时，他力图在精神层面上接受新形势：“如今，既然奥地利的力量已经支离破碎，人们只能祝愿普鲁士足够幸运，在它的羽翼下将出现全德国统一！”[2]

威廉姆根本上的自由主义态度与针对法国而发的民族主义、甚至沙文主义式表述并存不悖。1848 年，法兰西共和国发生了二月革命，新政府也提出个别的领土要求，威廉姆对此曾经这样评论道：“在这里，巴黎人民现出毫无战略而且虚弱不堪的面目。在高贵的自由感之下，凸显出来的只是卑鄙的政府企图。无论其结局如何，都只能堕落到专制主义里。”[3] 1870—1871 年的普法战争导致从上层完成德意志帝国的建立。对此，他无条件地、以好战的言词站在德国一方：“只要能让法国人因此而流出新鲜的血，那就一切都好。”[4]“统一的德国能发展出其超级力量，但愿能永远堵上法兰西这只病公鸡的大嘴。”但是，不管怎样，他还是反对吞并阿尔萨斯[5]。

与兄长维尔纳不同的是，威廉姆从来没有在议会委员会中承担过责任。相反，维尔纳在 1862—1866 年间于普鲁士议会中担任有着自由主义倾向的进步党（Fortschrittspartei）的议员[6]。在议会事务中，他努力寻求建设性的解决方案，并不回避与保守派政府的妥协。例如，他对军事改革完全认可。此外，他也致力于贸易政策和专利法问题。在 19 世纪 60 年代，他成为在普鲁士强权下小德意志解决方案的拥趸者。人们能够从中看到，他的立场转向现实政治，这是维尔纳身上那种乐于妥协的特质所带来的结果。

当维尔纳在以改革者行事时，威廉姆则展示出革命者的姿态。他毫不隐讳地认同共和理念，极其彻底地拒绝主导德意志国家的政治体系。这些态度的

---

① SAA W7645, 13.6.1866—Wilhelm an Werner Siemens.

② SAA W7636, 14.7.1866—Wilhelm an Werner Siemens; 参见 SAA W7650, 16.8.1866—Wilhelm an Werner Siemens.

③ SAA W1103, 28.2.1848—Wilhelm an Werner Siemens.

④ SAA W396, 18.7.1870—Wilhelm an Werner Siemens; SAA W4783, 14.8.1870—Wilhelm an Werner Siemens.

⑤ SAA W4667, 18.9.1870—Wilhelm an Friedrich Siemens.

⑥ 参见 Bähr, Werner von Siemens, S. 217 ff.

严肃性是毋庸置疑的。但是，这些观点也是一位英国公民在英伦岛上的大胆发声，既不带来风险，也不会有任何后果。

帝国的成立让许多自由派人士与俾斯麦的政治和解，不管他们如何拒绝其政治行动中的某些个别因素。威廉姆在评论金克尔于 1866 年发表的一场演说时，提到德意志自由运动发展的关键点：对德国人来说，更重要的是统一而不是自由。他本人肯定不会无动于衷。不管怎样，在 1870—1871 年之后，我们找不到他认可共和理念的言词，也不再能看到他对霍亨索伦皇室和俾斯麦的抨击。对于 1878 年的暗杀德皇事件，他显出极大愤怒，并要求施行更为严厉的惩罚①。不过，威廉姆似乎也并不愿意公开地倡导对铁血宰相和霍亨索伦皇室大唱赞歌，他的反应一直是对德国的政治状况保持缄默。

值得注意的是，威廉姆对德国政治的考虑要比英国政治更为详尽、更为彻底。这可能是因为德国面临的是大问题：要统一还是要自由，大德国还是小德国，共和制还是君主制，战争还是和平。与德国相比，英国的政治要缓和得多，首相和内阁把重心放在其他问题上。威廉姆似乎对英国的政治体系感到满意。对他来说，英伦岛成为自由之家，那里给像威廉姆·西门子这样的经济市民提供了许多发展自己的空间。威廉姆充分利用了这里提供的可能性，表现为他参与技术 - 科学协会和俱乐部，他发表演讲、撰写文章和读者来信、给政治团体提供各种意见书。

科学、宗教与社会

人们有充分的理由将 19 世纪称为科学的世纪。无数个科学机构在这期间被建立起来，科学研究呈现职业化，科学家及其追随者的数量呈指数级增长。政治决策越来越仰仗科学界的专业知识。与此同时，很多的科学家坚持认为自己拥有最佳的解决问题的能力，于是会转向一种态度：把科学当成社会文化的元系统，所有其他系统都要归于其下。有了这一终极诉求，科学可能会与几个世纪以来主导社会的宗教发生冲突。的确，无论在科学界还是宗教界都有这类

① SAA W7730, 4.6.1878—Wilhelm an Werner Siemens.

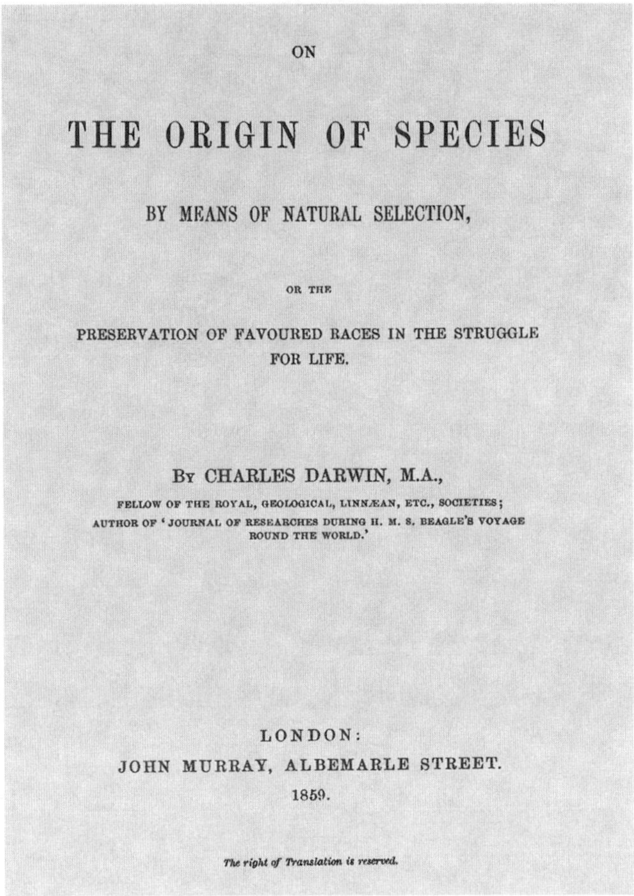
ON

THE ORIGIN OF SPECIES

BY MEANS OF NATURAL SELECTION,

OR THE

PRESERVATION OF FAVOURED RACES IN THE STRUGGLE FOR LIFE.

BY CHARLES DARWIN, M.A.,

FELLOW OF THE ROYAL, GEOLOGICAL, LINNÆAN, ETC., SOCIETIES;
AUTHOR OF 'JOURNAL OF RESEARCHES DURING H. M. S. BEAGLE'S VOYAGE ROUND THE WORLD.'

LONDON:
JOHN MURRAY, ALBEMARLE STREET.
1859.

The right of Translation is reserved.

查尔斯·达尔文的《物种起源》的封面（1859 年）

代表人物，他们把对方视为不具备正当性的竞争对手，并力图埋葬对方的影响或者将对方压制下去。

X 俱乐部（X Club）便是这种紧张关系和冲突的一桩实例。它是一个形式松散的自然科学家协会，威廉姆·西门子与之保持着良好的关系。有 9 位科学家都属于这个于 1864 年成立的 X 俱乐部，他们是约翰·廷德尔，生物学家托马斯·亨利·赫胥黎（Thomas Henry Huxley，1825—1895），爱德华·弗兰克兰，数学家托马斯·阿彻·赫斯特（Thomas Archer Hirst，1830—1892），植物学家约瑟夫·道尔顿·胡克（Joseph Dalton Hooker，1817—1911），威廉姆·斯波蒂斯伍德，银行家、政治家和自然科学家约翰·卢伯克（John

Lubbock，1834—1913），古生物学家乔治·巴斯克（George Busk，1807—1886）和社会学家赫伯特·斯宾塞（Herbert Spencer，1820—1903）[①]。1864—1892 年，这个朋友群体只要有可能便每月都会聚餐，他们总共会面了 240 次。太太们有时候也参加，还可以带客人来。谈话的中心点是科学问题。他们也会谈论科学协会里当前的话题，成员们会互相交换意见，如哪位应该被选入雅典娜俱乐部或皇家学会。一些人认为，X 俱乐部对英国科学界产生了巨大影响。但这个神话是由俱乐部成员自己培养出来的。

X 俱乐部成员的个人因素和职业因素关联在一起。弗兰克兰、廷德尔和赫斯特曾在马堡大学学习，前两人曾在同一所大学任教。X 俱乐部的大多数成员都属于皇家学会，有三人曾担任过皇家学会的主席，有五人担任过不列颠科学协会的主席[②]，若干成员也在其他科学协会中共事。廷德尔、弗兰克兰、卢伯克和赫胥黎一起进行山地旅行，其中的一些不乏挑战性，例如，攀登马特宏峰（Matterhorn）和勃朗峰（Mont Blanc）。

达尔文的进化论成为 X 俱乐部的结晶点。在《物种起源》于 1859 年出版之后，有“达尔文的斗牛犬”之称的赫胥黎于 1860 年在不列颠科学协会就该理论与塞缪尔·威尔伯福斯（Samuel Wilberforce，1805—1873）主教进行了一场充满传说色彩的辩论。据说，威尔伯福斯对达尔文的理论以及人类源于猴子的说法进行了嘲讽。在辩论中，赫胥黎得到了胡克和卢伯克的支持。X 俱乐部的其他成员也是进化论的拥趸者，他们持有科学实证主义的观点，主张严格地将科学与宗教予以区分。若干人甚至还主张科学要具备文化上的优胜地位。1869 年，他们支持成立期刊《自然》，威廉姆·西门子也在上面多次发表文章。

威廉姆·西门子不属于 X 俱乐部，也没有以嘉宾身份参加过他们的聚会[③]。但是，他与所有成员都有接触，唯有跟巴斯克的来往没有相应的证据。廷德尔、弗兰克兰和斯波提斯伍德属于他的核心朋友圈。由于进化论不是他

---

① DeYoung, A Vision, S. 34 fr. u. passim; W(est)/C(olenso), Sketches (1902), S. 148 ff.; Eve/Creasy, Life; Barton, The X Club.

② 参见 Barton, The X Club, S. 246 ff.

③ W(est)/C(olenso), Sketches, S. 163.

的工作领域，也许正因为如此，威廉姆成为俱乐部成员一事根本就不在考虑之内。

威廉姆·西门子很认同X俱乐部的目标——其方式与威廉·汤姆森的方式类似[①]。这体现在1882—1883年威廉姆担任不列颠科学协会的主席时。学会的年会通常都以会长的开幕演说开始，在接下来的那个星期天经常会举行礼拜仪式[②]。会长演说的一个常规话题是科学的发展，或多或少会公开谈及科学与社会以及宗教的关系。1874年，廷德尔在演说中对科学的阐释，让人觉得那是物质性的、无神论的，这造成了轰动，也让一些与会者反感[③]。

在1882年8月于南安普敦举行的不列颠科学协会年会上，出身于工业家家庭的爱德华·本森主教（Bishop Edward Benson，1829—1896）做了布道。当他不久后担任英国圣公会的最高职位坎特伯雷大主教时，威廉姆·西门子感觉有必要向他上书并提及当时的布道内容。可惜我们对于布道的内容无从知晓，但是以“不受约束的新教思想”[④]而自称的威廉姆在信中表达了这样的希望：在未来，教会应该更多服膺于科学而不是教条[⑤]。这后面潜藏着从科学上对于教会的批评，对此大主教却意外地以积极的方式予以回应，他认为，总要允许教条接受检验。

X俱乐部和威廉姆·西门子作为一方，而英国圣公会教会代表人作为另一方，双方之间的冲突围绕着科学与宗教的文化价值。在欧洲日渐兴起的反犹主义思潮中，社会经济上的偏见是主要因素。西门子兄弟也有着在19世纪的德国和欧洲广泛存在的、针对资本主义的反犹主义，他们发动了针对“金钱犹太人”的攻击。维尔纳指责犹太人有进行投机性金融交易的倾向。1883年，由埃米尔·拉特瑙（Emil Rathenau，1838—1915）创立了一家电气技术公司，即德国爱迪生应用电器公司（后来改组为通用电气公司AEG），维尔纳称

① Baldwin, Tyndall, S. 173.

② 参见 Toal, Preaching.

③ 参见 Barton, The X Club, S. 262 ff.

④ Pole, Wilhelm Siemens, S. 415; “liberal Protestantism” (Pole, Life, S. 399).

⑤ Pole, Wilhelm Siemens, S. 350 f.; A Collection of Letters, S. 205.

之为“犹太人公司”。不管怎样，西门子兄弟还是承认该公司及其创建人才干超群①。

威廉姆也并没有回避这类修辞。1876年，他将一组投资人称为“犹太佬”②。但是，他不想和兄弟们一样无端地从根本上否定犹太人，尤其不能苟同卡尔的看法。卡尔把那些所谓的“东欧犹太人”称为“瘟疫”，并接受了广为传播的阴谋论者的预言：“我的看法是，在100年的时间里，犹太人会统治欧洲。”③威廉姆则反过来表达自己的希望，但愿德国人永远不会有犹太人那样的遭遇：“希望不会有针对德国人的煽动，像针对犹太人那样。”④

在1889年前后的若干年里，针对犹太人的煽动在德意志帝国的社会里达到高峰。自1879年起，历史学家海因里希·冯·特雷奇克（Heinrich von Treitschke，1834—1896）发表一系列呼吁，警告人们提防犹太人的渗透。另外一些人则要求有公开的歧视性措施。1880年，历史学家西奥多·蒙森（Theodor Mommsen，1817—1903）组织发表了一项备受瞩目的决议，对此提出反对意见。维尔纳也在他的邻居、进步党同僚发起的这份决议上签了字，但是不久以后他又提出另一些考虑。威廉姆在一封1881年写给维尔纳的信中，认真地分析了那些资本主义指责以及德国人的讨论，他无条件地站在犹太人的护卫者这一边：

> “你们想对可怜的犹太人做什么？这很容易让人想到中世纪，压迫他们是因为他们最聪明，顺便还因为把耶稣钉死在十字架上的人恰好是他们。从国家经济活动的角度来看，如果一个人变富裕了，其他人以及整个地方不因此而变得富裕是不可能的。此事在这里、在地球上最开明的民族当中引起一片哗然，这些批评可不是恭维。”⑤

---

① 参见 Lutz, Carl von Siemens, S. 248; Bähr, Werner von Siemens, S. 417 f.

② SAA W5135, 30.8.1876—Wilhelm an Carl Siemens.

③ SAA W6800, 31.3.1882—Carl an Wilhelm Siemens.

④ SAA W6822, 25.3.1882—Wilhelm an Carl Siemens.

⑤ SAA W7921, 19.2.1881—Wilhelm an Werner Siemens.

第五章

技术创新集群

威廉姆·西门子的油画肖像(时间不详)

威廉姆1844年的首次英国之行，成功地推销了由维尔纳·冯·西门子开发的镀锌工艺。然而，这是接下来若干年里唯一有经济收益的发明。计时蒸汽机调节器、凸版翻印工艺以及人造石的制造工艺，其结果都是商业化失败。这促使维尔纳放弃宽泛的发明活动，随后将精力集中在电报技术上。威廉姆没有跟着兄长走这个方向，他还是继续从事发明家和技术开发者的工作。他在多个创新领域中并行工作，有时候甚至是在相距比较远的领域里。很多年里，这些活动的成效有限。直到19世纪50年代，他才有了令人满意的物质生活条件，主要受益于水表以及回热炉这两项发明。从19世纪60年代开始，他的业务蒸蒸日上，尤其是通过铺设海底电缆的业务，威廉姆成为富裕人士。

虽然威廉姆从事多项工作，但可以归纳为以下几个方面：①基于早年的机械师培训，他应用回热原理，试图在热力机械中减少能源浪费；②他从总体上考虑能源问题，思考如何能够缓解工业化造成的严重环境破坏；③作为西门子－哈尔斯克公司的英国代理人，他参与了铺设全球电报电缆网；④他想彻底改变钢铁生产。

回热原理

蒸汽机以及其他热力机械中，只有一小部分热能在工作中转化为功，而大部分热能则未加利用便经由烟囱而被排放掉。1816 年，苏格兰神职人员罗伯特·斯特林（Robert Stirling，1790—1878）尝试着减少这种浪费，他的做法是采用两个烟囱来交替送气和排气①。通过这种方式，排放的热量得到利用，技术过程中使用的空气得到预热。此外，斯特林设想出一种通过空气的交替加热和冷却来完成活塞运动的动力机。不过，在随后一段时间里，无论热风机还是回热原理，都没能找到大应用场景。一个例外是，在 19 世纪 30 年代出现一种供肺病患者使用的机器，该机器对于患者吸入的空气预先加热。

尽管如此，罗伯特·斯特林和他的兄弟、工程师詹姆斯·斯特林（James Stirling，1800—1876）在随后的几十年里改进了热风机。尤为值得一提的是，他们研发出一种双缸发动机。自 1830 年前后起，詹姆斯在邓迪（Dundee）的一家机械厂担任要职，该厂主要制造蒸汽机和火车机车。在 19 世纪 40 年代，他在工厂里开始采用自己设计的热风机。当詹姆斯在 1846 年离开该企业后，研发工作便中途夭折。另一位先驱人物、在英国和美国从事业务的瑞典人约翰·爱立信（John Ericsson，1793—1889），自 19 世纪 20 年代以来就在制造自行设计的热风机②。特别是在19世纪50年代，他制造的大型船舶推进系统引起了轰动，但是并没能实现预期的指标。爱立信对此做出反应，放弃制造大型

① 关于斯特林兄弟，参见 Sier, Rev. Robert Stirling; 关于回热装置的早起历史，参见 Zetzsche, Beitrag.

② White, Yankee, bes. S. 149 ff.; Sier, Rev. Robert Stirling, S. 112 ff., Thulesius, Man.

机械，转而专注于制造无需回热装置的小型机械。从 19 世纪 60 年代开始，他的这项举措非常成功。

威廉姆于 1845 年在邓迪了解到斯特林的热风机。他给兄长维尔纳写了一份欣喜若狂的报告，提到“让蒸汽机去颤抖吧”，认为热风机取代蒸汽机是有可能发生的[①]。维尔纳同意这种看法，并写了一篇文章介绍热风机[②]。他在文章中写道，热风机是“我们这个时代最有意义的（发明）之一……比蒸汽机要小得多，占用的空间小得多，相比之下的燃料消耗微不足道”。他甚至建议威廉姆继续深入研究这一机器[③]。

不久以后，威廉姆似乎就对热风机产生了疑虑。在这一时期，热动力学知识突飞猛进。例如，尤利乌斯·罗伯特·迈尔（Julius Robert Mayer，1814—1878）发表了一篇关于热能与机械能守恒以及转化的文章。威廉姆研读了这些研究成果以及其他著作。究其一生，他都高度重视空气动力学先驱们的研究成果[④]。在这一领域，他向詹姆斯·普雷斯科特·焦尔寻求建议[⑤]。应土木工程师学会的邀请，威廉姆在 19 世纪 50 年代详细地考察了斯特林和爱立信的热风机[⑥]。他得出的结论：他们二人都高估了自身产品的可用性，蒸汽机仍然具有优势，而热风机无法承受高热负荷。最后，他提出了对于一种“完美机器”的理论思考。

---

① SAA W1870, 11.7.1845—Wilhelm an Werner Siemens.

② Siemens, Werner, Ueber die Anwendung (引文出自 S. 324 u. 329).

③ SAA W8535, 11.8.1845—Werner an Wilhelm Siemens.

④ 在 19 世纪 70 年代，威廉姆加入一个在迈尔的出生地海尔布隆（Heilbronn）为其建立纪念碑而组建的筹款委员会。1880 年前后，威廉姆努力安排克劳修斯前往英国参加会议 (Projekt “The Correspondence of John Tyndall”, 17.11.1879—Clausius an Tyndall; 22.11.1879—Tyndall an Clausius; 22.6.1882—Clausius an Tyndall; 2.1.1884—Clausius an Tyndall).

⑤ University of Manchester Library, Archive Centre, Joule Papers, GB 133 JpJ/20, 24.5.1853—Siemens an Joule.

⑥ Siemens, On the Conversion; 参见 Siemens, On a Regenerative Gas Fumace, S. 82; Siemens, On a Regenerative Steam Engine, S. 227 ff.; Siemens, The Scientific Works, Bd. 1, S. 161–164.

不管怎样，威廉姆从 19 世纪 40 年代中期开始就集中精力研究蒸汽机[①]。他想把蒸汽机以及冷凝器——如果已经有这一装置的话——与回热装置组合起来。斯特林将这种节约能量的设置称为“节省器”（Economiser），把用于辅助呼吸的机器称为“呼吸器”（Respirator）。Regenerator（字面上的含义应该是“再生器”，下文中采用更符合产品功能的概念“回热器”——译者注）这个概念是约翰·爱立信提出来的。威廉姆对这个概念感到不满意，因为能量没有被重新制造出来，而是被转换[②]。最后，他还是迁就了这个此间通行的概念。早在 19 世纪 80 年代，德语中就越来越多地采用了“热储存器”（Wärmespeicher）这一概念表述[③]。

在回热式蒸汽机中，余热由热交换器——一开始是用金属板制成，后来用金属丝网制成——收集起来，然后再输送给蒸汽机。威廉姆认为，这样会节约出非常多能量。第一批原型机是他与约翰·希克在博尔顿机械厂共同制造出来的，在约翰·格雷厄姆（John Graham）的印染厂进行了测试。与希克的合作一直持续到 19 世纪 50 年代末[④]。1849 年，查尔斯·福克斯（Charles Fox）雇佣威廉姆入职他在伯明翰的一家机械厂，以便继续完成这项发明。后来，威廉姆的弟弟弗里德里希前来帮助他。在 19 世纪 50 年代初，威廉姆在机械工程师学会、皇家学会和工艺协会展示在此期间完成的机械设计。工艺协会授予回热－冷凝器以金质奖章。

关于回热式蒸汽机在 19 世纪 50 年代上半期的研发水平，是可以商榷的。不管怎样，到 19 世纪 50 年代中期，威廉姆认为他的机器可以拿到 1855 年巴黎世界博览会上去展示[⑤]。他展示的是一台 40 马力三缸发动机和一台 6 ~ 8 马

---

① 总体概况参见 Pole, Wilhelm Siemens, S. 71 ff.; Bähr, Werner von Siemens, S. 192 f.; Siemens, On a New Regenerative Condenser; 参见 Polytechnisches Journal 122 (1851), S. 402 f.; Moigno, Ueber Wilhelm Siemens' Maschine.

② 参见 Siemens, Air-Engines, S. 106.

③ Wedding in: Sitzungsberichte des Vereins zur Beförderung des Gewerbfleißes 1884, S. 9; Siemens, Friedrich, Entwicklung, S. 29.

④ Bolton Archives ZHH/4/276, S. 334 u. 417.

⑤ Moigno, Ueber Wilhelm Siemens' Maschine; SAA W2169, 4.11.1855—Wilhelm an Werner Siemens.

力双缸发动机。评委们认为回热式蒸汽机值得获奖。

巴黎世界博览会（1855 年）

1855 年 9 月，威廉姆与一位意大利合作伙伴以及其他金主一起，在热那亚成立了一家公司——西门子型大陆蒸汽机股份有限公司（Società Anonima Continentale per le Macchine a Vapore, Sistema Siemens），通常被简称为“大陆公司”[①]。他担任总工程师，把自己的专利带进公司，将部分专利价值折算为股份。威廉姆的兄长维尔纳以及朋友戈特弗里德·森佩尔也都在投资者行列。在股东大会上，总经理和威廉姆都传递出乐观情绪。他们提到已经售出的机器，还有正处在研发阶段、功率高达 60 马力的后续设备。威廉姆在 1857 年写给兄

① SAA 35–51.Lr 522, “Societe Continentale [...]”; Siemens, Rapport; SAA W1836, 2.2.1854—Wilhelm an Werner Siemens; vgl. Bähr, Werner von Siemens, S. 208 f.

长维尔纳的私信中表示出，他对此并没有那么信心十足："自从 1846 年以来，我生活中唯一的希望就是这台机器。"①

威廉姆的希望破灭了，交付的机器被证明是有缺陷的。1857 年，大陆公司首先进行了重组，而后不得不停止运营。威廉姆的研发工作继续进行了一段时间，但最终认识到该机器"实际上不可能"②。虽然他采用的基础原理是正确的，但至少在大型机械上无法成功落实③。连接处无法承受高热负荷，这与他的预期有所不同。此外，有迹象表明，威廉姆的热力学思考是有错误的④。此时已经出现一类复式蒸汽机，它的蒸汽可以释放进多个汽缸，从而能更好地利用能量。虽然威廉姆在 1859 年仍然认为自己的回热式蒸汽机更胜一筹，但正如他日后看到的那样，这是一个误判⑤。

回热式蒸汽机的失败也意味着所有那些应用计划都会无疾而终。在 19 世纪 50 年代中期，威廉姆与位于切什青的弗吕希特尼希特和布罗克造船厂（Werft Früchtenicht & Brock）——这是伏尔铿（Vulcan）造船厂的前身——合作开发一个大型回热式轮船蒸汽机⑥。这项合作过程中有很多冲突，没能带来可用的结果。关于回热式蒸汽机在火车机车上的应用，其结果也类似。19 世纪 50 年代后半期的研发工作，目标为伦敦地下铁路的在建计划⑦。很明显，地铁牵引机车排放的烟雾，对乘客来说是一个巨大的困扰。威廉姆的设想是在牵引机车的炉膛里装备烧结砖作为蓄热器，火车行驶在地下时，牵引机车完全使用这里储存的能量。在 19 世纪 70 年代，当英吉利海峡隧道的计划再度被讨论时，威廉姆又重新回到他的这一设想。

---

① SAA W2011, 6.3.1857—Wilhelm an Werner Siemens.

② Pole, Wilhelm Siemens, S. 101; "a practical failure" (Pole, Life, S. 96).

③ Siemens, The Scientific Works, Bd. 1, S. 161–164. Siemens, Ueber die Nutzbarkeit der Wärme, S. 14; 参见 SAA W43, 12.3.1858—Wilhelm an Werner Siemens.

④ 参见 Matschoß, Die Entwicklung der Dampfmaschine, Bd. 2, S. 166 f.

⑤ Siemens, The Scientific Works, Bd. 1, S. 77; Siemens, Air–Engines, S. 107.

⑥ SAA W2309, 30.3.1856—Werner an Wilhelm Siemens; SAA W2010, 28.2.1857—Wilhelm an Werner Siemens.

⑦ SAA W1595, 13.1.1854—Wilhelm an Werner Siemens; SAA W2351, 4.2.1860—Wilhelm an Werner Siemens; Minutes of the Proceedings of the Institution of Civil Engineers 44 (1875/76), S. 67 f.

回热原理可以应用到所有那些液体变为蒸汽的技术过程中，这也包括煮盐厂和制糖厂[①]。相应的工作从19世纪40年代末已经开始了。西门子兄弟在柏林与施瓦茨科普夫机械厂（Schwartzkopff）、在伯明翰与福克斯－亨德森公司签订了提供相应设备的协议。尽管做出各种努力，他们还是无法获得更多订单。1857年，在遭受相当大的损失之后，威廉姆终止了这项工作。

虽然威廉姆自19世纪40年代中期开始对研发蒸汽机孤注一掷，但是，当弟弟弗里德里希在19世纪50年代尝试开发回热式热风机时，他并没有给弟弟设置任何障碍[②]。弗里德里希以爱立信的工作为导向，也和爱立信一样以船舶驱动为目标。他的发动机突出特征是简单，但是功量非常大。威廉姆从一开始就没太看好这项研发工作。1854年投资者也认识到，他们投进去的4 000～5 000塔勒的钱打水漂了。事后威廉姆——他对弟弟的能力信不过——曾评论说，弗里德里希在回热式机械的研发工作都能“做成了好几个永动机了，需要大费周章才说服他从里面出来”。维尔纳则提醒他说：“想一想热能机械差一点就把你引向毁灭！”，其态度可以说尽在不言中了[③]。不过，在接下来的几十年里，情况发生了改变。小型热风机开始热门起来，与蒸汽机和燃气机相比，它们给小企业提供了更高安全性，可以免于大火和爆炸。实际上，威廉姆在1882年也重新开始研发，但是还没能够取得比较大的成果[④]。

威廉姆非常注意地观察着发动机在19世纪后半叶充满活力的发展。他把目光放在燃气发动机上，认为它具有非常大的潜力，可以淘汰蒸汽机。长远来看，新型内燃机达到了如他所愿的效果，但威廉姆没能在自己的有生之年看到这一发展。开创性的机器之一是由比利时人让－艾蒂安·勒努瓦（Jean-Etienne

---

① 此处参见 Pole, Wilhelm Siemens, S. 82 ff. u. 101 f.; SAA W2011 u. W2012, 6. u. 15.3.1857—Wilhelm an Werner Siemens.

② SAA W1647, W9442 u. W1778, 15.6.1853, 16.7.1853 u. 24.7.1853—Friedrich an William Siemens; vgl. Rotth, Die Brüder Siemens und die Wärme, S. 53; SAA W1756, 22.12.1853—Wilhelm an Werner Siemens; SAA A1329, 7.11.1854—Früchtenicht an Wilhelm Siemens; SAA W2011, 6.3.1857—Wilhelm an Werner Siemens（引文出自此处）.

③ SAA W206, 21.2.1864—Werner an Wilhelm Siemens.

④ SAA W7989, 4.7.1882—Werner an Wilhelm Siemens.

弗里德里希・西门子（约 1866 年）

Lenoir，1822—1900）设计的燃气机，勒努瓦在 19 世纪 60 年代售出数百台固定安装式机器。勒努瓦的燃气机约有 12 马力，相当于一个单缸双向蒸汽机输出的功率。也就是说，燃气与空气的混合物在活塞上方和下方被电打火点燃。当活塞位于汽缸的中间位置时打火，以便达到最高的速度，但这会导致运行不畅。此外，勒努瓦发动机的缺点还在于它对润滑油和燃气的消耗量大，这几乎把它对于蒸汽机的优势都对冲殆尽了。

威廉姆也像其他人一样，致力于减少整机的机械负荷，借助于回热原理让它变得更为经济[①]。他的基本想法是让涌入的气体慢慢燃烧，而通过喷注的水使得温度下降，通过由此产生的蒸汽扩散来提升经济性能。燃烧的余烬将回热器加热，回热器再把热量释放给被导入的燃气。1859 年，威廉姆为自己的这一想法申请了专利，在 19 世纪 60 年代初制造了一个单缸和一个四缸发动机，该发动机在 1862 年的伦敦世界博览会上获奖。威廉姆与他的兄弟维尔纳以及弗里德里希不一样的地方是他没有把这项工作继续下去。他的兄弟们在接下来的时间里，改为以石蜡为原料。1876 年，尼古拉斯・奥古斯特・奥托（Nikolaus August Otto，1832—1891）研发的四冲程发动机获得成功，这促使西门子兄弟们重新回到研发工作上[②]。1882 年，威廉姆为一个经过改进的设计结构申请了专利权，但是此时这些改进已经

① Siemens, The Scientific Works, Bd. 1, S. 203–206; The Practical Mechanic's Journal 7 (1862), S. 142 u. Tafel 290; Polytechnisches Centralblatt 28 (1862), S. 1457–1459; 参见 Pole, Wilhelm Siemens, S. 162 f.; Obach, Sir William Siemens, S. 9 f.

② Siemens, Address of the President of the British Association, S. 342 ff.; Engineering 33 (1882), S. 269 (Bild) u. 271.

不再重要了。

在热动力机器上应用回热原理，是一项巨大挑战。将回热器整合进机器当中，这使得机器部件数量增多，并暴露于高热量负荷当中。以回顾的视角看，我们不得不吃惊的是威廉姆想在更长的战线上来攻破这一艰巨的任务，而没有考虑对这一原理做些更为简单的应用。其原因可能在于：在 19 世纪，机械师的思维还一直为发动机尤其是蒸汽机所左右。蒸汽机是最重要的工业化机械，蒸汽机制造是工业机械制造的王牌专业。由此一来，威廉姆倾向于设定非常宏大的目标。一系列情况都表明，这些目标都太过于雄心勃勃了，用当时的技术手段根本就无法实现。

不管怎样，将回热原理应用到简单锅炉上的主意并非出自威廉姆，而是他的弟弟弗里德里希[①]。弗里德里希采用两个炉膛，当一个燃烧炉膛里的空气涌进锅炉时，余热则把另一炉膛加热，一段时间后进行切换，于是燃烧炉里的空气总是得到预热。通过这种方式可以节省非常多能量，而且由于温度高，工艺过程的质量可以得到提升。罗伯特·斯特林早在 19 世纪初就已经提出了该原理，但弗里德里希对此并不知晓[②]。他在 1856 年接触到一位热衷于用高温来实现新型炼钢工艺的奥地利企业家时，才萌生了这一想法。弗雷德里希和威廉姆都意识到，对于那些需要高温的各种融化和燃烧工艺，回热式锅炉都有着非常大的价值[③]。

这里的基本想法很简单，但是实现起来还有不小的技术困难[④]。建造两个炉膛以及中间的通道，需要采用能够承受高温的耐火材料；燃烧的残留物可能会妨碍工艺过程；要根据应用场景确定工艺所需的时间；供火设备最初采用焦炭为燃料。弗里德里希提出，将回热锅炉与燃气发动机组合在一起，这

---

① 参见 Siemens, Werner, Lebenserinnerungen, S. 438 f.; Siemens, Friedrich, Entwicklung; Pole, Wilhelm Siemens, S. 105; Ehrenberg, Die Unternehmungen, S. 310 ff.; Berg, 100 Jahre, S. 25; Dietz, Friedrich Siemens, S. 55 f; Parsons, A History, S. 120 f.; Bartu, Hundert Jahre; Bähr, Werner von Siemens, S. 192 ff.

② Sier, Rev. Robert Stirling, S. 117 ff.

③ Siemens, On a New Construction.

④ 此处可参见，例如 Schinz, Ueber C. W. Siemens’ patentirte Regeneratoren.

样可以避免一系列的问题①。燃气的制成可以用煤，也可以用其他固体燃料。在 19 世纪 60 年代初期，燃烧煤气很快就普遍起来，这有助于锅炉变得更加普遍。

回热炉的基本想法源于弗里德里希，兄弟俩都参与了这一发明的完善和完成工作。他们有时候一起工作，有时候彼此不相干②，在这种背景下，威廉姆与弗里德里希之间的关系变得非常紧张。他们之间的争执点包括自己在创新中的参与程度③、后续的应用、锅炉的构造、市场划分。1857 年，弗里德里希返回德国，其中不乏力图缓和二人之间关系的目的。应威廉姆的请求，他在 1859 年又回到英国，直到1863年都在致力于锅炉的开发④。整体上的情况似乎如此：他在英国中部建造锅炉，威廉姆从伦敦对此进行评议并试图去指导。如此一来，原有的分歧便以更尖锐的方式重新出现。研发工作由威廉姆出资，他指责弟弟的工作方式不系统、经济上不可行。对于接下来的合作，他们谈到不同的合作方式，威廉姆最终要求从此将二人的工作领域分开。最后的结果是弗里德里希在 1863 年返回柏林建立自己的锅炉业务。威廉姆得到英国、美国和法国的市场，弗里德里希拥有另外一些欧洲国家的市场。

---

① Siemens, Friedrich, Entwicklung, S. 30 f.; Parsons, A History, S. 139; Pole, Wilhelm Siemens, S. 138 ff.

② SAA W2012, 15.3.1857—Wilhelm an Werner Siemens; SAA W2070, 26.11.1857—Wilhelm an Friedrich Siemens; Wilhelm zus. mit F(riedrich) Siemens: Schweißofen, bei welchem die Feuerluft aus dem Herde abströmende Wärme größtentheils zurückgehalten und wieder benutzt wird. Polytechnisches Journal 147 (1858), S. 273–276; Siemens, Friedrich, Entwicklung, S. 30; Berg, 100 Jahre, S. 27.

③ S. u. S. 192—194.

④ Siemens, Friedrich, Entwicklung, 32; SAA W9331, 4.2.1860—Friedrich an Wilhelm Siemens; SAA W9333, 28.3.1860—Wilhelm an Friedrich Siemens; SAA W2788, 14.9.1861—Wilhelm an Werner Siemens; SAA W4150, 21.7.1863—Wilhelm an Friedrich Siemens; SAA W4162, 14.8.1863—Wilhelm an Werner Siemens.

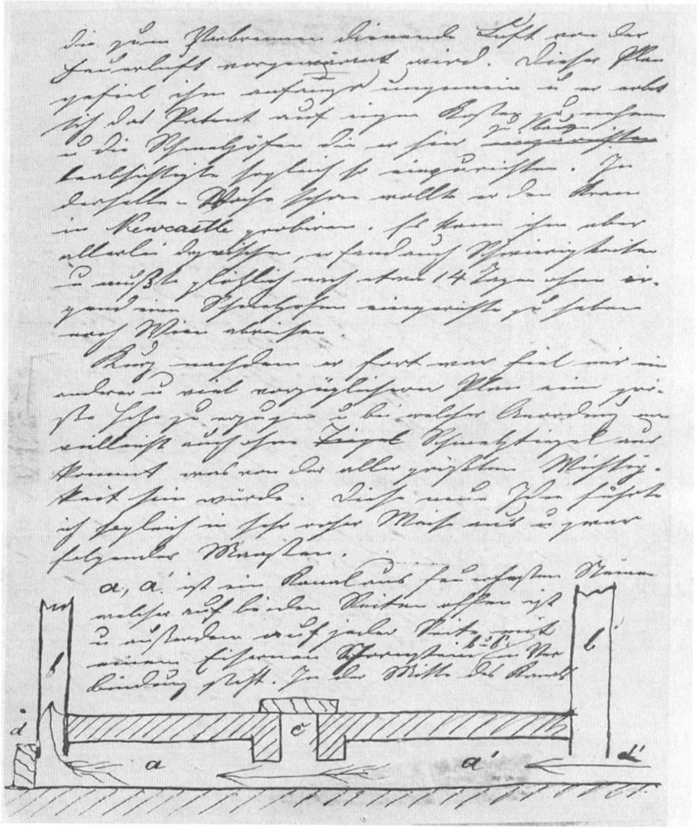

弗里德里希·西门子关于回热炉发明的信件（1856 年）

回热炉的用途，一开始就被考虑到用于产钢。但是，要想达到所需要的高温，有一定的难度。在 1860 年左右，弗里德里希认识到这是一条错误之路，于是开始在随后若干年里致力于玻璃生产，后者要求的温度相对低一些[①]。威廉姆则不忘初衷，在 19 世纪 60 年代研发出一种新的炼钢方法[②]。

玻璃厂属于两兄弟从一开始就锁定的应用领域[③]。在玻璃厂，加热玻璃原

① SAA W2362, 14.2.1860—Friedrich an Wilhelm Siemens.

② 见本书第 165 页。

③ Siemens, Friedrich, Entwicklung; Siemens, On a Regenerative Gas Furnace; Chance, On the Manufacturing, S. 252 f.; Pole, Wilhelm Siemens, S. 103 ff. u. 137 ff; Rotth, Die Brüder Siemens und die Wärme, S. 49 ff; Dietz, Friedrich Siemens; Stein, Die Brüder; Berg, 100 Jahre, S. 34 ff; Bucher, Bilder, Bd. 2, S. 119 f.; Ehrenberg, Die Unternehmungen, S. 333 ff.

料要在封闭或者敞开的坩埚中进行。采用回热式供火不仅能节省燃料和时间，也能让温度保持得更为均匀，这有利于产品的质量。在19世纪60年代初，进行玻璃生产实验的西门子兄弟们不仅有弗里德里希和威廉姆，还有他们的哥哥汉斯·西门子。汉斯在1862年接手了德累斯顿的一家小型玻璃瓶生产厂。弗里德里希和汉斯不约而同地分头完善了玻璃熔池的回热工艺。熔池的容量比坩埚大得多，而且更容易维护。

弗里德里希·西门子在德累斯顿的玻璃厂（1890年前后）

汉斯英年早逝之后，弗里德里希于1867年接管了玻璃厂。到此时为止，玻璃厂大多时候处于亏损状态[①]，弗里德里希成功地让工厂变得利润丰厚。他在回顾过去时写道："这段时间是我的高光时期，我感到非常自在。我能经过自主估算后，自行承担风险而做各种改进和完善，不管是熔化工艺还是工作方式，或者是采用特殊玻璃技术。"[②] 弗里德里希将熔化工艺整改为持续性的熔化流程，并改变了火控。此外，他也从人们开始采用玻璃瓶装啤酒这一新趋势中

① SAA W5884, 26.12.1868—Wilhelm an Werner Siemens.

② 转引自 Stein, Die Brüder, S. 451.

受益。1871 年，他在德累斯顿附近购下第二家玻璃厂。1879 年，他在奥匈帝国境内又成立一家工厂。1886 年，他的企业里总共有超过 3 000 名工人。

弗里德里希·西门子的德累斯顿玻璃厂里的熔池炉（1890 年前后）

威廉姆·西门子做了一些努力，以便让回热炉为人所知[①]。1857 年和 1862 年，他曾在机械工程师学会讲述了这项发明，报告中也恰如其分地凸显了他的弟弟弗里德里希在该发明中的功绩。在 19 世纪 60 年代，专业领域日益关注到回热炉。回热炉在 1862 年伦敦世界博览会和 1867 年巴黎世界博览会上都曾获奖。迈克尔·法拉第对回热炉感兴趣，这让西门子兄弟从中受益[②]。1862 年，法拉第让威廉姆在伯明翰的一家玻璃厂展示回热炉，并索要了相关资料。在皇家学会的一场演讲里，他特别突出地强调了燃气供火与回热原理的组合。1865 年，亨利 · 贝塞默（Henry Bessemer）在不列颠科学协会也发表了同样的看法。回热炉以这种方式得到两位最著名的英国工程师的盛赞和推崇。

自从 19 世纪 60 年代起，回热炉的使用得到更大扩展，其中以英国为主，

---

① Pole, Wilhelm Siemens, S. 107 f. u.143 ff.

② A Collection of Leiters, S. 2–4; Faraday, On Gas–Furnaces; Pole, Wilhelm Siemens, S. 141 ff; Ehrenberg, Die Unternehmungen, S. 326 f.

但也遍及欧洲大陆上的各国[①]。1862 年共有 100 个左右的回热炉在运行，据说 1869 年在欧洲有 50 家玻璃厂采用回热炉供火。在德国的 600 座玻璃熔化炉当中，1879 年时有三分之一是回热炉。自从 1860 年中期以来，威廉姆从回热炉设备当中获取了相当可观的收入。

能源与环境

威廉姆·西门子发现的回热原理能起到节约热能的作用。经济方面的考量是这项技术发明最重要的关切点：降低能源使用可以在整体上使得生产过程变得更为实惠，从而促进生产增长和工厂繁荣，更何况许多注重效率的工程师都在原则上反对浪费。1881 年，威廉姆在一次颁奖会上谈到了该问题，他广泛而系统地阐述了这一主题，并区分了 5 种类型的浪费：时间、食物、个人努力、机械能和材料。他具体地阐述说，人们睡得太多、吃得太多，时间被消磨掉。在技术方面，机械能、热能以及材料都被浪费。他的结论是“科学和技术应该特别致力于避免浪费。这样做，我们不仅会显著增加国家资源，也会增加我们个人的福祉”[②]。

威廉姆在广泛意义上提出一个问题：如何处理全球的能源供应问题。他由此得出的结论：煤炭是最重要的初级能源，过去是、将来也会如此[③]。虽然他看到了石油和天然气这种新能源的优势，但他认为其开采量远远不能覆盖能源需求。他也同样不看好利用潮汐以及风力来获取能源：风力太不稳定不可靠，根本不行。相反，他看到修建水力发电站这一举措具有巨大的未来潜力——甚至考虑到通过远程电能传输而对尼亚加拉大瀑布进行能源利用。

---

① Pole, Wilhelm Siemens, S. 143 u. 146 f.; Berg, 100 Jahre, S. 25 u. 31; Ehrenberg, Die Unternehmungen, S. 331.

② Siemens, On Waste (引文见 S. 365): “Therefore the point which Science and the arts should be directed to chiefly is the prevention of waste. In doing so we should vastly increase not only our national resources but our individual well-being.”

③ Siemens, Eisen-und Stahl-Industrie; Siemens, Ueber die Nutzbarkeit der Wärme; Siemens, The Scientific Works, Bd. 1, S. 125 ff.

在19世纪60年代和19世纪70年代，煤炭紧缺在英国是一个大话题。政府召集了一个相应的委员会探讨该问题，委员会提交了长达数卷本的结项报告。像W. 斯坦利·杰文斯（W. Stanley Jevons，1835—1882）这样的新闻人将“煤炭问题”带入公众视野。威廉姆接手了这项工作并报告说，英国的煤炭储量可覆盖需求足以超过250年。然而，它们“并非取之不尽，用之不竭”，由此他得出“有必要更经济地利用我们煤炭储量”。他预计煤炭价格会上涨，并从中看到有理由“来遏止普遍存在的无功效燃料浪费”。他推荐提升能源效率，尤其建议采用自己的回热技术。他的愿景是通过效率提升来对冲预期中的能耗增加[①]。杰文斯对此来信表示，他怀疑是否有可能让煤炭消耗量保持稳定[②]。威廉姆回答说，假如真的有一天会面临着煤炭资源枯竭的话，那么我们会采用另外的方式来使用太阳的能量，那就是水力和风力。

维克多利亚时代曼彻斯特附近的煤矿（日期不详）

① Siemens, Address as President, S. 62 f.; Siemens, Ueber Brennstoff（引文见 S. 12 f. u. 28); Siemens, Eisen-und Stahl-Industrie, S. 10 ff.

② A Collection of Leiters, S. 87.

威廉姆希望，只要有可能就不要直接使用煤炭，而是采用精炼后的形式：煤气或焦炭。这本身并不新鲜，因为自 19 世纪初以来，英国城市中就已经出现了用于照明的煤气设备和煤气管道网络。在 19 世纪 80 年代初，威廉姆还认为，煤气灯作为“穷人的朋友”仍然不失其意义[①]，电灯在价格上无法与煤气灯竞争。

盛赞煤气灯也是在推崇自家的产品，因为弗里德里希和威廉姆在 1880 年前后也将回热原理应用到煤气灯上[②]。煤气灯的原理在于，要通过热废气的热量将照明气体预加热。构造设计方面的挑战在于，需要开发出一个占据空间不大、形式合适的回热器。出于制造和销售的目的，威廉姆和弗里德里希在多个国家成立了工厂和公司[③]。一直到19世纪80年代末，即威廉姆去世之后，弗里德里希才获得可观的销量。回热式煤气灯被煤气白炽灯取代，后者是在 19 世纪 80 年代中期以后发展起来的。

煤气在用于照明之外还可以用于供暖。自 19 世纪 60 年代以来，威廉姆一直认为，在这一新增市场上，煤气可以展示出其优势[④]。煤气可以更充分地进行燃烧、省事，可以达到更高的温度。煤气应该用单独的管道系统输送到用户那里。煤气公司的产出品可以有两种不同质量，供暖煤气不需要像照明煤气那样进行复杂的净化。此外，煤气还可以用于燃气机上。他最热衷的计划之一是在

---

① Siemens, The Scientific Works, Bd. 2, S. 187 f.; Siemens, Address of the Honorary President, S. 268 f.（引文出自此处）; Siemens, Address of the President of the British Association, S. 335; 参见 Siemens, Friedrich, Bericht, S. 132 ff.

② Siemens, Gas, S. 251f.; Siemens, On the Use, S. 189f.; Polytechnisches Jornal 244 (1882), S. 442f.; Siemens, Friedrich, Ueber Regenerativ Gasbrenner; Illustrirte Zeitung v. 28.5.1881, S. 450; SAA 35-51. Lr 519; vgl. Engineering 34 (1882), S. 328; Minutes of the Proceedings of the Institution of Civil Engineers 77 (1884), S. 462 f.; Siemens, Werner, Lebenserinnerungen, S. 439; Rotth, Die Brüder Siemens und die Wärme, S. 52 f.; Ehrenberg, Die Unternehmungen, S. 339; Pole, Wilhelm Siemens, S. 305 f.; Bähr, Werner von Siemens, S. 340 f.

③ Der Siemens' Regenerativ-Gasbrenner; 参见 Lutz, Carl von Siemens, S. 215 f.; Kreutzer, Von den Anfängen zum Milliardengeschäft, S. 34 u.74.

④ Siemens, On the Use; Siemens, Gas; Siemens, The Scientific Works, Bd. 1, S. 166 f. u. 190—192; Siemens, Electricity, S. 239 f.; 参见 Pole, Wilhelm Siemens, S. 305 ff.

煤矿里直接制成煤气[①]。然而,19 世纪 60 年代末威廉姆在伯明翰启动的这类尝试，被煤气公司给叫停了。19 世纪 80 年代初，威廉姆又重新考虑在伯明翰和格拉斯哥来实现自己的想法。

南方大都会煤气公司的工人(伦敦,19 世纪末)

煤气输送所需的地下设施有可能引发不小的技术问题。尽管他在英国煤气经理协会、化学工程师学会以及格拉斯哥科学讲座协会的演讲中极力推崇这些做法[②]，但是他倡导的煤气工厂改进以及新型管道网络，也几乎得不到支持。在伯明翰，他与工业家约西亚·梅森（Josiah Mason）一起规划了一个新的供气网络。这项工作进展缓慢，由于煤气公司的反对而被上议院推翻了。

① Siemens, Ueber Brennstoff, S. 25; Siemens, Eisen-und Stahl-Industrie, S. 16 f.; 参见 Weiher, Die englischen Siemens-Werke, S. 119.

② Siemens, Gas, S. 254; Siemens, The Scientific Works, Bd. 1, S. 175 u. 185; SAA W4084, 18.5.1863—Friedrich an Wilhelm Siemens; SAA W4567, 1.12.1864—Wilhelm an Werner Siemens; Minutes of Proceedings of the Institution of Civil Engineers 77 (1884), S. 179 u. 218; The Journal of the Society of Chemical Industry 3 (1884), S. 89 f.; Pole, Wilhelm Siemens, S. 306.

在19世纪60年代，巴黎煤气公司采用了威廉姆的回热式煤气制造机来生产照明用煤气[①]。在英国，煤气公司则严格反对。威廉姆直截了当地认为，他在燃气发动机方面的成就在英伦岛上并没有得到相应的认可和尊重。英国的焦炭生产商也持有同样的反对态度。直到去世前，威廉姆都一直在尽力说服煤气厂和焦炭厂主们采用他的锅炉，但是并不很成功。

伦敦拉德盖特广场的雾霾（1901年的绘画）

当时，伦敦的空气质量经常非常糟糕[②]。企业的燃烧设备、私家烟囱向空中的直接排放，以及使用劣质燃煤，这些因素共同造成了空气质量糟糕。用于企业经营的燃煤还有环境规定，而私人燃煤则完全不受管制。伦敦人用一个新词“雾霾”（smog）——由烟（smoke）和雾（fog）两个词合成——来描述最为糟糕的天气状况。据说，特别严重的雾霾状况曾导致戏剧演出取消，因为观众无法看清舞台上的演员。威廉姆这样表达他对冬季温暖住宅的愿望：“不必因此就见不到太阳光，不必让我们自己以及周围碰到的一切都被煤灰覆盖，不必甚至时常在中午时分就得带着窒息的感觉，连走路都得小心摸索着。”[③] 此外，他也提醒人们注意到烟气给建筑物和纺织品带来的损害。

---

① SAA W2930, 7.4.1862—Wilhelm an Werner Siemens; Siemens, On the Use, S. 185 f.; Minutes of Proceedings of the Institution of Civil Engineers 77 (1884), S. 179; The Journal of the Society of Chemical Industry 3 (1884), S. 89 ff; Siemens, The Scientific Works, Bd. 1, S. 99–101 u. 175; Siemens, Friedrich, Bericht, S. 124 ff.; Cheshire Archives and Local Studies, DIC/BM 7/15, 30.7.1883, Siemens an Wright.

② 参见 Ashby/Anderson, The Politics of Clean Air; Brimblecombe, The Big Smoke.

③ Siemens, Zur Rauchfrage, S. 61.

伦敦国际净烟设备展的图画（1881 年）

在威廉姆看来，要想改变这些情况，只能放弃直接燃煤。他在 1880 年推荐使用的炉子，采用两种精制煤产品为燃料——照明用煤气以及焦炭，还附有空气加热功能[①]。燃烧煤气或者燃烧焦炭——采用回热装置将空气预先加热，会形成明亮的火焰。由此产生的烟，少得可以忽略不计。威廉姆并没有让英国人放弃明火的奢想，他在自家房子里的测算结果表明，使用新炉子的耗费要少于

① Siemens, Zur Rauchfrage, S. 61 ff; Siemens, On the Use, S. 187 ff; Siemens, Gas, S. 247 ff; Siemens, Ueber die neuesten Errungenschaften, S. 35 ff; Pole, Wilhelm Siemens, S. 298 ff.

使用普通燃煤炉。1881年，他报告说，有几家公司在生产他的炉子，有大约200个炉子在使用当中①。因为已经放弃了专利权，他没有从中获得经济上的利益。

在19世纪80年代初期的伦敦，国家健康学会（National Health Society）发起召开了一系列会议，讨论如何对付烟雾问题②。在这些会议上，威廉姆主张采用煤气为燃料，并倡导他设计的炉子。这些集会的高光时刻是1881—1882年的消烟展览（Smoke Abatement Exhibition）。该展览上有很多有利于保护环境的暖气以及烹饪设备被展出，其中也有威廉姆设计的产品。他在一次导览中向威尔士亲王介绍了自己的火炉设计。亲王回复了一封感谢信，并在自己的宅邸中让人安装了一个这样的火炉③。弗里德里希·西门子受萨克森王国政府的委托来参加展览，并且做了相关报告。他主张实行法规来克服烟雾问题。他也利用此机会盛赞自己和哥哥发明的煤气炉，称威廉姆的炉子是一种“受到高度认可的优良设备”，“在节约燃料的同时，避免了烟雾、煤灰以及难闻气体的形成”④。

威廉姆的煤气炉在大众媒体上也得到关注和赞扬。德文版的《伦敦报》原本寄希望于英国人能放弃明火，但这是无法可想的。这时西门子火炉就派上了用场，它既可以避免出现有害的烟雾，也能满足“英国式极端拜火者的要求——火光不仅要用来取暖，还要用来凝视”。通过这种生火技术，西门子变成“这个城市里最大的行善者”。这份报纸报告说，西门子向建筑商和生产商免费提供这一创新技术指导，并设立奖项鼓励对其火炉进行改进；把原煤精制为焦炭过程中产生的废料产品可以拿来建造人行道，“我们现在吸入肺中的那些沥青类物质，以后就会被我们踩在脚下”⑤。

克服烟雾的运动以及展览并没能使得环境情况产生大改观。直到20世纪

---

① Siemens, Gas, S. 247; SAA W6637, 7.12.1880—Wilhelm an Carl Siemens.

② Siemens, Friedrich, Bericht; Pole, Wilhelm Siemens, S. 302 ff; Brimblecombe, The Big Smoke, S. 115 f.

③ A Collection of Letters, S. 176; Hopkinson-Woolley/Woolley, The Personal Life, S. 14.

④ Siemens, Friedrich, Bericht（引文见 S. 59 f.).

⑤ Londoner Zeitung v. 15.10.1881, S. 7, u. 22.10.1881, S.7.

中叶，伦敦的雾霾状况仍然是环境灾难。威廉姆曾经在多大程度上倾注心血来解决这一问题，间接地体现在他的遗孀安妮的一项举措当中。1884 年，她在工艺协会设立“西门子奖”，对那些就“如何在住宅中使用煤气取暖和烹饪”这一问题给出最佳方案的人予以奖掖①。

在 19 世纪 70 年代和 19 世纪 80 年代，威廉姆曾经考虑在未来如何将制冷技术设备用于住宅的温度调节②。他提到自己曾经与维尔纳、弗里德里希在 19 世纪 50 年代一起完成的一台制冷机。那台机器在构造设计上有弱点，机器被交付给蒸汽船以及酿酒厂，最终并没有获得大成效。

在 19 世纪中期，反对浪费的活动也涉及供水。使用地下水所采用的旧分散供水系统，其功能在工业化和城市化的进程中达到了极限③。地下水受到污染，导致霍乱和伤寒流行。为了应对这种情况，大城市从 19 世纪上半期开始建造自来水厂，采用沙子过滤净化，水厂还为工业企业额外提供工业用水。为了改善消防状况，街道上还装备了灭火栓。

水厂通常与客户签订合同，保证一定水量的供应。但是，测算水量时会遇到困难。唯一的可能性是每一次将储水库填满，借助于储水库的容量来计算。对供方和买方来说，这都很麻烦。鉴于这种情况，因供水计量而经常出现争执则不足为奇，水厂的实际供水量基本上都高于他们的收费量。对私人住宅来说，水表太昂贵了。在伦敦，自来水厂通常根据占地面积来收费④，抽水马桶、洗浴和花园都放在一起。

水厂的商业客户则不一样。他们对水表有需求，水的消耗需要精确而持续地记录下来。一个可行的、看似简单的解决途径是，在入水管中插入涡轮机或者桨叶轮，将其与记录仪连在一起。困难在于，要把水表设计制造得如此完

---

① Journal of the Royal Society of Arts 32(1884), S. 427; SAA, ohne Signatur, 28.10.1884, Anne an Anna Siemens.

② Siemens, The Scientific Works, Bd. 2, S. 324 ff.

③ SAA W18, 8.12.1851 – Werner an Wilhelm Siemens; SAA W1258, 1.3.1852 – Friedrich an Wilhelm Siemens u. passim; 参见 Pole, Wilhelm Siemens, S. 110; Siemens, Address as President, S. 63f.; Siemens, The Scientific Works, Bd. 1, S. 192–203.

④ Trentmann/Taylor, From Users, S. 63 ff.

备，即便在多年之后也能提供可靠的结果。由于生锈、水垢和其他沉淀物，水表通常会随着时间而变得不准确。

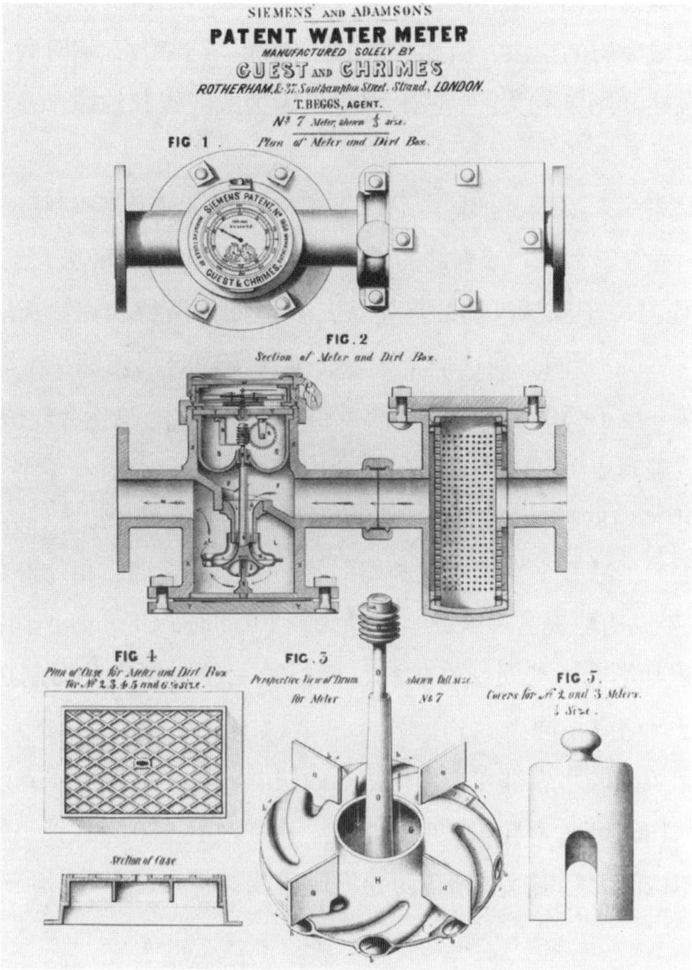

西门子水表的专利图纸（1851—1852 年）

维尔纳·冯·西门子在 19 世纪 40 年代中期开发出第一个水表，然而用起来很复杂[1]。在接下来的几年里，维尔纳、威廉姆和弗里德里希三兄弟以及柏林

---

① 关于西门子的水表，参见 Pole, Wilhelm Siemens, S. 111 ff.; Ehrenberg, Die Unternehmungen, S. 122 ff.; SAA 35. LK 248, Siemens & Adamson's Patent-Water-Meter.

的车间致力于做些结构上的改进[①]。在这个过程中，威廉姆与柏林之间存在着相当大的沟通困难。威廉姆将技术图纸和说明寄往柏林，在哈尔斯克的车间里付诸实施。威廉姆对结果很不满意。另一方面，维尔纳指责他提供了不成熟的设计图。按照威廉姆的说法，由此产生的“困扰”与邮政运输时间连在一起，与误读他的描述和图纸有关。其实，那也是因为威廉姆和约翰·乔治·哈尔斯克之间的关系并不融洽[②]。

水表是系列产品或者批量产品，而柏林的车间对于完成制造任务准备得很不充分[③]。不管怎么说，威廉姆的意见是西门子－哈尔斯克公司无法应付生产。1852 年，他与位于罗瑟汉姆的卫生洁具制造商格斯特和克赖姆斯（Guest and Chrimes）签订了合同。在这一个案上，他说英国公司能够在 1 周之内交付样品，而他在一丝不苟的哈尔斯克那里就得等上 4 个月。这份合作持续好几十年，虽然后来威廉姆也曾经考虑在伍尔维奇由自己来生产水表。专业界给英国水表以高度认可[④]。1871 年，格斯特和克赖姆斯雇用了大约 400 人；在 20 年的时间里，他们生产了数万个水表。威廉姆似乎与工厂的管理层相处得非常好，因为他在 1857 年成功地提名理查德·克赖姆斯（Richard Chrimes，1818—1897）成为机械工程师学会的会员。在柏林，西门子－哈尔斯克公司制造了自己的水表——其设计略有不同。

德国和英国的水表都在不停地进行改进[⑤]。轴承和阀门得到改进，水流也有所改变。1866 年，涡轮机被叶轮取代。在 19 世纪 70 年代，小型版水表使用的材料由铸铁改为青铜或黄铜以防止形成锈蚀。

---

① Siemens, On an Improved Water Meter, S. 279 ff.; 参见 Polytechnisches Journal 225 (1877), S. 140; Weiher, Die englischen Siemens-Werke, S. 23 f.

② SAA W1227, 17.4.1852—Wilhelm an Carl Siemens u. passim; SAA W1351 u. W1352, 11. u. 12.12.1852—Werner an Wilhelm Siemens; SAA W13O3, 14.12.1852—Wilhelm an Werner Siemens; SAA W1660, 6.1.1853—Wilhelm an Werner Siemens.

③ SAA W18, 8.12.1851—Werner an Wilhelm Siemens; SAA W1228, 10.5.1852—Wilhelm an Carl Siemens; SAA W1252, 23.5.1852—Wilhelm an Friedrich Siemens.

④ Art. “Wassermesser oder Wasseruhren”, S. 633; Pole, Wilhelm Siemens, S. 115 f.; 参见 Siemens, On an Improved Water Meter, S. 290 ff.; 另见 SAA W42, 6.2.1858—Werner an Wilhelm Siemens.

⑤ SAA 35. Lk 248, 49/80; SAA 56.LW 519; Polytechnisches Journal 228 (1878), S-371-373.

19 世纪 50 年代中期，威廉姆通过他在机械工程师学会和土木工程师学会的演讲，让他的水表为人所知[①]。他提出的目标是遏制浪费，并增加水厂的收入。水表也有助于检测到供水系统网络中的渗漏之处。到那时为止，水表只在企业中安装，他建议富裕的私人家庭也应该安装水表。

在英国有多种类型的水表可供选择，威廉姆与格斯特和克赖姆斯合作的产品需要在竞争中取胜。许多城市举行有奖竞赛，例如，1850 年，曼彻斯特在启动一家新水厂时就举办了竞赛[②]。但是，竞赛中提交的新设计并没能经受住考验，后来由威廉姆提供的水表得到了负责人的高度认可。自从 1852 年起，威廉姆就与城区的水厂进行相应的商谈[③]。1856 年，东伦敦水厂的代表在一次讨论会上说，他们 15 年来一直在寻找一种合适的水表。一年前采用了西门子的水表后，他们已经找到了令人满意的解决途径。布里斯托尔水厂的代表也对该产品给出良好的评价，水厂从西门子那里购置了 300 多个水表[④]。

1856 年，威廉姆估计在欧洲总共有 2 000 个西门子水表在使用当中[⑤]。到 1864 年，仅格斯特和克赖姆斯的产量就有大约 15 000 个。其中约有 10 000 个用于 40 个英国供水网络，5 000 个出口到美国和澳大利亚。到 1872 年，总数已增加到大约 3 万个，到 1879 年超过 10 万个，1885—1886 年约为 13 万个。在 19 世纪 50 年代后半期，威廉姆能在水表收益的帮助下，重整他的业务活动。

---

① Siemens, On an Improved Water Meter, S. 292 ff.

② SAA W1289 u. W1290, 28.11.1851 u. 1.12.1851—Wilhelm an Werner Siemens; Siemens, On an Improved Water Meter, S. 280 f.

③ SAA W1250, 2.4.1852—Wilhelm an Friedrich Siemens; Proceedings of the Institution of Mechanical Engineers (1856), S. 120 f.; Minutes of Proceedings of the Institution of Civil Engineers 16 (1856/57), S. 58 f.

④ Proceedings of the Institution of Mechanical Engineers (1856), S. 121 f.

⑤ 此处以及其后的数据依据 Siemens, On an Improved Water Meter, S. 295; Art. “Wassermesser oder Wasseruhren”, S. 632; Art. “Siemens (Karl Wilh.)”; SAA 33.Lk 248, “Siemens & Adamson’s Patent-Water-Meter”; SAA 35.Lk 248, 1.4.1879- “Wassermesser von Siemens & Halske in Berlin”; SAA 35. Lk 248, Januar 1887- “Wassermesser von Siemens & Halske in Berlin”; 参见 Siemens, Werner, Lebenserinnerungen, S. 167; Pole, Wilhelm Siemens, S. 117; Bähr, Werner von Siemens, S. 191 f.

他在1858年欣慰地告诉兄长维尔纳："我的奶牛是水表……"[①]

与英国相比，德国的水表销售数量增长迟缓。德国水厂兴建晚，开始供水的时间也相应地比英国滞后。1872年，柏林的产量是8 800个，而罗瑟汉姆的产量是30 000个[②]。直到1878年柏林规定必须安装水表后，水表业务才开始突飞猛进。至1886年时，西门子－哈尔斯克公司已经生产了88 500个水表，而英国的产量是130 000个。

测量器最重要的应用领域是测量供水网络中的水流量。威廉姆也曾考虑，除此之外还可以在哪些领域应用。测量蒸汽机设备中的锅炉水位就是其中之一[③]。采用这一措施，可以防止锅炉爆炸。他还考虑如何改进测量器，以便能达到测量船速这一目标[④]。

城市的供水改善也带来糟糕的一面。随着用水量的增加，废水量也在增加，人们更容易将固态物排放到露天的或者有盖的下水道中。随着抽水马桶的普遍使用，情况变得愈加糟糕。对于那些临河或者临湖而建的城市而言，这意味着涌入河流和湖水中的废水以及粪便会急剧增加。在伦敦，泰晤士河也难逃这一命运[⑤]。这条河变成了乌黑、散发着臭味的粪池，有相当大的健康危险。伦敦不止一次发生霍乱和其他瘟疫。泰晤士河在涨潮时倒流，这造成了特殊的问题。伦敦行政区划成多个独立的管理单位，这使得根本性的解决方案变得更加困难。

在19世纪中期，治理泰晤士河的建议被提到议事日程上。一派认为，应该收集固体废物并用于农业；另一派则计划建造与泰晤士河平行的大型下水道，在下游的若干处汇入泰晤士河。后者占了上风，并于19世纪60年代中期得以实施。

---

① SAA W1831, 6.1.1853—Wilhelm an Werner Siemens; SAA W2011, 6.3.1857—Wilhelm an Werner Siemens; SAA W2092, 22.3.1858—Wilhelm an Carl Siemens (引文出自此处); 参见 Ehrenberg, Die Unternehmungen, S. 126–128.

② 数据见于: Art. "Siemens (Karl Wilh.)"; SAA W161, 28.12.1861—Werner an Wilhelm Siemens; SAA 29. Lp 586 u. 35. Lk 248; SAA 35–Lk 248, Januar 1887– "Wassermesser von Siemens & Halske in Berlin".

③ SAA W1250 u. W1252, 2.4.1852 u. 23.5.1852—Wilhelm an Friedrich Siemens.

④ SAA W1249, 20.3.1852—Wilhelm an Friedrich Siemens.

⑤ 此处参见 Porter, The Thames Embankment, bes. S. 50–76.

威斯敏斯特宫旁的泰晤士河（1862 年前后）

1858 年，威廉姆展示了自己的设想，在与兄长维尔纳沟通之后，他在《泰晤士报》上以读者来信的形式发表了自己的看法。在他看来，集中冲掉废弃物或者将废弃物沉入海中，这种做法是不经济的；况且，这无非是将问题从一个地方转移到另一个地方而已。他自己的计划则是建造一条与泰晤士河平行直达大洋的下水道。在潮汐的作用下，泰晤士河可以定期得到冲刷①。这个建议似乎没有得到回响，在保留下来的资料中不见任何针对这一建议的回应，而威廉姆自己也没有继续跟进。

电气技术

威廉姆不认为自己是电气工程师，而是机械工程师。然而，由于兄长维尔纳的活动，他逐渐进入了一个新角色，在英国推销维尔纳的创新产品电报。在 19 世纪 50 年代，他的努力所取得的成果仍然有限。维尔纳的指针式电报机在英国不太受欢迎，英国人更喜欢使用久经考验的磁针电报机。威廉姆从铁路公司获得了一些订单，但其数量远远不及来自欧洲大陆的订单。

---

① SAA W1961 u. W54, 28. u. 30.6.1858—Wilhelm an Werner Siemens u. passim; S(iemens), W(illiam): The Purification of the River Thames. The Times v. 8.7.1958.

大笔生意出现于19世纪50年代，在开始铺设海底电缆之后[①]。威廉姆希望加大力度进入这一行业，但不得不接受一个事实：他的兄弟们要采取更为谨慎的策略。不管怎样，西门子公司作为小型供应商，取得了明显的市场领先地位。在经历过最初的困难之后，公司在铺设跨洋电缆业务中获得可观的收益。在电缆铺设中，对机械工程专业知识的需求至少与电气工程一样大。威廉姆在这一领域的能力虽然无法与兄长维尔纳比肩，但也是在非常高的水平上。然而，他的两项最重要的创新成果——包铜电缆和放线机——却都遭遇了失败[②]。

电报并没能解决全部的通信问题。跨洋电报因成本太高而难以如愿，陆地电报以及近途电报也存在问题。其中之一便是大城市里的管道气压传送设备。这一技术的流程是将电文放入容器中，通过空气压力在封闭的管道中传输，所需要的能量由蒸汽机来提供。这一业务大约在19世纪中期开始出现，西门子兄弟的业务涉足了该领域。1865年，西门子－哈尔斯克公司在柏林铺设了电报站与股票交易所之间的往返管线[③]。这项合同可以表明，身处伦敦的威廉姆了解当地电报系统的相关信息[④]。这一系统被证明可靠之后，便在接下来的若干年里得到扩展。然而，这里（伦敦）采用的是“直流系统”，即信息只能单向传送。要想取代“直流系统”，则需要建立一套“辐射系统”，管道从中心站通向不同目的地，可以双向运行。“辐射系统”的设备成本高，“直流系统”一般来说发送信息需要的时间长。随着信息发送量以及人们对传输速度要求的增加，柏林从1876年起改用“辐射系统”。西门子－哈尔斯克公司于1870年前后在巴黎建立了一个类似于柏林的系统[⑤]。

---

① 见本书第48–50页。

② 见本书第61–64页。

③ 关于柏林的情况，参见 Siemens, Carl, Pneumatic Despatch Tubes, S. 2 f. u. 12 ff.; Siemens, Werner, Wissenschaftliche und technische Arbeiten, S. 217–229; Arnold, Luft–Züge, S. 113 ff.

④ Arnold, Luft–Züge, S. 115 ff.

⑤ 关于巴黎的情况，参见 Siemens, Carl, Pneumatic Despatch Tubes, S. 3 f.; Polytechnisches Journal 193(1869), S. 97–106, u. 206(1872), S. 3–5; Arnold, Luft–Züge, S. 77 ff.

柏林的皇家管道邮局（1877 年）

伦敦从 19 世纪 60 年代初就有了气动邮件管道[①]。在 19 世纪 60 年代末，威廉姆进入了这个行业，并建了一条“直流系统”管道。大约在 19 世纪 70 年代中期，土木工程师学会举办了一次针锋相对的讨论，辩论两种系统的优缺点。威廉姆强烈主张采用西门子公司的“直流系统”，并对英国邮政部门在这一问题上的犹豫不决表示遗憾。他认为，“辐射系统”的优势只有在距离较短时才会显现出来。

① 关于伦敦的情况，参见 SAA W7656, 14.11.1866 – Wilhelm an Werner Siemens; Siemens, Carl, Pneumatic Despatch Tubes; Siemens, The Scientific Works, Bd. 2, S. 319 f. u. 346 ff.; Polytechnisches Journal 206 (1872), S. 3–5; Minutes of Proceedings of the Institution of Civil Engineers 33 (1871/72), S. 15 ff; 参见 Parsons, A History, S. 167; Arnold, Luft–Züge (2016), S. 43 ff.

此外，威廉姆还在考虑如何改善管道邮件系统，并进行用蒸汽代替气压的实验[①]。这一做法的背景是他在19世纪70年代初对于蒸汽射流的应用进行过系统研究。其他应用领域也在他的考虑范围之内，如提水、鼓风机、汽化设备、磨石清洗等。所有这些都表明，威廉姆总是想法很多，但似乎从来都没能从中生发出成功的商业应用。

在照明问题上，威廉姆认为煤气灯会与电灯共存[②]。尤其是对于小空间里的照明，煤气因为成本低廉而具有竞争力，而且煤气还有用于取暖的前景。在大空间以及街灯照明方面，威廉姆则不那么有把握，至于可以替代煤气灯的选项，他只考虑到电弧光灯。直到1883年去世时，他都一直不看好白炽灯。

白炽灯是由不易导电的灯丝——用碳或者金属制成——来发光的；电弧光灯则是在两个碳电极的顶端之间产生光弧。电弧光灯的问题是碳电极会被燃烧，因此必须调节碳电极（碳棒）。如果一条电路中有几盏灯，碳棒烧尽的灯会造成故障而导致全部的灯都会熄灭。俄国电气工程师帕维尔·尼古拉耶维奇·亚布罗奇科夫（Pawel Nikolajewitsch Jablotschkow，1847—1894）设计的电弧光灯将碳棒平行放置，这样在燃烧时碳棒之间的距离会保持不变。不管怎么说，在19世纪70年代，将电弧光灯可靠地分开、对碳棒实现有效调节是电气工程方面的重大挑战之一。

不难设想，富有发明创造天赋的威廉姆会钻研电气技术中的这一关键问题。他与托马斯·阿尔瓦·爱迪生（Thomas Alva Edison，1847—1931）进行了论战，后者借此为自己所提出的解决方案大做广告[③]。他还给电弧光灯设计了

---

① Siemens, On a Steam Jet.

② Siemens, Ueber die neuesten Errungenschaften, S. 29 ff.; Siemens, Ueber die elektrische Beleuchtung, S. 74 u. 80 ff.; Siemens, Ueber die Nutzbarkeit der Wärme, S. 25 ff.; Siemens in der Times v. 12.10.1878 u. 13.12.1878, S. 49 ff.; SAA W8024, 12.6.1882—Wilhelm an Werner Siemens.

③ Siemens in der Times v. 12.10.1878 u. 13.12.1878, S. 47 ff.; 参见 Siemens, The Scientific Works, Bd. 2, S. 200 u. 246 ff.

若干种调节装置，分别采用弹簧、砝码和熔断器①。然而，这些都没有带来什么结果，因为西门子公司的工程师弗里德里希·冯·海夫纳·阿尔特内克（Friedrich von Hefner-Alteneck，1845—1904）于 1878 年开发出来的差动弧光灯被证明是无与伦比的，这种灯的工作原理是利用两条不同电路来自行调节碳棒。

1879 年，英国下议院成立了一个专门委员会，以评估电气照明的未来前景②。该委员会的工作成果是在 1882 年通过了一项为电气化制定框架的《电气照明法案》。委员会也听取了威廉姆作为专家的意见。威廉姆此时再一次阐述了自己的看法：煤气灯与电灯的并存竞争会是富有成效的、互补的。在谈及电气照明时，他只提及了弧光灯。威廉姆认为，140 个供电区可以覆盖整个伦敦的电力供应，但并非全部适合电气化。后来，当大量照明公司纷纷成立时，他认为这是投机泡沫。果真，只有为数不多的几家公司被证明有存活能力。

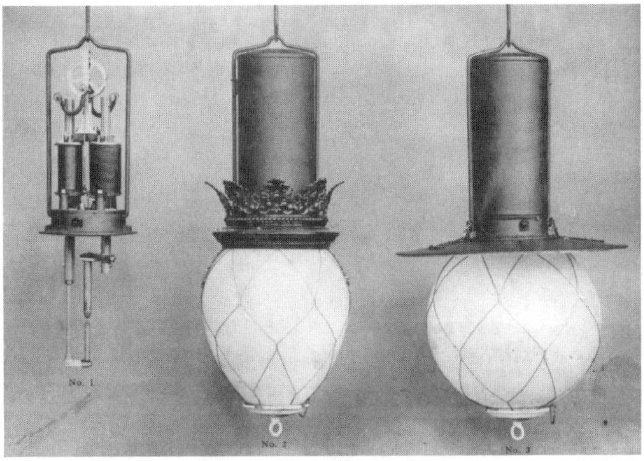

差动弧光灯（1878 年）

① Siemens, Ueber einige Methoden, S. 37 ff.; Polytechnisches Journal 232 (1879), S. 516 f., u. 236 (1880), S. 501; Siemens, On the Dynamo-electric Current, S. 1074 f.; SAA W7779, 2.9.1879—Werner an Wilhelm Siemens; Polytechnisches Journal 249 (1883), S. 297; 参见 Obach, Sir William Siemens, S. 29; Pole, Wilhelm Siemens, S. 258; Weiher, Die englischen Siemens-Werke, S. 127.

② Report from the Select Committee, bes. 29.4.1879; 参见 Siemens, Address of the Chairman, S. 370 ff; Siemens, Ueber die elektrische Beleuchtung, S. 78 ff; Siemens, Address which should be Delivered, S. 414 ff; A Collection of Letters, S. 158.

总而言之，威廉姆在电灯应用问题上并没有给自己设限。自 19 世纪 70 年代末以来，他开始研究这一问题：在植物生长中，电灯是否可以代替太阳光。一旦可行，便可以将电灯用于园艺和农业上[①]。大部分实验，他都是在舍伍德自己的庄园里进行的。他将作物在白天和黑夜的不同时段里暴露在不同剂量的人造光下，并比较它们的生长情况和产量。他得出的结论是人造光有正面效果，但也不能一概而论。

威廉姆在这些尝试中与著名的植物学家合作，如邱园皇家植物园（Kew Royal Botanical Gardens）园长约瑟夫·道尔顿·胡克（Joseph Dalton Hooker）[②]。他的朋友威廉·汤姆森对这些实验非常感兴趣。威廉姆将这些结果提请皇家学会、电报工程师学会和不列颠科学协会注意。他无偿分发出去的自产甜瓜是其实验成功的证明。他的研究结果也在园艺期刊上发表。

成本是关键点。兄长维尔纳在 1880 年一语中的："可惜的是，由于成本高昂，可能只有英国贵族才有可能设立电气园艺。"威廉姆不同意这种看法，他很努力地压低成本。他利用自己小发电厂的夜间电力，还将蒸汽用于加热。威廉姆认为，如果利用水力的话，电力几乎唾手可得[③]。威廉姆的电气园艺研究，的确超前于他的时代。今天，这类研究又变成热门话题，研究者们仍然在寻找合适的光谱并采用更加节能的 LED 灯。

在 1876 年的美国之行后，威廉姆甚至考虑到利用尼亚加拉大瀑布来发电[④]。他在钢铁协会、皇家学会和物理学会发表学术演讲来阐述自己的观点。他非常仔细地观察着电能长距离传输方面的进展，如米斯巴赫（Miesbach）与慕

---

① Siemens, The Dynamo-Electric Current, S. 227 ff; Siemens, On Some Applications; Siemens, Ueber die neuesten Errungenschaften, S. 23 f; 参见 Pole, Wilhelm Siemens, S. 327 ff.

② Cambridge University Library, Department of Manuscripts and University Archives, Add 7656, 19.2.1880, 28.2.1880 u. 3.3.1880-Siemens an Stokes; A Collection of Letters, S. 140; 参见 Pole, Wilhelm Siemens, S. 332 f.; Der elektrische Gartenbau. Daheim 16 (1880), S. 483; Polytechnisches Journal 245 (1882), S. 191.

③ SAA W7826, 23.3.1880—Werner an Wilhelm Siemens; SAA W7852, 4.4.1880—Wilhelm an Werner Siemens.

④ Siemens, The Scientific Works, Bd. 2, S. 188 f.; Siemens, Eisen-und Stahl-Industrie, S. 18 ff; Siemens, Ueber die neuesten Errungenschaften, S. 21 ff; Pole, Wilhelm Siemens, S. 259 ff; Scott, Siemens Brothers, S. 130.

尼黑之间的电力传输。该电力传输是为 1883 年在慕尼黑举行的电气工程博览会而完成的[①]。但是，威廉姆本人并没有在这一领域从事工作。

讽刺漫画杂志《笨拙》(*Punch*)上刊登的威廉姆・西门子的漫画(1883 年)

威廉姆明确地意识到，远途电力传输是铁路电气化的前提。他当然熟悉兄长维尔纳的工作——在 1879 年柏林贸易展览会上展示的电气铁路以及 1881 年在利希特费尔德（Lichterfelde）建造的有轨电车——并在自己的演讲报告中将这些成就介绍给英国听众[②]。在 1881—1882 年的伦敦展览会上，有轨电车被当成治理烟雾困扰的典范。

① Siemens, The Electric Transmission, S. 406 ff; Pole, Wilhelm Siemens, S. 323; Weiher, Die englischen Siemens-Werke, S. 124 ff.

② Siemens, Friedrich, Bericht, S. 121 f.; Pole, Wilhelm Siemens, S. 312 ff; Bähr, Werner von Siemens, S. 341 ff.

西门子公司的电动铁路于1882年进入英国——在北爱尔兰，10千米的铁路线建造完成[①]。开始时，电力来源于一个火力发电站，而威廉姆的计划是将电力供应转移到水力发电上。西门子兄弟们也考虑到建设更多的电气化铁路[②]。威廉姆在1880年已经指出，电力牵引机车在地铁以及阿尔卑斯山隧道里会带来哪些优势。跨泰晤士河的地下隧道这一计划没能实现。对于有轨电车的短途线路而言，蓄电池是一种替代方案[③]。19世纪50年代，威廉姆本人就曾经尝试着研发蓄电池，但成果甚微。1880年前后，他又开始关注这类工作，但是没有亲自参与。

波特拉什（Portrush）的有轨电车（爱尔兰，大约1900年）

① Siemens, Ueber die neuesten Errungenschaften, S. 24; Siemens, The Electric Transmission, S. 407 ff; Pole, Wilhelm Siemens, S. 316 ff; Weiher, Die englischen Siemens-Werke, S. 129.

② SAA W8083, 17.8.1883 – Wilhelm an Werner Siemens; Siemens, The Scientific Works, Bd. 2, S. 251 f.; Pole, Wilhelm Siemens, S. 320 f.

③ Siemens, Contribution, S. 261 ff.; Siemens, The Electric Transmission, S. 409 ff.; University of Manchester Library, Archive Centre, Frankland Papers, 11.9.1883— Siemens an Frankland.

铁与钢

弗里德里希和威廉姆·西门子非常清楚，回热炉是一种可以普遍应用的炉子，特别是在那些需要高温的工艺中具有优势。在考虑到具体应用时，与炼钢相关的场景是首选。在 19 世纪 50 年代，炼钢方式各不相同，但这些工艺有一个共同特点，它们都以高炉产出生铁为开端。虽然这些生铁可用于铸件产品，但由于碳物质含量高而不能采用机械方式成型，例如，锻造或轧制。为此，必须对生铁进行精炼，即通过减少碳物质含量而将其转化为钢。自 18 世纪起，这一工艺是在耐火坩埚中进行的。其结果能产出一种质量高但价格也极为昂贵的钢材。到 18 世纪末，炼钢技术中又增加了搅炼一项。这项工艺会在火炉里将生铁与可燃碳成分分离。搅炼者用棍棒搅动铁水，同时让碳物质以及生铁中其他伴随物质燃烧掉。1856 年，贝塞麦炼钢法成为第一个可以实现大规模量产的炼钢工艺。这种方法将空气导入装有生铁水的炉内，空气引发燃烧。热能来自生铁中含有的硅。

西门子兄弟的回热炉，原则上适用于坩埚法和搅炼法。贝塞麦的转炉炼钢法则不然，因为该工艺不需要从外部注入能量。在这些方法之外，西门子兄弟以及其他创新者还在实验其他炼钢方法。然而，始终存在一个关键性的问题：由于炉温高，设备承受着高温负荷，需要新的耐火材料。1860 年前后，弗里德里希·西门子得出的结论是这个问题无解。随后，他基本上放弃了炼钢的尝试，全力以赴地在玻璃生产上并获得巨大成功。而威廉姆一直没有放弃炼钢的设想。

把回热原理应用到产出坩埚钢最为简单。不过，这只不过是进入炼钢行业的一个小小角落而已。搅炼工艺的市场要大得多[①]。威廉姆希望在那里能找到“金矿”[②]。实际上，搅炼炉转为回热式供火要比预期的困难些。在采用煤气

① 参见 Siemens, On a New Construction, S. 63 ff.; SAA W2017, 14.5.1857—Wilhelm an Werner Siemens; Le Chatelier, Sir William Siemens, S. 216; Siemens, On a Regenerative Gas Furnace; Siemens, On Puddling, S. 237 ff.; 参见 Pole, Wilhelm Siemens, S. 147 ff.

② SAA W2021, 27.6.1857—Wilhelm an Werner Siemens.

供火之后，结果才比较令人满意，一直到19世纪60年代末新式回热型搅炼炉才在一定程度上普及[①]。这一转型不光需要新炼炉，而且也需要改变工艺流程。威廉姆一直在抱怨炼铁人太过于保守，他对搅炼工艺实施者的评价则要正面得多[②]。不过，他后来也承认，由于他一直在致力于其他炼钢方法，对于铁的搅炼工艺并没有给予应有的关注。

一家钢厂里的搅炼炉和贝塞麦炉（1900年前后）

这些所谓的其他炼钢方法也包括在敞口炉中炼钢[③]。这种工艺方法是将冶炼材料，即生铁、铁矿石、废料和附加料，放置在一个被覆盖的熔炼容器中，从外面将燃气以及已经在一个炉膛内加热过的空气导入熔炼容器内，产生的废

① Siemens, The Scientific Works, Bd. 1, S. 309–311, u. Bd. 3, S. 155–157; The Journal of the Iron and Steel Institute 2 (1872), S. 123 ff; A Collection of Letters, S. 102; The Journal of the Iron and Steel Institute 14 (1884), S. 70; 参见 Beck, Die Geschichte des Eisens, S. 110 f.

② Siemens, The Scientific Works, Bd. 1, S. 280–283; Siemens, On Puddling, S. 254.

③ 关于西门子 – 马丁炼钢法，见 Jeans, Creator, S. 132–172; Rotth, Die Brüder Siemens u. das Siemens-Martin-Verfahren; Pole, Wilhelm Siemens, S. 149 ff.; Ehrenberg, Die Unternehmungen, S. 341 ff; Weiher, Die englischen Siemens-Werke, S. 116; Bähr, Werner von Siemens, S. 278 f.

气被导入另一炉膛用于加热空气。一定时段后切换两个炉膛的功用，以便让熔炼容器中的温度始终保持在 1 500 ~ 1 800℃之间。熔炼原料转化为钢的过程相对缓慢，于是在冶炼过程中就有取样的可能性，并能够校正炉温。威廉姆成功地找到了能承受高热负荷的含硅石料（来建造熔炼炉）。他在法国和英国的若干家钢铁厂进行尝试，最终结果都让他感到不满意[①]。原因之一是他给自己设定的目标太高：他要在冶炼时直接用铁矿石，而不是用生铁——这就意味着要最终取缔高炉。

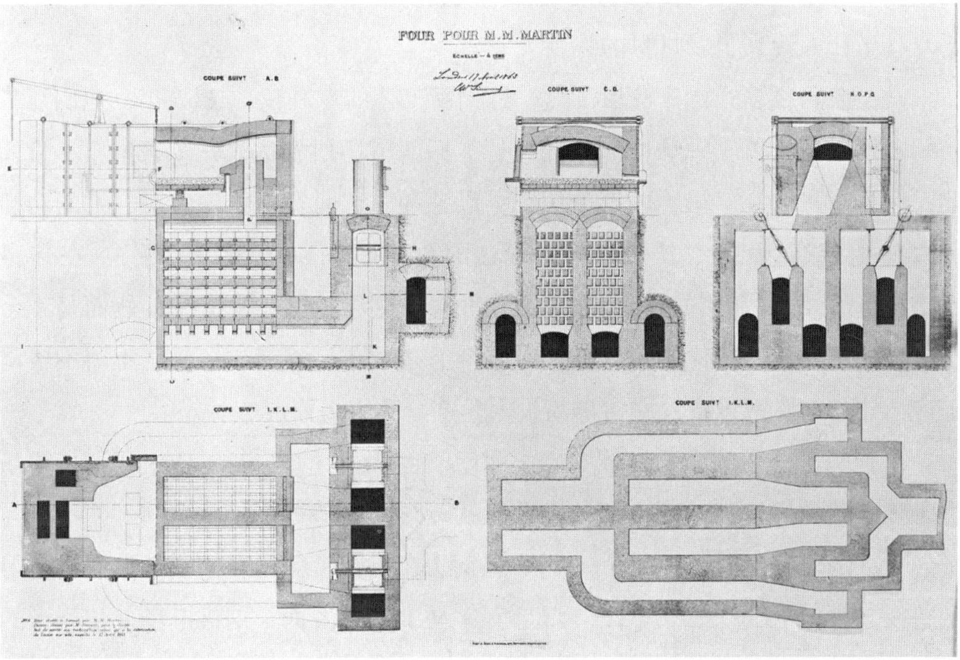

西门子 – 马丁冶炼炉（1863 年）

1863 年，威廉姆与埃米尔 · 马丁（Emile Martin，1794—1871）及其儿子皮埃尔 · 埃米尔 · 马丁（Pierre-Emile Martin，1824—1915）的公司签订了一

① Siemens, On the Regenerative Gas Furnace, S. 216 f. u. 279 ff; Siemens, The Scientific Works, Bd. 1, S. 413-415; vgl. Beck, Die Geschichte des Eisens, S. 93 f., 172 ff. u. 694 ff; Bartu, Hundert Jahre; Riedel, Der Siemens-Martin-Ofen.

份使用回热炉的协议[1]。马丁家族在法国夏朗德省的西雷伊（Sireuil）拥有一家小铁厂，生产步枪枪管等。他们最初的想法是通过回热炉使得产出坩埚钢变得更为经济划算。1864 年，他们使用当地耐火材料建造了敞口冶炼炉。威廉姆给他们提供咨询和帮助，并派工作人员前往参与冶炼炉的设计和建造。最终，马丁家族开发出一种新工艺方法：用生铁、废钢以及贝塞麦冶炼法的废料为主要成分的原料，产出高价值钢材。1867 年，他们使用这种钢材履行了一项政府合同，生产 150 000 支步枪枪管、铸造大炮并制造铁轨和机车零件。在 1867 年的巴黎世界博览会上，马丁公司的钢材荣获金质奖章，尤其在步枪枪管上，威廉姆与马丁让人看到了新材料的强度。

马丁公司在多个国家注册了这一炼钢新工艺的专利权。1866 年，他们与威廉姆·西门子签署了一项协议。随后，他们就市场划分达成一致意见。尽管如此，在接下来的几年里，两家公司因为设备和工艺研发中孰先孰后、谁的功绩更大而发生激烈争吵[2]。马丁公司授予法国大型钢厂的专利使用许可[3]。在 19 世纪 70 年代，法国在用的马丁炉大约有 20 个。这项工艺非常成功，然而马丁公司却在 19 世纪 70 年代陷入危机。1883 年，皮埃尔·埃米尔·马丁不得不申请破产。公司的炼钢设备没能再重新投入生产，陷入失修废弃状态。

由于马丁公司的成功，威廉姆·西门子也从 19 世纪 60 年代中期开始重新进入该工艺的研发。然而，不久以后他就转向由铁矿石直接炼钢的工艺了。在延迟了一定时间之后，西门子－马丁炼钢法在英国、美国和德国的钢铁厂也得到普及[4]。在 19 世纪 70 年代，西门子－马丁钢材占据了钢材市场上相当大的

---

① 关于马丁父子的公司，参见 Tunner, Fortschritte, S. 129–131; Thuillier, L'Invention; Laurant, Des fers de Loire, S. 150 ff.

② 见本书第 199–200 页。

③ Laurant, Des fers de Loire, S. 179 ff; vgl. z. B. Mathieu, Ueber E. Martins Verfahren; Bartu, Hundert Jahre, S. 714; Journal of the Iron and Steel Institute 6 (1876), S. 195.

④ Siemens, Eisen–und Stahl–Industrie, S. 24 ff; Journal of the Iron and Steel Institute 7 (1877), S. 23; Maynard, Biographical Notice, S. 7f.; Pole, Wilhelm Siemens, S. 159 ff; Ehrenberg, Die Unternehmungen, S. 349 ff; Bartu, Hundert Jahre, S. 714; Riedel, Der Siemens–Martin–Ofen, S. 17.

份额[①]。威廉姆从中获益有限，因为他的核心专利在此时已经过期了。

西门子·马丁炼钢法和贝塞麦炼钢法都面临的一个问题是最初它们只能加工某些（酸性）生铁。正因为如此，一般性的搅炼工艺自有其继续存在的理由。19 世纪 70 年代末，西德尼·G. 托马斯（Sidney G. Thomas，1850—1885）和珀西·G. 吉尔克里斯特（Percy G. Gilchrist，1851—1935）改进了贝塞麦炼钢工艺，从而也可以加工碱性生铁[②]。一开始，威廉姆对这一新出现的托马斯炼钢法还持有怀疑态度。事实上，这是一项让西门子 - 马丁炼钢工艺也因此受益的开创性发明，后来成为普遍应用的精炼工艺方法[③]。这项改进奠定的基础使得西门子 - 马丁炼钢法在差不多整整一个世纪里成为全世界最重要的钢铁生产方法。

从铁矿石中直接制取钢的做法，从一开始就存在。其方法是将矿石与木炭一起放入炉中并加热，一旦达到必要的温度，炉渣就会流出，剩下的是含有大量杂质的团状铁块。铁匠在明火上用锤子去除杂质，让铁中的碳含量保持在一定的范围内。这种"直接工艺"费时费力，产出的锻铁——今天会被称为软钢（低碳钢）——质量一般而且质地不均。在 19 世纪，人们做过多方努力，力求使该工艺过程变得更为经济合理、更为廉价，并且让质量得到提升[④]。新工艺必须面对的竞争对手是高炉生铁生产的二阶工艺以及随后的精炼工艺。

从 19 世纪 60 年代初开始，威廉姆集中致力于开发"直接工艺"，他本人及其同代人称之为"西门子工艺""矿石钢工艺"或者"兰多尔工艺"[⑤]。他后

---

① 不同文献资料中给出数据非常不一致：Siemens, On the Production; The Journal of the Iron and Steel Institute 13 (1883), S. 653, u. 14 (1884), S. 249; Jeans, Creators, S. 168; Beck, Die Geschichte des Eisens, S. 695; Rolt, The Mechanicals, S. 50; Riedel, Der Siemens-Martin-Ofen, S. 10.

② 参见 Siemens, The Scientific Works, Bd. 1, S. 413-415.

③ Beck, Die Geschichte des Eisens, S. 700 ff; Ehrenberg, Die Unternehmungen, S. 362 ff; Bartu, Hundert Jahre, S. 715.

④ 参见 Beck, Die Geschichte des Eisens, S. 561 ff, bes. 565 ff; Polytechnisches Journal 230 (1878), S. 181—184.

⑤ Siemens, On the Regenerative Gas Furnace, S. 233 ff. u. 279; Siemens, Ueber Gewinnung, S. 36 ff; 参见 Pole, Wilhelm Siemens, S. 156 f. u. 206 ff; Ehrenberg, Die Unternehmungen, S. 349 f.; Beck, Die Geschichte des Eisens, S. 93, 565 ff. u. 695.

来清晰地阐述了自己与马丁公司的炼钢法之间的区别：

> “我想指出，我在1866年至1867年进行的实际尝试，主要是为了从生铁和状况不一的矿石中产出钢材；而马丁先生的努力则主要致力于从生铁和废铁中出钢。在我建造的大型钢厂——这里的以及其他地方的——今天都常规性地使用生铁和矿石（人们称其为‘西门子炼钢法’），而这种炼钢法正是我一直以来最看重的。”①

从威廉姆的话里可以知道，他的“西门子炼钢法”在不添加其他材料如生铁的情况下，是不可行的。他曾经设定的那个只利用铁矿石产出钢材的目标，后来也没能实现。

19世纪60年代，威廉姆得出结论：西门子－马丁炉不适合“直接工艺”。1868年，他开发了一个轮转炉，用矿石粉、碎煤和石灰等作为填装料②。为此，他采用了一台磁力矿石加工机③。由此产出的钢材需要后续加工，而此时则需要西门子－马丁炉作为主力上场。另一种选择是采用威廉姆设计的液压熟铁压型机去除炉渣④。

威廉姆在“直接方法”方面的工作，从专业人士那里收获到的主要是怀疑。1869年，德国的钢铁工业专家质疑这一工艺方法的经济性能，“因为炉子必须变小”⑤。一位英国钢厂主也提出类似问题，西门子需要42个轮转炉来替代一个高炉⑥。威廉姆不想反驳这些说法，他认为自己的轮转炉更足以与搅

---

① 转引自 Rotth, Die Brüder Siemens u. das Siemens–Martin–Verfahren, S. 215; 参见 Siemens, Eisen–und Stahl–Industrie, S. 25.

② Siemens, Some Further Remarks, S. 340 ff; Siemens, Ueber Gewinnung, S. 36 ff; Siemens, The Scientific Works, Bd. 1, S. 303–308; Polytechnisches Journal 209 (1873) S. 1; The Journal of the Iron and Steel Institute 13 (1883), S. 654; 参见 Beck, Die Geschichte des Eisens, S. 34.

③ Polytechnisches Journal 238 (1880), S. 462.

④ Polytechnisches Journal 220 (1876), S. 214–217.

⑤ SAA F163, 10.1869 (署具的日期不完备)–Georg an Wilhelm Siemens.

⑥ Siemens, Some Further Remarks, S. 356; Siemens, The Scientific Works, Bd. 1, S. 532 f.

炼炉竞争。一位德国专业人士指出，轮转炉需要的能源量巨大①。威廉姆对这一批评的回应是在炼钢方法开发的目前阶段，还不能预估成本会是多少。但是，他在 1876 年的一封私人信件中承认："我在意的是用轮转炉产出的铁产品，并希望随着时间的推移能有好结果，但是迄今为止只有不菲的亏损！"②

兰朵尔钢厂的高炉（1885 年前后）

① Wedding in: Zeitschrift für das Berg–, Hütten–und Salinen–Wesen im preussischen Staate 22 (1874), C, S. 32 f.; vgl. Wedding in: Sitzungsberichte des Vereins zur Beförderung des Gewerbfleißes 1884, S. 12.

② Siemens, Some Further Remarks, S. 344 f.; SAA W1547, 20.1.1876—Wilhelm an Friedrich Siemens（引文出自此处）; vgl. Siemens, Eisen–und Stahl–Industrie, S. 38.

显然，问题的症结在于该炼钢方法的经济性能。产出的钢材质量似乎令人满意[①]，按照威廉姆的说法，钢材质量可以与西门子－马丁钢材媲美。威廉姆的工厂用它来制造铁轨和船板。自 19 世纪 70 年代末以来，“西门子炼钢法”也在其他国家——尤其是在美国——得到应用。1883 年，一位专家将其结果描述为“非常令人鼓舞……但仍然远远不及西门子博士设定的目标”[②]。在接下来的多年里，在实现这些目标方面也没有取得进展。最终结果是“西门子炼钢法”又被放弃了。

从 19 世纪 60 年代末开始，钢的生产成为威廉姆最重要的工作领域。1867 年，他在伯明翰建立了一个钢铁厂，其目的更在于研发生产工艺，而不是出产品[③]。他在那里测试采用回热原理的坩埚钢生产、西门子－马丁炼钢法以及由他开发的、在直接炼钢法中采用轮转炉。他在北安普顿附近的一处钢厂采用了同样的方式，但不得不看到，当地的矿石根本不适合直接炼钢法[④]。为了能保留住在南威尔士的兰多尔钢厂，在 19 世纪 70 年代这两个实验性质的钢厂都被放弃了。

在 1870 年前后，威廉姆对自己的研发工作深信不疑，并开始考虑建立生产设施。其核心是以盈利为导向的钢铁生产，捎带着也计划将工艺方法的开发和优化作为目标。他考虑到在（德国的）韦茨拉尔（Wetzlar）附近建立一处大型钢铁厂。维尔纳也为弟弟的热情所感染，“我不信这个钢厂不能很快就与克虏伯（Krupp）的工厂旗鼓相当！”[⑤]。

韦茨拉尔的计划没能实现。早在 1868 年，威廉姆就决定接手位于威尔士

---

① Siemens, Some Further Remarks, S. 347; Siemens, The Scientific Works, Bd. 1, S. 416–419; The Journal of the Iron and Steel Institute 13 (1883), S. 652 f.

② 比如 Polytechnisches Journal 245 (1882), S. 29–31; Maynard, Die jüngsten Entwicklungen（引文见 S. 254）; A Collection of Letters, S. XV.

③ Siemens, Some Further Remarks, S. 342; Beck, Die Geschichte des Eisens, S. 94 ff.

④ The Journal of the Iron and Steel Institute 11 (1881), S. 225; Polytechnisches Journal 230 (1878), S. 84–87.

⑤ SAA W420 u. W423, 14.11.1871, 4.3.1872 u. passim—Werner an Wilhelm Siemens; SAA W424, 9.3.1872—Werner an Wilhelm Siemens（引文出自此处）.

南部斯旺西（Swansea）附近的兰多尔钢铁厂[①]。在1870年成立的兰多尔－西门子钢铁公司里，共有七人均等持股，其中有戈登家族的两兄弟刘易斯和唐纳德·麦克劳德，以及西门子家族的两兄弟威廉姆和卡尔[②]。因此，戈登和西门子这两个结亲的家族占据超过半数的股份。该公司的目标是根据威廉姆·西门子研发的工艺来生产钢铁。工业家刘易斯·卢埃林·迪尔温（Lewis Llewelyn Dillwyn）发挥了特殊作用，他是英国议会中代表斯旺西的议员。迪尔温将他拥有的兰多尔银厂带入公司，并担任董事会主席。唐纳德·麦克劳德·戈登担任公司的总经理。

兰多尔有铁路和航运的联结点。这很重要，因为这意味着可以廉价运进矿石和煤炭，尤其是来自西班牙的铁矿石，那里有一座属于兰多尔公司的铁矿。原有的工厂得到相当大的扩展。扩建后的工厂，拥有3座威廉姆自己设计的高炉、16座生铁熔炼炉、24台煤气发电机、若干煤气供火的搅炼炉、西门子－马丁炉、西门子式轮转炉、焦炭炉、蒸汽发生设备、蒸汽锤、轧机、起重机和其他机器。该公司持有6座铁矿的股份。在19世纪70年代，那里的雇员有1 000～2 000人——取决于把哪些地方算进公司里[③]。

这家公司曾追加资本，最终转成了股份公司，以期获得新资本。尽管威廉姆多次认为自己已经看到地平线上的曙光，但公司一直在亏损[④]。他不顾维尔纳的警告，向公司追加投资，并且在1876年亲自接管了运营管理。其间，他也曾考虑过关闭公司。据估计，威廉姆在兰多尔钢铁厂的总投资不下30万英镑，

---

① The Landore Siemens–Steel Works; 参见 Pole, Wilhelm Siemens, S. 161 f. u. 200 ff.; Weiher, Die englischen Siemens–Werke, S. 116 f.; Bähr, Werner von Siemens, S. 382 f.

② TNA BT 31–1541/4916; SAA 25.Lm 72,《The Companies Act》.

③ The Landore Siemens–Steel Works 41 (1876), S. 461; Journal of the Iron and Steel Institute 6 (1876), S. 300; Hopkinson–Woolley/Woolley, The Personal Life, S. 17.

④ SAA 25.Lm 72, 13.12.1886—《Estate of Sir Wm. Siemens》; SAA W354, 16.8.1871—Wilhelm an Carl Siemens; SAA W842, 7.6.1875—Wilhelm an Werner Siemens; SAA W997, 11.3.1876—Wilhelm an Werner Siemens; SAA W7667, 15.11.1877—Wilhelm an Werner Siemens; SAA W7728, 12.3.1878—Wilhelm an Werner Siemens.

全部损失。在威廉姆去世之时，兰多尔钢铁厂已经到了需要破产清算的地步①。出于家庭责任感，维尔纳、卡尔和弗里德里希出手拯救了公司。弗雷德里希和约瑟夫·G. 戈登——刘易斯的儿子、威廉姆的妻侄——接手了公司的管理。但是，他们也没能给公司的经济状况带来决定性的改观。1888 年，破产清算已经不可避免②。公司自成立以来的亏损估计总计为 50 万英镑，破产程序迁延到 1896 年才告一段落。

威廉姆在钢铁生产上的投入所带来的结果有几个：巨大的经济亏损；一种用直接方法生产出来的高质量但经济上不具备竞争力的钢材；西门子－马丁炼钢法——在整整一个世纪，这是最重要的钢铁生产方法。从 19 世纪 60 年代末起，威廉姆不厌其烦地在各种报告和讨论文章中推荐在多种应用场景中使用这种钢材③。他考虑的是 19 世纪的最大市场，即铁路钢轨以及枕木。最终，在这个领域里，西门子－马丁钢材还是无法与廉价的贝塞麦钢材竞争。西门子－马丁炉只是在加工旧铁轨材料时显出其意义。

威廉姆用西门子－马丁钢材设计制造的蒸汽锅炉，表明了未来的方向④。在 19 世纪，普遍使用的锅炉是采用劣质钢材铆接制成，这是危险之源，也造成了不少事故。在建筑技术上，这种新钢材也有应用领域⑤。问题在于，必须为此开发新的施工方法，并制定相应的法规。

---

① SAA W6910 u. F1767, 29.12.1883—Werner an Carl Siemens u. Werner an seinen Sohn Wilhelm; SAA 25.Lm 72, 13.12.1886—《Estate of Sir Wm. Siemens》; Siemens, Friedrich, Entwicklung, S. 32.

② TNA BT 31/1541/4916.

③ Z. B. Siemens, Address as President, S. 60 ff.; Siemens, The Scientific Works, Bd. 1, S. 271–273, u. Bd. 2, S. 307 f.; Pole, Wilhelm Siemens, S. 159 u. 207 ff.

④ Siemens, On the Construction, S. 389 ff; Proceedings of the Institution of Mechanical Engineers 1878, S. 233–236; Siemens, The Scientific Works, Bd. 1, S. 462–464; 参见 Polytechnisches Journal 228 (1878), S. 471 f.

⑤ Siemens, The Scientific Works, Bd. 1, S. 458–462.

“虹膜号”（HMS Iris）通信舰（1877 年）

新钢材的质量优势尤其适用于造船业[①]。到那时为止，造船所用的是昂贵的搅炼铁或者是廉价的贝塞麦钢，这二者在一定程度上都有不尽如人意的地方[②]。西门子－马丁钢材虽然昂贵，但用料少、坚固度更高。兰多尔钢厂的产出能满足船舰建造者对均质材料的要求。威廉姆强调说，绝大部分钢板都是用西门子炼钢法生产出来的。最初的问题是，西门子炼钢法产出的钢材以及西门子－马丁钢材很易于腐蚀[③]。这些问题在改进材料的成分配置后得到了解决。

第一个尝试用西门子－马丁钢材的产品是海军战舰。该领域更乐于承受风险，成本也不是需要去考虑的决定性因素。在这方面，法国海军走在前面[④]。1876 年，英国海军完全——除铆钉以外——采用兰多尔钢厂提供的西门子钢

① 威廉姆许多次提出这一看法，见 Siemens, The Scientific Works, Bd. 1, S. 313–315, 367 f., 419–422 u. 426–428; Siemens, Ueber die neuesten Errungenschaften, S. 44 ff.; Siemens, Eisen–und Stahl–Industrie, S. 29 ff; Siemens, Address of the President of the British Association, S. 344; 参见 Pole, Wilhelm Siemens, S. 201 ff.

② Barnaby, The Royal Institution, S. 84; Riley, On Steel, S. 135.

③ Siemens, The Scientific Works, Bd. 1, S. 362–365, 373–378, 402–408 u. 440–447.

④ Siemens, Eisen–und Stahl–Industrie, S. 31 f.; Siemens, On the Production, S. 392 ff.; Siemens, The Scientific Works, Bd. 1, S. 448–450.

材，建造了两艘通信舰“虹膜号”（Iris）和“水星号”（Mercury）[①]。兰多尔工厂以最大的谨慎态度去履行这份合同，对每一块钢板进行测试。海军把建造的这两艘船与采用贝塞麦钢制造的船只进行比较，其结果非常好。因此，英国海军就完全转为采用西门子钢材以及西门子－马丁钢材，也包括连接钢板所用的铆钉[②]。

在商船制造方面，从贝塞麦钢材转到西门子－马丁钢材所需要的时间则要长一些。这不仅是一个成本问题，也关涉到材料的优缺点。其中一个关键角色是船业保险商劳埃德船保公司。1876—1877年，劳埃德公司对这两种钢材进行了对比[③]。对比的结果是，在制作精良的前提下，两种钢板都适于造船。符合标准的钢板都应该获得质量标志。在得到埃劳德的特许后，一艘完全采用西门子－马丁钢材建造的商船在1877年完成建造[④]。随后，埃劳德表示接受这一新的造船材料。在19世纪80年代，西门子－马丁钢材是最好的造船材料这一看法开始传播开来[⑤]。

海军选择船舰材料的一个重要标准在于，钢板是否可用于军舰的装甲[⑥]。在法国的相应测试中，西门子－马丁钢材的表现非常出色。事实证明，它在受到炮击时抵抗力极强，不劈裂。威廉姆在1878年提出了相应的设想，但没有被采纳。他推荐自己的钢材不仅可用于军舰上的防御性保护设备，而且还可用于建造大炮[⑦]。为此，他于1879年在皇家联合军种研究院（United Service Institution）做了一次演讲。该研究院是一个军官学会，其目标是将科学上的认

---

① The Landore Siemens-Steel Works 41 (1876), S. 492; Siemens, The Scientific Works, Bd. 1, S. 429-433; 参见 Barnaby, The Royal Institution, S. 114 f.

② The Journal of the Iron and Steel Institute 7 (1877), S. 51; Siemens, The Scientific Works, Bd. 1, S. 369-373, 409-412 u. 416-419.

③ Transaction of the Royal Institution of Naval Architects 17 (1876), S. 385-394; Siemens, Remarks at the Newcastle Meeting, S. 16; Barnaby, The Royal Institution, S. 108.

④ Parsons, A History, S. 183.

⑤ 参见 The Journal of the Chemical Society of London 40 (1881), S. 667; The Journal of the Iron and Steel Institute 14 (1884), S. 332.

⑥ Transaction of the Royal Institution of Naval Architects 17 (1876), S. 148 f.; 参见 Pole, Wilhelm Siemens, S. 269 f.

⑦ Siemens, On the Production, S. 198 ff. u. 401 ff.; Siemens, The Scientific Works, Bd. 1, S. 320-323.

知用于军事用途[①]。学会主席热情洋溢地欢迎他，并盛赞他的科学专长。这场报告在《泰晤士报》上引起一场广泛的争论，涉及不同钢材在军事用途上的优缺点。亨利·贝塞麦（Henry Bessemer）也是参加讨论者之一，他极力为自己研发的钢材辩护。然而，大多数人认为西门子－马丁钢材的优点更多。

当时，威廉姆·西门子对位于伍尔维奇、设计并制造大炮的军器厂评价并不好。自 1867 年起军器厂便使用回热炉，后来由于效果不好而停止使用[②]。威廉姆指出，他并没有参与回热炉的建造，并间接地指责那里的回热炉设计糟糕、操作不当。在这一背景下，他抱怨国有企业没有尊重专利权。在 19 世纪 60 年代，威廉姆在大炮后座问题上给军器厂提供咨询[③]。他成功地采用了一种更为简单的液压装置，拒绝了更为复杂的电气设计。

19 世纪 70 年代末，威廉姆介绍了一种采用电弧工作的熔化炉，其电弧工作原理类似于电弧光灯[④]。他强调说，采用这种炉子可以降低金属熔化的费用。威廉姆很可能首先考虑用在冶金实验室里，因为我们没有发现他曾打算用这种熔炉获取大量金属。实际上，在威廉姆去世后，这种熔炉才有了批量生产金属的应用：一开始用于铝、镁，最后也用于钢。

威廉姆的另外一项创新也同样具有多种应用潜力，然而在经历很长时间以后才得以实现。维尔纳·冯·西门子像在他之前的许多科学家一样，在 1853 年发现金属的电阻会随温度变化而发生改变[⑤]。1860 年，威廉姆利用这些知识设计制造了一种电子温度计，用来检查电缆存储箱中的温度[⑥]。他已经明确指

---

① The Journal of the Iron and Steel Institute 9 (1879), S. 268–275; Siemens, The Scientific Works, Bd. 3, S. 225–227; Siemens, On the Production, S. 378; 参见 Pole, Wilhelm Siemens, S. 281.

② Siemens, The Scientific Works, Bd. 1, S. 452–558, u. Bd. 3, S. 157–159; 参见 Siemens, The Scientific Works, Bd. 2, S. 343 f.; Pole, Wilhelm Siemens, S. 366.

③ Siemens, The Scientific Works, Bd. 2, S. 330 ff.

④ Siemens, Der elektrische Schmelzofen, S. 103 ff.; 参见 Siemens, Friedrich, Bericht, S. 117 ff.; The Journal of the Iron and Steel Institute 1882, S. 680–683; Pole, Wilhelm Siemens, S. 324 ff.; Johannsen, Geschichte des Eisens, S. 484.

⑤ SAA W1730, 27.1.1853—Werner an Wilhelm Siemens; 参见 Hunt, Origin, S. 105.

⑥ Siemens, The Scientific Works, Bd. 2, S. 84–86; Trendelenburg, Aus der Geschichte, S. 9; Hunt, Origin; s. o. S. 65.

出，这种仪器也可以扩展使用范围，用于其他目的。测量空气中以及深海中的温度，都属于其可应用的范围[①]。

1860 年的电温度计的核心部分是铜制螺旋。威廉姆后来用铂金来替代铜，铂金可以耐受炼钢时出现的极高温度，因此可以用于炼钢炉。在 19 世纪 70 年代初，他在很多场合介绍了改进过的电温度计[②]。该仪器引起了相当大的关注。对该仪器在技术方面和科学方面的检测表明，它存在典型的产品初期问题，并且测量结果不稳定[③]。其原因主要在于铂金中的杂质。不过，这一原因是在威廉姆·西门子去世之后才被发现的。尽管如此，这一原理广阔的未来应用前景并没有因此而发生改变，铂金温度计的使用量如今以数百万计。

---

① Siemens, Abhängigkeitsverhältnis, S. 145 ff.; Siemens, On a Deep Sea, S. 265 ff.; 参见 Polytechnisches Journal 193 (1869), S. 516 f.; Pole, Wilhelm Siemens, S. 345 ff.

② Siemens, On Pyrometers; Siemens, The Scientific Works, Bd. 2, S. 124–126; Proceedings of the Royal Society of London (19 (1870/71), S. 443–445; Cambridge University Library, Department of Manuscripts and University Archives, Add 1023 u. 7656, 21.2.1872, 9.3.1872, 5.11.1872, 24.11.1872, 15.12.1872, 17.12.1872—Siemens an Stokes; 26.2.1876, 3.6.1876, 21.12.1876, 26.12.1876, 11.4.1877, 24.3.1877, 21.12.1877—Siemens an Stokes; 19.2.1880, 23.4.1883—Siemens an Stokes; Siemens, On Measuring, S. 123 ff; 参见 Polytechnisches Journal 198 (1870), S. 268 f., 201 (1871), S. 41–45, 209 (1873), S. 419–424, 210 (1873), S. 176 f. u. 217 (1875), S. 291–297; Schinz, Pyrometer; A Collection of Letters, S. 64 ff.; Wedding in: Sitzungsberichte des Vereins zur Beförderung des Gewerbfleißes 1884, S. 13; Pole, Wilhelm Siemens, S. 263 ff.; Trendelenburg, Aus der Geschichte, S. 13.

③ Report of the Meeting of the British Association of Science 42 (1872), S. 11V u. 44 (1874), S. 242–249; Hunt, Origin, S. 110 ff.

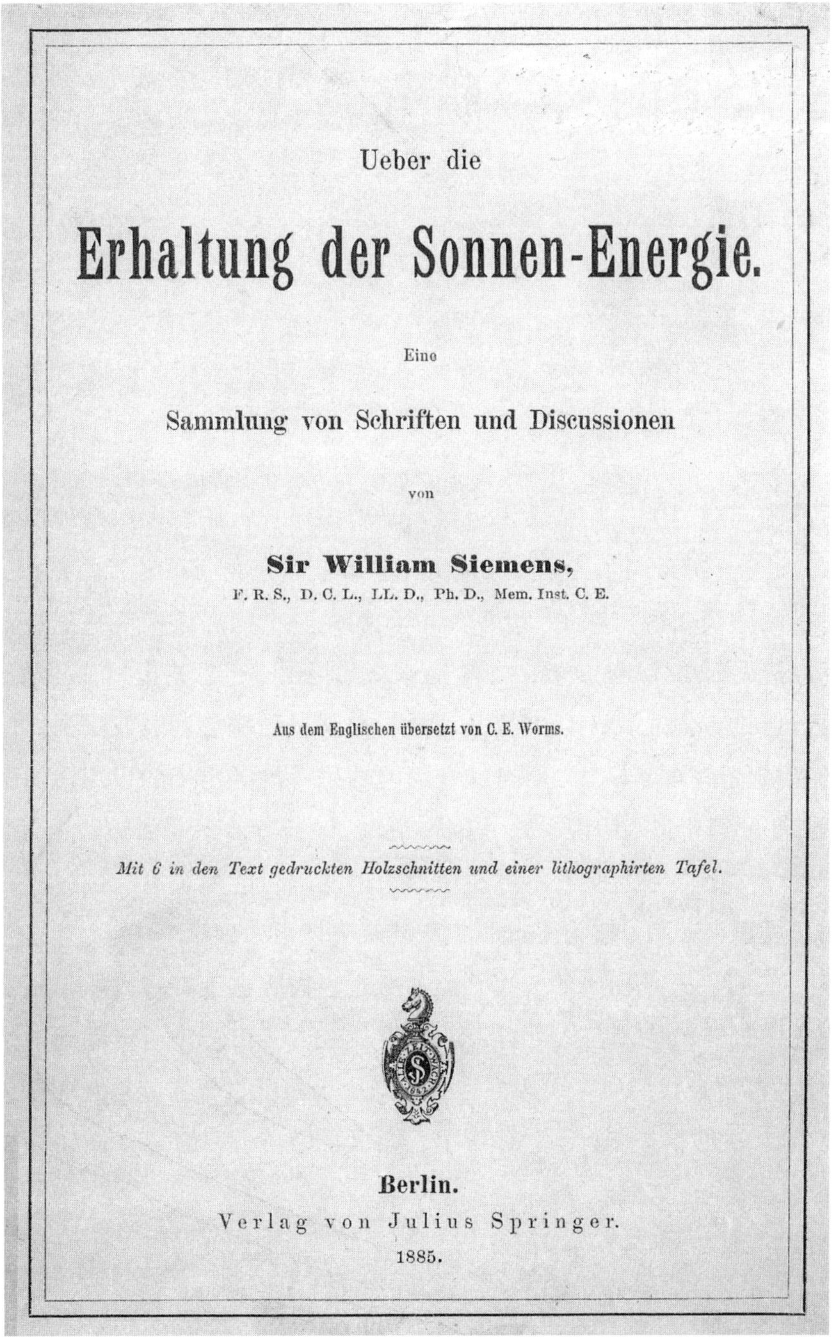

Ueber die

Erhaltung der Sonnen-Energie.

Eine

Sammlung von Schriften und Discussionen

von

Sir William Siemens,

F. R. S., D. C. L., LL. D., Ph. D., Mem. Inst. C. E.

Aus dem Englischen übersetzt von C. E. Worms.

Mit 6 in den Text gedruckten Holzschnitten und einer lithographirten Tafel.

Berlin.

Verlag von Julius Springer.

1885.

威廉姆·西门子的《论保留太阳的能量》一书

第六章

关于太阳的科学研究

对能源问题的关注让威廉姆·西门子转向研究太阳。太阳是地球人可以去获取的最后一处能量源①。如何从太阳获取能量是当时科学界探究的重大课题。对于威廉姆来说，在19世纪70年代初，一个问题还没有找到答案：能量究竟源于太阳内核还是外围②。他后来就此提出一个理论设想，并与兄长维尔纳进行讨论。他尤其注意到这一现象：太阳早已将热量散发出去，但星体蕴含的能量似乎保持不变。他对这一问题的思考推导出来的设想，他自己称之为"或许过于大胆的假说"③。该假说认为，"那些今天仍然被认为在空间中浪费掉的、对于太阳系而言不可逆地损失掉的辐射能量，可能被捕获并以其他形态又返回到太阳。唯有如此，太阳的辐射才可以继续下去"④。这将意味着星际"充满了极其稀薄的气态物质"。这些物质由于旋转力的作用被吸附到太阳的两极并燃烧，在太阳黄道上被重新送入宇宙当中。威廉姆的结论是"太阳系不再符合我们原来设想的样子，即由于将能量辐射到星际而造成巨大能量浪费，它更像是一个非常有秩序、能自我维持的系统，太阳还可以将其

① 此处可参见第五章的"能源与环境"一节；Pole, Wilhelm Siemens, S. 335 ff.

② Siemens, Ueber Brennstoff, S. 30 ff; 参见 SAA W1531, 16.9.1872—Wilhelm an Werner Siemens; SAA W5402, 15.10.1873—Werner an Wilhelm Siemens.

③ Siemens, Ueber die Erhaltung (引文出自 S. V); Siemens, Ueber die neuesten Errungenschaften, S. 64 ff.

④ Siemens, Ueber die Erhaltung, S. 7 f.

辐射持续非常长的时间”①。

威廉姆·西门子（中间一排右数第四位）与皇家学会成员一起
在皇家海军“挑战者号”军舰的甲板上（1872 年）

这一假说后面的想法是将技术意义上的燃烧过程与发生在太阳上的过程进行类比。他第一时间考虑到的是回热炉。他曾经指出：

> “我毕生致力于研究燃烧以及在相对大的范围内利用各种形式的能源。这促使我把太阳看作一个无比巨大、按照规则制作完成的设备，如同在地球的实际活动中那样来观察它，并评判它的真正价值。”②

在威廉姆的思考中，首要是在方法上对其观察所见进行质性阐释，在一定

---

① Siemens, Ueber die Erhaltung, S. 30 f.

② Siemens, Ueber die Erhaltung, S. VI.

程度上让自己的观察得到来自自己或他人的实验和计算的支撑[①]。

直到19世纪80年代初，威廉姆才让自己的这些思考去面对学术公众。通过在皇家学会和皇家科学知识普及会的出版物和学术报告，他的这些看法在专业领域以及公众中都引起广泛回响[②]。这些讨论还更进一步激发了他的热情，他将反对意见以及他的回答一起编辑在《论太阳能的保存》一书中。可惜的是，这本书在他去世后的1885年才得以出版。书中有天文学家、物理学家、化学家和其他学科的代表对他的假说所进行的评论，以及他本人对每个问题的回答。其中涉及的问题包括太阳的能量平衡、太阳的温度，对太阳黑子的解释，他所说的宇宙中充满气状物质，在太阳中发生的化学过程，重力以及太阳旋转力的意义，等等。

大多数讨论者都保持着适当的形式，努力维持客观的讨论。然而，一种两极分化的倾向也依稀可见。1883年，在《泰晤士报》上发表的一份悼念威廉姆·西门子的讣告称他的太阳理论既是“无端的猜测”，也是“天才的理论”[③]。威廉姆在物理学界的朋友们则不那么谨小慎微——至少在私人信件当中不那么客气。威廉·汤姆森要求威廉姆撤回他在皇家学会的讲座安排[④]。约翰·廷德尔声称，只能把威廉姆的太阳理论称为“蠢不可及”[⑤]。维尔纳·冯·西门子也介入到了辩论中[⑥]，他同意弟弟所说的存在太阳电势这一观点，并试图以此来解释地磁和雷电现象。

---

① 此处参见 Siemens, Ueber die Erhaltung, S. 16 ff; Siemens, Ueber elektrische Entladungen, S. 31 ff.

② Siemens, Abhängigkeitsverhältnis, S. 143; Cambridge University Library, Department of Manuscripts and University Archives, Add 7656, 3.3.1880, 13.3.1880—Siemens an Stokes; Pole, Wilhelm Siemens, S. 337 ff.

③ The Times v. 21.11.1883; 参见 Siemens, Ueber die Erhaltung, S. 139; A Collection of Letters, S. 178 f., 192, 209 ff. u. 217.

④ SAA W8020, 14.5.1882—Wilhelm an Werner Siemens.

⑤ Projekt “The Correspondence of John Tyndall”, 28.8.1882—Tyndall an Debus.

⑥ Siemens, Werner, Wissenschaftliche und technische Arbeiten, Bd. 1, S. 358−379; 参见 Siemens, Werner, Lebenserinnerungen, S. 459 ff. u. 464 ff.

西门子兄弟姐妹七人［维尔纳和威廉（后排），汉斯、索菲、弗里德里希（中排），瓦尔特和奥托（前排），1851 年］

第七章

人生回眸

威廉姆和他的兄弟们

维尔纳·冯·西门子对其家族企业的设想是（男性）家族成员要投身于公司及其发展。他本人承担了核心角色，是组织者和调解人。他让两个弟弟卡尔和威廉姆分别担任企业在俄国和英国的负责人，他们三人的“兄弟联盟”①决定着西门子公司的发展，不久后公司的业务就遍及全球，时间长达近半个世纪。公司的历史发展轨迹至少部分源于三兄弟之间的互动和沟通。从这个意义上说，兄弟关系的意义远远超过个人层面的亲情。本书作者将在下文中梳理和审视威廉姆与哥哥维尔纳以及弟弟卡尔的关系，通过比较以便更好地凸显威廉姆的特殊性格。弗里德里希·西门子并不处于与兄长们相同的领导层，况且他很长时间并不在公司里工作。但是本章也会涉及他，因为他与威廉姆的交往特别密切——尽管他们之间的关系一度紧张。

维尔纳和威廉姆

父母早逝迫使维尔纳在家庭中承担特殊的角色。他充当弟弟妹妹的导师和

---

① Bähr, Werner von Siemens, S. 10.

教育者，与家庭的亲戚和友人分担这项养育责任[1]。在他们的父亲于1840年去世时，尽管维尔纳与威廉姆之间的年龄相差并不太悬殊——维尔纳24岁，威廉姆17岁——但是，维尔纳已经进入了职业生涯，而威廉姆还在接受培训阶段。两人住在一起一段时间。维尔纳不仅给弟弟补习数学和自然科学课，而且对于职业道路的选择，他替威廉姆做出重要决定。此外，他也鼓励和支持威廉姆热衷于发明和研发的倾向，其方式是与他分享自己的发明。

威廉姆·西门子（1882年）

对威廉姆来说，把自己从“超人兄长”那里解放出来肯定不容易。然而，当他于1844年在英国定居下来时，他别无选择，只能变得越来越独立。这个独立过程应该在颇为艰难的1850年前后划上句号了。在这些年里，威廉姆曾在不同行业的多家公司工作，专注于电报的维尔纳无法为他提供太多帮助。此外，威廉姆还获得了来自英国工程界的认可，这肯定增强了他的自信心。

兄弟俩尝试着推销的第一批创新产品，即电镀技术工艺和计时调节器，还都是出自维尔纳之手的产品。对于调节器、凸版翻印工艺和水表，兄弟二人在改进性的创新工作中都有贡献。他们俩合作得如此密切，很难将其中的某一因素归于某一人或者另一个人。随着时间的推移，他们的创新活动也日益各自为政。这一方面与他们在空间上的分离有关，但同时也因为维尔纳和威廉姆将个人兴趣分别放在不同重点上。不管怎样，兄弟俩继续就他们的创新和商业活动进行交流。其范围从简单的信息交流，到在细节上讨论那些要解决的问题。回首往事时，维尔纳这样描述他们之间的这些交流：

① 参见 Bähr, Werner von Siemens, S. 52 ff. u. 84 ff.

“首先，我想在这里提到，在威廉的一生中，我一直与他保持着活跃的通信和个人联系，这对我们双方都大有裨益。我们分享了彼此生活中所有比较重要的事件以及新计划和新愿望，讨论各自的观点，并且几乎总能达成友好的协议，如果不是以书面形式，那就在下一次聚会上，而这样的聚会通常每年举行两次。我自己受到的科学培训程度比较高，而威廉所受的教育则更多以技师和实用工程师为目标，这意味着我们在各自的相应领域有一定权威性，因此我们之间的合作更加容易。我们彼此间没有嫉妒，当我们当中的一个人能帮助对方在自己的所在地获得认可时，这加强并确保了我们之间的良好共识。”[1]

维尔纳·冯·西门子（1880 年）

维尔纳在这里要表达的是，兄弟俩的能力各不相同，并以一种富有成效的方式相互补充。直截了当地说：维尔纳更像是一个自然科学家、物理学家和电气工程师，也更有理论基础；而威廉姆则更像是一个工程师，或者更准确地说，一个机械工程师，而且更擅长于实用技术。兄弟俩对此都很清楚，也互相认可对方的出色能力。例如，在1864 年，维尔纳将“在实用和机械方面的优势”[2] 归于威廉姆。而威廉姆在1880年说：“你在电气科学方面远远领先于我和我们所有人，这是众所周知、不言自明的……”[3]

合作与彼此欣赏并不意味着没有冲突。维尔纳最想看到的是，威廉姆会全身心地投入到家族企业当中。但是，弟弟并不情愿，他想继续从事自己那些远远超出电报范围的创新活动。维尔纳希望威廉姆的主业是西门子－哈尔斯克公

① Siemens, Werner, Lebenserinnerungen, S. 165.
② SAA W195, 30.1.1864—Werner an Wilhelm Siemens.
③ SAA W7864, 10.12.1880—Wilhelm an Werner Siemens.

司的高级员工；威廉姆却认为自己身为自由职业工程师和企业家，兼职管理英国的西门子公司。对此，他非常投入，从不放过任何一个机会让兄长的发明在英国为人所知。而且，他比哥哥还想更大规模地进入海底电缆业务领域。维尔纳别无选择，只好接受威廉姆自己的人生设计，尽管这与他的设想不一致。他不想、也不能放弃与威廉姆的合作。对于公司在英国的业务来说，威廉姆变得不可或缺。

维尔纳毫无保留地赞赏威廉姆的成就，其中也包括后者成功地融入英国社会。他这样表达自己的钦佩之情：

“他在一个对他来说很陌生的国家里，在没有任何熟人和推荐的情况下，带着非常有限的钱财进入了那个社会，上升到获得高度尊重的地位……”“威廉取得了更多，他在生前时已经赢得英国公众的认可，在身后更是被高度赞誉为领军人物之一，通过传播和应用自然科学知识，让这个国家获得技术飞跃。在英国，高度活跃的协会不间断地组织活动最佳地弥补了早期缺乏良好技术教育的状况，将英国技术的水准提高至与先进自然科学齐平，威廉为此做出了巨大贡献。能让英国不带偏见地承认一位非英国人的功绩，威廉可谓实至名归。威廉的活动和影响，得益于与兄弟们不间断的密切联系，以及他与和蔼可亲的、出身于备受尊敬的苏格兰家庭的戈登小姐的婚姻，后者让他更容易进入英国社交生活。”①

1883 年，维尔纳参加了在伦敦举行的威廉姆的葬礼活动。事后，他写下了自己的印象：

“威廉已经获得了一位学者和技术人员在英国可以获得的所有荣誉。他曾多次当选为最杰出的科学与技术学会的主席……这些学会能授予的最高荣誉和奖项都落在他身上，剑桥大学和牛津大学授予他荣誉博士学位，

① Siemens, Werner, Lebenserinnerungen, S. 436 f.

英国女王封他为威廉姆·西门子爵士。在整个英国，他的去世被视为国家的损失，人们为此而感到遗憾，尤其是所有的报纸都因此而哀叹。”[①]

据说维尔纳在谈及葬礼时曾表示过：“这样的认可！我会嫉妒他的！”[②] 不管这句话是否真的出自维尔纳之口，它都表明在当时的英国和德国文化之间有着根本的区别。在英国，自然科学家尤其是工程师享有的荣誉要比在德国大得多。人们普遍认为，是他们启动了英国的工业化进程，并为这个岛国的世界霸权地位做出了核心贡献。英国社会为他们捐赠纪念碑，并在精神生活的万神殿威斯敏斯特大教堂腾出空间留给他们。工程师机构获得英国社会的高度认可。

反观德国，科学家和工程师要获得那种程度的认可要难得多，或者根本不可能。在获得公众关注和重视方面，他们总会落后于那些来自政治、艺术、宗教界的人物。维尔纳·冯·西门子在企业经营和技术发明上的成就，毫无疑问可以与威廉姆比肩。在威廉姆的葬礼上，维尔纳一定已经痛苦地意识到这两个国家在文化上的差异。

此外，企业活动和技术 – 科学成果在英国比在德国更容易获得全球影响。这当然与大英帝国有关。最明显的就是跨大西洋电报业务，一直都在英国人手里。在国际交流方面，威廉姆非常得心应手，这得益于他的跨文化能力以及多语言技能，他会讲英语、德语、法语和意大利语。相反，维尔纳不得不应对德意志第二帝国成立前的各种政治分裂，而且他的国际视野远不如弟弟威廉姆。例如，他在 1861 年感叹自己的英语不够好[③]。每次他在英国讲报告或者在英国出版物上发表论文，都是由威廉姆或其他人翻译。尽管有威廉姆的种种努力，像维尔纳这样的德国科学家和技术专家要在英国得到关注，还是很勉为其难。无论如何，当威廉姆在 1873 年向他解释说，只有他的“电缆计算方法和公式”在英国工程师中被接受，而他的其他功绩在很大程度上被忽视时，维尔纳感到

① Siemens, Werner, Lebenserinnerungen, S. 437.

② Pole, Wilhelm Siemens, S. 385.

③ SAA W154, 25.3.1861—Werner an Wilhelm Siemens.

不悦[①]。此后，维尔纳曾经表示，他要更多地考虑让自己获得认可。

卡尔和威廉姆

1850 年左右，弟弟卡尔在公司里寻求自己的位置。选项之一是，他去英国支持威廉姆。在 1851 年伦敦世界博览会上，他负责西门子 - 哈尔斯克公司的参展事宜。在巴黎短暂停留后，他终于在 1853 年转向俄罗斯，在那里建立了西门子业务并取得了巨大成功。这段时间，威廉姆很想让卡尔留在英国以便减轻自己的负担，但很长时间都没能遂愿。

卡尔 · 冯 · 西门子（1870 年）

卡尔以俄罗斯为自己的根据地。除电报业务外，他还在高加索地区收购了一座铜矿。在接下来的若干年里，那个项目一直是亏损之源。最终，高加索地区的其他企业也没有获得回报。威廉姆认为，卡尔的采矿活动是高风险的投机行为[②]。反过来，卡尔对海底电缆业务也不以为然[③]。1860年，当谈及在伍尔维奇建造电缆厂时，卡尔非常有所保留[④]。然而，双方在业务经营上互不看好对方的计划，并没有影响到兄弟之间的良好关系。他们之间的通信基调一直都是推心置腹的，分歧也是通过说理来表达的。

1869 年，卡尔在妻子去世后，决定顺遂威廉姆长期以来的愿望前往英国。他在那里滞留到了 1880 年。所有那些对于他是否能与威廉姆进行建设性合作

① SAA W522, 15.2.1873—Werner an Wilhelm Siemens.

② SAA W5911, 19.11.1868—Wilhelm an Carl Siemens.

③ SAA W2666, 16.4.1861—Wilhelm an Carl Siemens.

④ SAA W2564, 16./28.12.1860—Carl an Wilhelm Siemens.

的担心，都被证明是多余的[①]。二人住在同一栋楼里，彼此相处得非常好。其原因也在于，二人的能力可以出色地互补。威廉姆是创新家和工程师，卡尔是企业家和经理人。威廉姆肯定因为弟弟的到来减轻了他的负担而高兴，尽管并不如他所希望的那么多。卡尔以极大的热情接手了他此前一直拒绝的英国业务，他参加了主要的电缆铺设项目，参与了伍尔维奇电缆厂的扩建，还投资了威廉姆的兰多尔钢铁厂。

威廉姆竭尽所能地把卡尔带入英国工程师界以及伦敦的生活。卡尔在土木工程师学会作报告，介绍西门子公司的气动管道邮件系统[②]。他加入电报工程师学会的理事会，并担任了副会长[③]。1877 年，他的名字出现在皇家科学知识普及会[④]以及德国艺术与科学协会[⑤]的会员名单中。但是，卡尔在英国没有找到宾至如归的感觉。1880 年，他返回俄国。

弗里德里希和威廉姆

比威廉姆小 3 岁的弗里德里希·西门子的教育背景，与常规情况有很大偏差[⑥]。由于发育迟缓，他 11 岁时才开始上学，在吕贝克的文理中学读了几年书以后，他随船出海 3 年。回来以后，维尔纳给他私人授课，他在柏林大学听了几场讲座，并在一些机械厂做过实习。

从 1848 年起，弗里德里希在英国协助威廉姆的工作。他最初努力推销维尔纳的指针式电报机，但收效甚微。随后，他协助威廉姆从事回热型蒸汽机的设计制造工作。从 1857 年起，他主要致力于开发由他构思的回热炉。其中的每一项工作都让他和威廉姆之间的关系变得紧张，这也是弗里德里希在德国与英国之间往返不定的原因之一。因此，他在 1851—1852 年和 1857—1859 年再

---

① 参见 Lutz, Carl von Siemens, S. 176, 192, 197 u. 202 f.

② Siemens, Carl, Pneumatic Despatch Tubes; Siemens, The Scientific Works, Bd. 2, S. 319 f.; 参见 Polytechnisches Journal 206 (1872), S. 3–5.

③ IET Archives, Minutes v. 26.2.1873.

④ Royal Institution of Great Britain, List of the Members 1877, S. 40.

⑤ Jahresbericht des Deutschen Vereins für Kunst und Wissenschaft in London 1880, S. 41.

⑥ 参见 Berg, 100 Jahre; Wittendorfer, Art. “Siemens, Friedrich”.

次来到柏林，1863年又比较长时间地离开了英国。1856年和1857年，他因为与威廉姆的纠纷而感到非常沮丧，甚至考虑移民去美国①。

弗里德里希·西门子（日期不详）

威廉姆很轻看弗里德里希的技术能力。威廉姆自己设定的目标非常高——有时候甚至过高，但是他力图通过思考和系统性工作的方式来接近目标。他指责弗里德里希全靠心血来潮，并不系统性地去寻求解决方案，责怪这个弟弟“怯于做所有不带来乐趣的工作”②，而且还“懒惰并且自以为是得不着边际”③。这些指责最终都会涉及钱。的确，弗里德里希不断地缠着要增加费用，用于他的项目研发④。修复这种困难关系的努力主要来自弗里德里希，他带着一种屈从式的敬仰来面对这位哥哥⑤。威廉姆对此有所迟疑，最终要求将二人的工作领域分开。

一直在努力平衡兄弟关系的维尔纳对弗里德里希的评价则要正面得多：“弗里茨（弗里德里希）完全是自学成才。他只是通过自己和自己的经验学到了一些东西……他夜以继日地忙于他的任务，他总在努力，即使他的方式不是常规的和从教科书上学来的。”⑥ 维尔纳亲见了这位弟弟后来的成功，他在自己的回忆录中这样写道：

---

① SAA W2059, 1.2.1856—Friedrich an Wilhelm Siemens; SAA W2029, 17.11.1857—Werner an Wilhelm Siemens; SAA W2069, 14.11.1857—Wilhelm an Friedrich Siemens; vgl. ETH Zürich, gta Archiv, Nachlass Semper, 6.1.1858—Otto Siemens an Bertha Semper.

② SAA W2411, 5.4.1860—Wilhelm an Werner Siemens; vgl. SAA W5884, 26.12.1868—Wilhelm an Werner Siemens.

③ SAA W2403, 28.3.1860—Wilhelm an Werner Siemens.

④ 参见 SAA W2770, 24.8.1861—Friedrich an Werner Siemens u. passim.

⑤ 例如 SAA W4675, 7.11.1874—Friedrich an Wilhelm Siemens.

⑥ SAA W135, 31.3.1860—Werner an Wilhelm Siemens.

> “弗里德里希不是一个好学生。他总觉得很难跟着别人的思路走到最后。然而，从童年开始，他就是一个出色的观察者。而且，他有一种天赋，能够将自己的各种观察所得连起来并理解其间的关系。为了真正理解和采纳他人的想法，他必须自己重新创造出这些想法，或者至少再次仔细思考一遍。这种持续的、自己动手、不受他人影响的思考问题和继续学习的品质，使他天性中带有一种沉思气度，他的成果具有某种特殊的独创性。弗里茨（弗里德里希）是一个天生的发明家。对他来说，发明的想法首先出现在他沉思的头脑中，即使一开始是以一种非常不明确的、虚无缥缈的形式出现；然后，他以不倦的精力和不懈的努力来研究这一想法的基础，获得他可能缺乏的每种知识，最后确定他的想法要么错误或者不可行从而抛弃，要么将其完成为一种可用的、而且几乎总是非常具有原创性的发明。”①

事实上，弗里德里希——与威廉姆一样——也有数量不少的创新遭遇了失败，如采用回热炉的炼钢方法、制冷机、用于糖厂和煮盐厂的蒸汽设备以及回热型热风机。但是，凭借他在玻璃技术方面的创新，他也证明凭经验性试验在当时也可以大有作为。1867 年，在接手了已故兄长汉斯的玻璃厂后，他将回热原理应用于制造玻璃的熔池里，并改进了熔化工艺。这项工作得到两位哥哥维尔纳和威廉姆的大笔资金支持②。通过这些创新以及收购更多玻璃厂，弗里德里希成为欧洲最大的玻璃瓶制造商。

---

① Siemens, Werner, Lebenserinnerungen, S. 173 f.

② SAA W540, 13.6.1873—Wilhelm an Werner Siemens; Weiher, Die englischen Siemens-Werke, S. 85 u. 116.

工程师和科学家

威廉姆是全心全意的工程师[1]。早在马格德堡机械厂当学徒期间，他就与哥哥维尔纳在通信中讨论改进创新。他的传记作者威廉姆·玻尔从中看到：

> “在这里复述不同信件里出现的那些关于机械的详尽细节，没有什么意义。这些内容却见证了写信人的天赋和能力。它们显示了作者在机械领域里，面对问题时有敏锐的见解，有客观而正确地进行证明的禀赋，具备健康的判断力、创新天赋以及一种通俗易懂并且精准的表达方式。这些都出自一个 19 岁的年轻人，他有机会在车间里积累实际经验的时间也不过几个月，不得不说这是极为不同寻常的，未来他在工程师世界中所获得的辉煌地位，毫无疑问早在此时已经初露端倪了。”[2]

按照当时的标准，威廉姆所受的培养足以让他成为一名机械工程师。他上过职业学校，在一家著名的机械厂当过学徒，并在大学里听过一些讲座。移居英国后，他曾在机械工程、铁路工程、电气工程和纺织等门类的多家公司中工作，或者与这类公司合作。正是由于公司、行业和任务的多样性，他才有可能在各个技术领域都具备广泛地解决问题的能力。他在一系列技术 – 科学协会中的会员资格，帮助他在一生中保持这种宽广的视野。无论如何，直到今天，我们仍不免吃惊于威廉姆参与的讨论会有那么多种多样。

在某种意义上，英国的技术和科学协会成为威廉姆第二家乡。他成为所有重要工程师协会的成员，他讲报告、参加讨论，他愿意担任各种承担责任的职务以及荣誉职务。从同业者那里得到的认可，对他来说是激励。尤其是在 19 世纪 50 年代，这帮助他克服了企业经营上的失利。在这些协会里，他公布自己的创新，听取专家们的反应，并建立起有益于西门子公司和他自身工作的

---

① 语出他的秘书班博 “Sir William was heart and soul and mind an engineer.” (Engineering 36 (1883), S. 477).

② Pole, Wilhelm Siemens, S. 37.

联系。即便不考虑这些功利性的益处，加入技术－科学协会对他来说也是技术进步的结晶中心。

技术进步是威廉姆的核心取向——不管与之相关的商业机会如何。这体现在他对约翰·彭德的电缆垄断发出的抨击，他指责这种垄断阻碍了技术发展。对威廉姆来说，技术是文明的先决条件："毫无疑问，宗教、艺术和人文科学有助于我们的道德发展，但归根结底，如果没有对世界的物质掌控我们就无法生存。"① 人类与动物的区别在于"理性，这种理性让我们有能力使自然力服务于我们的目标"②。1876年，威廉姆和许多同事呼吁建立一个纯科学及应用科学博物馆③。这个博物馆应该集现存博物馆于一体。这些发起人坚信，这会激励和启发各种创新发明活动。伦敦的科学博物馆（Science Museum）在1909年从维多利亚和阿尔伯特博物馆（Victoria and Albert Museum）析离出来，可以被解释为是这一倡议以及其他倡议的后续结果。

威廉姆的创新活动的重点，随时间而有所变化。如果对他的论文进行一番分析就会发现，占主导地位的领域首先是机械制造，这与他的教育背景相符合。在19世纪60年代，电报成了重点。这与西门子公司的电缆业务扩展有关联。随着时间的推移，电气技术、能源技术、冶金技术变得重要。从威廉姆的讨论文章中也可以看到类似的情况，冶金学在1880年前后成为他的中心话题。他最重要的创新功绩，本书在前面已经做了阐述。除此以外，在威廉姆和维尔纳之间的通信中还可以看到许多其他项目，那些最终都无疾而终④。

威廉姆总共获得了至少133项专利。其中，包括：

> "蒸汽机、热空气引擎、燃气发动机、水泵站、冷却和制冰、蒸发和蒸馏、河道工程、钢铁生产和其他冶金部门，此外还有大炮制造、测量仪

① Siemens, On Technical Education, S. 236: "No doubt we had a moral elevation given by religion, art, and letters, but after all we could not exist without the material domination of the world."

② Siemens, Ueber die Nutzbarkeit der Wärme, S. 3 f.（引文见 S. 3).

③ Projekt "The Correspondence of John Tyndall", 6.1876（具体日期不详）–Eingabe an Cross.

④ 参见 Pole, Wilhelm Siemens, S. 62 f.

器、气动管道、玻璃制造、铁制装甲、电报、电灯、电力和一般电气设备的种类繁多、煤气照明、铁路工程、炸药和其他各种物品。”①

不过，专利数量并不能说明问题太多问题，因为威廉姆只为很小一部分创新申请了专利。

毫无疑问，威廉姆头脑里的想法太多了，时间不允许他用同等力度去深入考虑并推进这些想法。为数不少的创新在做完最初尝试后就停止了，或者他觉得明显没有成功希望就明确放弃了。当然，也有很多时候他判断失误：有些他花费很大精力推进的创新，最后失败了；另外一些创新他搁置了，但是从后来者的角度看，是具有很大未来潜力的。不管怎样，威廉姆的创新活动证实了一条规则：通往成功的路是由不成功来铺就的。

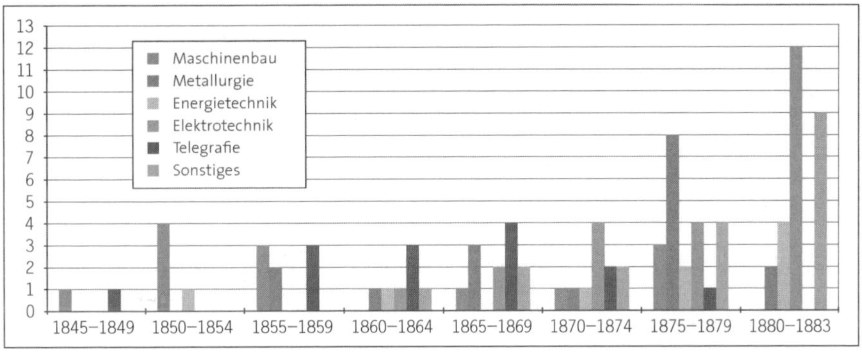

威廉姆・西门子在技术 – 科学期刊上发表的论文（按照题目分类）

① 参见 Pole, Wilhelm Siemens, S. 62 f. Nach Verhandlungen des Vereins zur Beförderung des Gewerbfleißes (1884); Pole, Wilhelm Siemens, S. 409, 提及有 113 项专利（原文如下）: “[...] steam engines, hot–air engines, gas–engines, water engines, cooling and freezing, evaporation and distillation, river engineering, the iron and Steel manufacture and other branches of metallurgy, gunnery, measuring apparatus, pneumatic tubes, glass making–, armour plating, telegraphs, electric lighting, electric power, and electric apparatus generally in great variety, gas lighting, railway appurtenances, explosive compounds, and other miscellananeous matters.” (Pole, Life, S. 394).

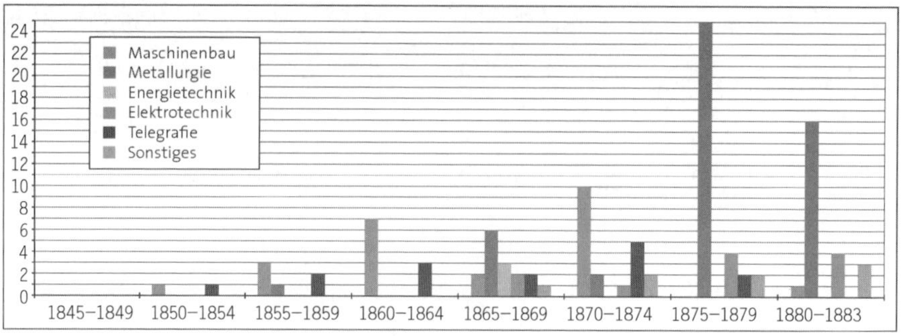

威廉姆·西门子在技术 – 科学期刊上发表的讨论文章（按照题目分类）

Maschinenbau	机械制造
Metallurgie	冶　金
Energietechnik	能源技术
Elektrotechnik	电气技术
Telegrafie	电　报
Sonstiges	其　他

威廉姆的失败似乎特别扎眼，这与他经常给自己设定的目标极高有关。如果这些目标只是遐想，例如，利用尼亚加拉大瀑布提供能源，或在矿井里直接完成将原煤气化的过程，这至少不会带来经济亏损。在其他创新方面，如电力熔炉，他没有意识到会有任何直接的技术经济效益，尽管从客观立场来看，这种效益是存在的。在由他进行的研发工作中，他倾向于推进极端的创新，这会带来麻烦。这包括他力图借助于回热原理从根本上改进蒸汽机、他寻求从矿石直接产出钢材而且经济可行的直接炼钢工艺方法。威廉姆坚信这些创新工作有用武之地，他一旦开始就很难做到收手。他倾向于一直做到最后——技术上和资金上都会因此面对苦涩的结局。在铺设卡塔赫纳与奥兰之间的电报电缆遇到困难时，维尔纳已经指出了威廉姆的这一特点[①]。威廉姆自己也意识到了这一弱点，却也无能为力。他承认有一种“无法抗拒的冲动，在技术上实施已经列入

① 见本书第 63–64 页。

计划当中的东西。有时候实施起来要求太高，导致耗费不必要的资源和精力，尽管其背后的基本原理是可行的”[①]。

威廉姆和兄长维尔纳同样极具进取心。兄弟二人把自己所获的无数荣誉，都一丝不苟地向对方通报，就此我们可以从中窥一斑而知全豹。有时候，人们会产生这样的印象，似乎兄弟之间在比赛谁获得的专业认可更多。在这项比赛中，威廉姆有很多可以拿得出手的东西。其中，包括他在英国技术和科学协会中的众多会员资格和职务[②]。他也拥有不少国外协会的荣誉会员资格。在世界博览会以及相关大会上，他担任领导职务。牛津大学、格拉斯哥大学、爱尔兰都柏林大学以及德国维尔茨堡大学都授予他名誉博士学位。1883 年 4 月，英国女王赐封他为爵士。首相在文书中直称，赐封的理由是“认可您对科学的贡献”[③]。威廉姆一开始还在犹豫是否要接受这一荣誉，随后就被劝说不可不接受，他别无选择。相似的情况也发生在维尔纳身上，那是 1888 年他在事先并不知情的情况下被皇帝弗里德里希三世封为贵族。

威廉姆的雄心，以及他从自身努力中生发出来的公平感诉求，也体现在发明者次序确定这一问题上。威廉姆总会提及，在 1857 年的回热炉发明中，弗里德里希有着决定性的作用。1870 年，当电气工程师卡尔·爱德华·泽查（Karl Eduard Zetzsche，1830—1894）在一篇刊登于布洛克豪斯百科词典（Brockhaus）年卷上的一篇文章中，只提到弗里德里希为发明者时[④]，这超出了威廉姆的可接受范围。他提醒弗里德里希别忘了他自己（威廉姆）在专利注册时的作用，是他避免了这一专利需要与斯特林共有的情况，还有他在硬煤应用以及煤气制造工艺方面的工作。

---

① SAA 0726, 威廉姆·西门子对自己的描述 (1873): “[...] irresistible desire to realise objects in applied Science when once conceived, which objects have sometimes been pitched too high, and have led to fruitless expenditure of means and energy, although the principles have been proud”.

② 见本书第 82 页。

③ A Collection of Letters, S. 206: “[...] in recognition of the Service which you have rendered to the cause of Science.”; Pole, Wilhelm Siemens, S. 367 ff.; SAA W8073 u. W8074, 6.4.1883 u. 11.4.1883—Wilhelm an Werner Siemens.

④ 这篇文章无法找到。

"在工业界很少有或者没有新原理——新原理属于纯科学。一项实际工艺方法的真正发明者，是那些多年来投入时间和金钱、不管面对怎样的怀疑和反对都一直做下去、直到最后取得成功的人，这需要对于该事物有极大的敏感、资源和热情。他们不是那些在模糊领域把一些不成熟的想法拿来摸索的人，如斯特林和埃里克森已经做的那样……在回热炉这一个案中，你和我，严肃而且持续地工作过，要是我们彼此去削弱对方的功绩，那可真是可悲。我也欣然认可维尔纳的有效参与，于事有补。汉斯也在本地应用上有贡献。——但愿从此以后我们能就此达成更好的共识！"①

弗里德里希和他的太太艾丽泽（左），斐迪南和奥托（站立者），
维尔纳（居中坐者），威廉姆和安妮（右）（1866 年）

① 转引自 Ehrenberg, Die Unternehmungen, S. 359 f.

弗里德里希完全同意威廉姆的看法[①]。他否认泽查文章的信息源于他，他本来就根本不知道有这篇文章。兄弟们似乎对于这一发明的描述达成了一致，因为泽查的一篇文章以及1873年布洛克豪斯百科词典的补充卷中对回热炉工艺方法的出现有着比较均衡的描述："……这个工艺方法……除了威廉和弗里德里希之外，还有汉斯·西门子（生于1818年），尤其是维尔纳·西门子都积极参与了相关工作……"[②]维尔纳从威廉姆的不依不饶中，看到了他感受到的后续而来的挫败感。"可以理解，威廉会有一定程度上的懊恼感觉，也许他自己没有明确意识到，在回热原理的应用上他一直在考虑动力机械，他自己没有想到将其转用到加热目的上。"[③]

回热炉发明中每个人有多大贡献，成了兄弟间争执的内容。威廉姆与马丁家族之间就西门子－马丁炼钢法的争执，则更为激烈、更有情绪色彩，甚至民族之争也粉墨登场。150年之后，我们可以这样总结他们各自的贡献：马丁父子公司使用的熔炉主要出自西门子兄弟之手，但马丁父子决定性地改进了工艺过程，使其获得了商用意义。

在19世纪60年代，各种语言的文献普遍将这一新炼钢法以"马丁法"来命名[④]。威廉姆自己对此也有责任，因为他把"西门子法"保留给矿石炼钢法，而当时他还在致力于钻研当中。但是，大多数作者都指出，马丁炼钢法源自西门子回热炉。从一开始就有人提出，"西门子－马丁炼钢法"这一称号更为合适[⑤]。在进入20世纪之后，"西门子－马丁炼钢法"和"马丁炼钢法"还都并行存在[⑥]。在法国，这两个名称并行使用一直到现在，有时候甚至连回热炉这一

---

① SAA W1548, 18.10.1872—Friedrich an Wilhelm Siemens.

② Zetzsche, Beitrag, 1452; Art. "Siemens (Karl Wilh.)"（引文出自此处）.

③ 转引自 Ehrenberg, Die Unternehmungen, S. 358 f.

④ Day, Ueber das Martirische, S. 226 ff. u. 229 f.; Tunner, Fortschritte, S. 129–131; Mathieu, Ueber E. Martins Verfahren; Kohn, Ueber das Martirische Verfahren, S. 445 f.; SAA W665, 2.7.1868—Werner an Wilhelm Siemens.

⑤ Kohn, Ueber das Martin'sche Verfahren, S. 446 ff.

⑥ Beck, Die Geschichte des Eisens, S. 1 u. 173 f.

概念都只与马丁父子公司连在一起[①]。

西门子与马丁父子在1866年缔结的合同确立了“西门子－马丁炼钢法”这一名称。在这一背景下，当马丁公司的德国代理人在1869年发表的文章里还根本没有出现西门子的名字时，西门子兄弟们对此感到大为不解。弗里德里希·西门子在两封信中对马丁家族的说法提出异议。他指出，炉子的设计出自威廉姆·西门子之手，而马丁父子获得了使用许可，甚至连建炉所用的耐火石料都是西门子从英国提供的。早在1862年，威廉姆已经用他的回热炉产出了钢材。马丁父子的功绩在于，首先“以商业上可行的方式……将钢材生产出来。”[②]

马丁公司的人员随后表示，1866年达成关于工艺方法名称的共识，是纯粹出于专利权的理由。在这一工艺方法上加入西门子的名字，并不存在事实上的正当性。西门子在英国的实验，直到1868年都没能形成可行的工艺过程。他虽然承认，西门子的供火是这一工艺方法的前提，但是这并不能妨碍他继续使用“马丁炉”这一说法。

这些公开进行的讨论以无法达成共识而告终。在19世纪70年代末，这一讨论又被威廉姆提起。由于普法战争以及德意志帝国成立，总体上的氛围并不会好转。重新开始争论的契机是马丁公司的一份出版物，其中提及西门子时只将其列为供热系统的供应商。公司方面的说法是，马丁父子将西门子提供的熔炉进行改进，在炉底用当地的沙子铺层。他们是“将不同的新旧方法统一起来用敞口炉生产钢材”的首家公司，该公司的主要策略方针是要让谁是“第一个”的问题变得并不重要。这是威廉姆不想接受的，他在争论中努力去找到不伤和气的语调，但是他特别强调，他在这项发明中的作用应该得到应有的尊重[③]。

---

① 参见词条“Procédé Martin–Siemens”, in: Wikipedia (Frankreich)（查核时间2019年4月4日）; Thuillier, L’Invention, S. 2; Laurant, Des fers de Loire, S. 161 u. passim.

② Peipers, Martin’s Verfahren; Siemens, Friedrich, Martins Verfahren（引文出自此处）; Siemens, Friedrich, Siemens–Martin’sches Verfahren.

③ Rotth, Die Brüder Siemens u. das Siemens–Martin–Verfahren, S. 208 ff.（引文见S. 212); Ehrenberg, Die Unternehmungen, S. 360 f.

不仅对法国公司如此，面对自己的兄弟们，威廉姆也持有同样的原则：“我承认自己的雄心是，站在同人当中得到尊重……”1873 年出现的争议的契机是一篇文章，其中将计时蒸汽机调节装置完全归功于维尔纳。在这一个案中，威廉姆指责维尔纳（也包括弗里德里希）“太愿意让自己的想法获胜，以至于把奠定或者完善这一想法的其他贡献都统统抹去”。维尔纳基本上同意威廉姆的看法，并试图去安抚他：“弟弟们的成就，尤其是你的成就，带给我的愉快始终要多于我自己的成就。”①

威廉姆对发明活动的高度尊重，也让他对专利制度持积极态度。专利制度承认发明者的优先权，并为其提供了获取收益的机会。但是，他对现行的专利法和专利局的工作颇为不满，他多次抱怨普鲁士专利官员的无能。例如，他认定这些人根本不懂他的回热型蒸汽机。他还给维尔纳异想天开的指导：“但愿你能让这帮人清醒过来，如果用 25 份股份能做到的话，那就从我的份额中拿出来给他们。贿赂一个普鲁士专利官员带来复仇快感，仅此就值得这笔花费！”②

1852 年，英国政府设立了中央专利局，其任务是审核、拒绝或批准那些提交上来的专利申请。19 世纪 70 年代，政府准备对专利法进行改革，这使得工程师学会有了用武之地，他们努力研究政府的法案，并起草了自己的草案。威廉姆参与了 3 个所有涉及专利法的机构。1875 年，他接任了机械工程师学会一个相应委员会的主席职务③。该委员会尤其严厉地批评政府的法案。不列颠科学协会的做法与此类似④。工艺协会将自己的法案带入顾问活动当中。威廉的密友之一弗雷德里克·约瑟夫·布拉姆威尔在不列颠科学协会和工艺协会担任要职。

---

① SAA W712, 25.1.1873—Wilhelm an Werner Siemens; SAA W713, 2.2.1873—Wilhelm an Werner Siemens (引文出自本信件); SAA W521, 27.1.1873—Werner an Wilhelm Siemens; SAA W522, 15.2.1873—Werner an Wilhelm Siemens (引文出自本信件).

② SAA W2189, 19.2.1856—Wilhelm an Werner Siemens.

③ Siemens, The Scientific Works, Bd. 2, S. 344 f.; Minutes of the Proceedings of the Institution of Mechanical Engineers (1875), S. 179 f.; SAA W841, 31.5.1875—Wilhelm an Werner Siemens; Parsons, A History, S. 24 ff.

④ Report of the Meeting of the British Association of Science 48 (1878), S. 157, 49 (1879), S. XXII u. S. 223 f., 51 (1881), S. 222–224, 52 (1882), S. 310 u. 53 (1883), S. 222–224.

威廉姆自己并没有起草专利法草案，他的基本观点出现在一系列讨论记录中[①]。在他看来，专利法应该促进发明活动，因此，给发明者设定的形式上和财务上的门槛不能太高。专利局应向发明者提供建议和鼓励，绝对不得采取任何限制性的行动，发明者需要有足够的时间将该发明付诸实践。然而，他们也应该有义务让公众改进和应用其专利。出于这一原因，专利期应该有限定。政府也应该为专利的使用而付费。

威廉姆多次主张理论与实践相结合，也主张自然科学与实践经验要互为作用[②]。无论是“科学的大祭司”，还是“经验法则的践行者”，单独一方都无法促成进步，相反，他们应该融合并成为“自然世界的探索者”。他在多次演讲中都对这一主题进行了阐述：“我们现在的快速进步归功于那些在自身领域提出实际问题的科学家，以及将自己的部分时间用于纯科学研究的实践者。两者越来越多地融为一体：作为自然世界的探索者。”[③] 在一次关于科学仪器的展览上，威廉姆曾经说过：

> “……纯科学和应用科学之间的屏障在今天确实不应该再有任何意义。我们看到一些实践者，大型科学院以及科学学会提供荣誉职位给他们；也看到一些迄今为止致力于纯科学研究的人，他们早已经不再把追求实用目标的科学应用当成不名誉的事情。”[④]

尽管如此，如果威廉姆觉得有人为理论而理论时，他还是准备反对。因

---

① Siemens, Address as President, S. 54 ff.; Journal of the Iron and Steel Institute 7 (1877), S. 529 f.; Siemens, The Scientific Works, Bd. 2, S. 419 ff.; Journal of the Society of Arts 31 (1883), S. 598 f.

② Siemens, Eisen-und Stahl-Industrie, S. 3; Siemens, Address of the President of the British Association, S. 318 f. (引文见 S. 319).

③ Siemens, Ueber die neuesten Errungenschaften, S. 7.

④ Siemens, Address of the President of the Mechanical Section, S. 113: “[...] the barrier between pure and applied Science may be considered as having no longer any existence in fact. We see around us practitioners, to whom seats of honour in the great academies and associations for the advancement of pure Science are not withheld, and men who, having commenced with the cultivation of pure Science, think it no longer a degradation to follow up its application to useful ends.”

此，一位演讲者以数学的精确性为出发点来质疑那些在实践中已经受到检验的计算方法时，威廉姆用这句话来反驳他：“数学或许可以做个好女仆，却是个危险的女主人。” ①

维尔纳则认为，威廉姆早年在自然科学方面所受到的培养是其成功的关键所在——这不免有些言过其实：

> “他在英国的巨大成功主要归功于他特有的才能，他能够从向他开放的德国科学宝库中，轻松而迅速地获取对当前有实用价值的东西。此外，他还具有另外一种天赋，他能让科学知识随时为己所用。在遇到技术问题时，他总能立即发现某个支撑点来架上科学的杠杆，以便推进或者解决所遇到的技术问题。当时的这些情况也对他有重要帮助：当他前往英国之时，那里的自然科学教育还只是零星地存在着，尽管水平非常高；而自然科学与实践之间生机勃勃的互动，在那里和在德国一样还都缺少。于是，他不仅达到自己做出了不起的事情，也通过活跃而有力地介入在英国高度发达的科学－技术学会的活动，从而不仅给科学－技术界以及整个英国工业界都做出了重要的功绩。” ②

维尔纳给威廉姆的这份评价，也表达了他自己对自然科学和技术的态度。他感觉自己就是一个被耽搁的科学家，并多次因为受阻于技术－企业活动而未能将更多时间投入到科学研究上而感到遗憾。在谈及当选为普鲁士科学院（Preußische Akademie der Wissenschaften）院士时，他曾经这样说：“正如我的朋友杜布瓦－雷蒙德在作为科学院院长来回应我的就职演说时指出的那样，依照我的性情和倾向，我会让自己归属于水平更高的自然科学，而不是技术。自

---

① Siemens, The Scientific Works, Bd. 2, S. 402 ff.（引文见 S. 402): “Mathematics, however good a handmaiden, might be a very dangerous master.”

② Siemens, Werner, Lebenserinnerungen, S. 172 f.

然科学研究是我最早的兴趣、是我年青时的热爱，也一直延续到了老年……”[①]威廉姆更强调科学和技术之间的互动，而维尔纳则将它们之间的关系描述为一条单行道：“……我清楚地认识到，技术进步只能通过在技术人员中传播科学知识才可以实现。”[②]

对威廉姆来说，自然科学也是一个重要的参照。值得注意的是，在他的密友中，自然科学家多于工程师。他希望自己被当成一位科学家，也许这是他从事太阳理论研究的动机。他的出发点是自然现象和技术现象的一致性。他接受并宣扬全部自然力量都关联在一起的理论[③]。他并不怯于拿自然界的现象与技术过程来进行类比，他的太阳理论就是与回热炉进行类比。在一个关于麦克风作为科学仪器的报告中，他将人的感官与留声机进行比较[④]。

企业家

威廉姆的商业活动与他的技术创新紧密相连。这完全可能是一个劣势，因为他很重视自己的创造性想法，很难从经济角度对其进行评估从而选择放弃[⑤]。威廉姆看重的取向，首先是技术进步，其次才是技术创新带来的盈利可能性。

威廉姆在年轻时就已经显示出有能力让别人对他的想法和活动感兴趣，并让自己获得他人的青睐，他的第一次英国之行就为维尔纳的电镀工艺找到了两个买家。在以后的各个时期，赢得投资者的信任对他来说似乎也不是最大的难题。开始时他与工程企业家合作，后来则更多地与银行和资本投资者打交道。威廉姆参与技术－科学协会和俱乐部的活动，对于他赢得投资者的信任肯定有利。最后，毕竟还有西门子和戈登这两个家族，以非常重要的方式参与了他的业务。

---

① Siemens, Werner, Lebenserinnerungen, S. 409; 也参见 Siemens, Werner, Lebenserinnerungen, S. 79 h u. 145; 参见 Ehrenberg, Die Unternehmungen, S. 447; Bähr, Werner von Siemens, S. 299 ff.

② Siemens, Werner, Lebenserinnerungen, S. 80.

③ Siemens, Ueber die Nutzbarkeit der Wärme, S. 4 ff.

④ Siemens, The Scientific Works, Bd. 3, S. 205–207.

⑤ 见本书第 169–174 页。

投资者经历了一系列失望，因为对威廉姆的投资经常以失败告终。威廉姆的第一批创新，例如，计时调节器、凸版翻印工艺、人造石生产和回热型蒸汽机都遭遇滑铁卢：研发工作被放弃，为营销而成立的公司也停止了业务活动。后来的一项重大投资，即兰多尔钢铁厂也以经济惨败告终。从整个技术发展史来看，这种失败普遍存在，并没有什么不正常。

商业失败主导了威廉姆在英国的第一个十年。然而，从 19 世纪 50 年代中期开始，他的企业开始获取利润。首先是水表，然后是回热炉和电缆铺设。到 19 世纪 60 年代初时，威廉姆为自己建立了一个令人满意的生存环境。此后，他成为一个极其富有的商人。他能够承受兰多尔钢铁厂多年累积下来的巨额亏损，这就足以表明他的经济状况非常好。他个人对这家位于威尔士的钢厂投资和损失估计高达 30 万英镑。尽管如此，他身后留下的财产仍然有 38 万英镑。

在威廉姆的企业活动中，有必要将他领导英国西门子公司与他在家族企业之外的个人活动予以区分。1858 年成立的西门子 - 哈尔斯克公司英国分公司在 1865 年改为西门子兄弟公司，将重点放在海底电缆业务上。这项业务只有在英国经营才有望获得成功。威廉姆之所以热衷于此，是因为他要借此取得更大的独立性，这无法不与其他兄弟们以及柏林的母公司发生冲突。此外，威廉姆还想在日益扩展的海底电缆业务上获得市场主导地位，为此他不惜冒更大风险。他的兄弟们，尤其是维尔纳，对此不以为然，并力图阻止威廉姆的计划。其结果是，西门子兄弟公司在海底电缆方面没能成为市场领先者。不管怎样，威廉姆不顾兄弟们的疑虑，建造了伍尔维奇电缆厂以及“法拉第号”电缆铺设船。

威廉姆在英国的各种举措并非没有矛盾之处。一方面，他想在海底电缆业务中大展拳脚；另一方面，他特别在意自己作为工程师在机械制造和钢铁生产领域的私人活动可以继续下去。他的设想是，创新者这一他最热爱的身份，他可以继续下去；与此同时，他能够战略性地领导西门子兄弟公司。为此，他需要有人来帮忙，以减少他在运营公司方面的负担。弟弟卡尔在 1869—1880 年替他做了一些工作，但并没有达到他所希望的程度。

瓦尔特、卡尔、维尔纳和奥托（从左到右），安妮和威廉姆（前排坐者）（1860 年）

很难说西门子家族的公司是否因为错失海底电缆业务，导致该公司上升为全球企业的日程被推迟了。毋庸置疑的是，在 19 世纪的最后 30 年里，海底电缆是最有利可图的商业领域之一，这一市场也存在着强有力的竞争者。问题在于，西门子公司是否能够战胜这些竞争者。另外一个问题便是威廉姆是否会是经营这类企业的合适人选，因为这类业务的风险非常大。威廉姆会忽视风险管理和成本控制原则，按部就班的账目不在他的优先事项当中。在涉及创新与投资时，他总是以为早晚会带来收益，但是这种希望在很多次都变成了失望。

关于威廉姆与自己公司里的雇员之间的关系，很少有见证人。他似乎相当受欢迎。他的自我设定——如同当时普遍流行的那样——是公司的长老，在公司里一言九鼎，但同时寻求与雇员建立亲善关系。他提倡一种社会伙伴关系，像旧时行会那样，希望在雇主和雇员之间能够有“仁爱”存在[1]。只要设备不像在钢铁厂或者玻璃厂那样必须连续运转，他就不让工人们在星期日工作。19世纪70年代初，威廉姆在伍尔维奇的电缆厂设立一个由公司出资的年金账户，在雇员死亡或者生病时支付年金。“通过额外多支出这1%的资金，我们得到更好的服务和工作，以及好得多的归属感。”[2]

威廉姆去世后，总经理路德维希·洛夫勒扩大了自己在西门子兄弟公司的地位。19世纪80年代末，洛夫勒将公司的管理权交给了亚历山大·西门子，直至1899年后者一直担任该职位。进入20世纪后，西门子公司特别聚焦电能技术，此时电力工程的业务前景已经超过了通信工程。在第一次世界大战期间，西门子兄弟公司被当作敌方的外国资产转移到英国人手中。因此，在两次世界大战之间，西门子公司不得不重新建设他们在英国的业务。

---

① Siemens, Remarks on the Annual Festival, S. 263; 参见 Siemens, Eisen−und Stahl−Industrie, S. 8.

② Siemens, Remarks on the Annual Festival, S. 264 f. (引文见 S. 264): “By giving this additional amount of 1 per cent, we get better Service and work, and I believe that in a similar way a much better feeling might be established.” 参见 Pole, Wilhelm Siemens, S. 365 u. 373 ff.

威斯特敏斯特大教堂的一扇玻璃窗(1885 年)

第八章

身后余响

威廉姆·西门子意外去世，享年 60 岁。从皇家学会参加会议出来后，他在回家的路上摔倒，但没有受任何重伤①。然而，几天后他突感身体不适，没多久便病逝了。后来，人们才发现，这次摔倒加重了以前未曾发现的心脏疾病，从而导致了他的突然离世。

威廉姆的逝世产生了巨大反响。他的遗孀安妮收到大量吊唁信件，其中不乏来自王室成员的②。各种报纸和期刊一共发表了大约150份讣告③。其中，许多都以由关系密切的熟人、朋友撰写的文章为蓝本，带有很强的私人悼念色彩。土木工程师学会的讣告长度非同寻常。这份讣告强调了威廉姆的多方才能，以及他那“令人吃惊的将科学用于工业目标上的能力”④。威廉·汤姆森在《自然》杂志上对威廉姆的技术和科学工作表示敬意，并提到了他们之间25年的友谊⑤。《泰晤士报》刊登了一份来自工艺协会的讣告：“如果我们回顾一下英国的科学伟人，就会发现他们中很少有人在服务于人民方面比他——这

① 参见 SAA, ohne Signatur, 13.11.1883—Anne an Anna Siemens.

② Pole, Wilhelm Siemens, S. 376 f.

③ Pole, Wilhelm Siemens, S. 376 ff. u. 393 ff.

④ Minutes of Proceedings of the Institution of Civil Engineers 77 (1884), S. 352–372 (das Zitat S. 352): “[...] his amazing skill in the adaptation of Science to industrial and useful purposes.”

⑤ Nature 29 (1884), S. 97–99; 参见 Pole, Wilhelm Siemens, S. 304, 398 u. 402 f.

位英国的养子——做得更多。”[①] 威廉姆的私人秘书爱德华·F. 班博（Edward F. Bamber）描述了他的日常工作[②]。时任英国皇家学会主席的托马斯·亨利·赫胥黎的评价是“……在发明的丰富性和独创性方面，没有其他人能超过威廉姆·西门子爵士”[③]。威廉姆的前同事欧根·奥巴赫（Eugen Obach）在德国艺术与科学协会那里对威廉姆的创新活动做了可能是最好的、传播最广的总结[④]。

威斯特敏斯特大教堂（1880 年）

威斯敏斯特大教堂给英国社会最伟大的人物提供一方安息之地，或者在那里以其他方式纪念他们。土木工程师学会和工艺协会提议，将威廉姆·西门子安葬在那里，这说明他所受到的尊重程度之高[⑤]。当时大教堂里已经空间不足，相关责任者没有遵循这一建议，不过暗示可以在那里举行葬礼或者竖立一座半

① The Times v. 21.11.1883, abgedruckt in: Pole, Wilhelm Siemens, S. 399 f.（引文见 S. 400).

② Engineering: An Illustrated Weekly Journal 36 (1883), S. 477–480; 参见 Pole, Wilhelm Siemens, S. 398 u. 402.

③ Proceedings of the Royal Society of London 36 (1883/84), S. 62: “[...] Sir William Siemens had no Superior in fertility and ingenuity of invention.”

④ Obach, Sir William Siemens.

⑤ Pole, Wilhelm Siemens, S. 378 ff.

身像。大教堂拒绝为威廉姆提供最后安息地一事，在当时的德国已经出现了错误的阐释。例如，期刊《钢与铁》(Stahl und Eisen) 推测，拒绝的原因在于威廉姆是“一位德国人，或者更多地是因为，在他身上忠实地保留了纯粹德国人的性格特征”①。

在威斯特敏斯特大教堂为威廉姆举行葬礼一事，主要是由他的工程师朋友弗雷德里克·约瑟夫·布拉姆威尔和约翰·福勒 (John Fowler，1817—1898) 代表土木工程师学会来推动的②。他们力图赢得当时的皇家学会主席赫胥黎的支持，但是后者在一开始时态度还是有所保留。他的论点是，皇家学会只推崇逝者在科学上的功绩（这里的潜台词是技术－产业上的功绩不在其列）。在进一步了解情况后，赫胥黎似乎打消了疑虑。此外，据说还有包括威尔士亲王在内的数千名英国人要求威廉姆的葬礼在这里举行③。不管怎样，1883 年 11 月 26 日在威斯特敏斯特大教堂举办的葬礼变成一桩社会事件④。最重要的技术科学协会的主席们亲自担任护柩者。

对工程师协会来说，这还不够。土木工程师学会的建议——在大教堂内安装玻璃彩窗纪念威廉姆——得到了积极响应⑤。土木工程师学会、机械工程师学会、造船师学会、钢铁协会以及电报工程师和电气工程师协会联合起来，在其成员中募集资金来资助了建造这扇彩窗。他们交给威廉姆的遗孀安妮的设计草案，让她感到非常符合自己的心意⑥。彩窗的画面涵盖科学、艺术和手工艺，上方是一句格言“劳作即祈祷”(Laborare est Orare)⑦。根据一份资料的描述，画面上展示的是威廉姆作为教授与他的学生们在一起，在窗扇的底部可以读到一行字：“工程师同业人以此致以的崇高敬意。”⑧

---

① Nachruf Wilhelm Siemens in: Stahl und Eisen 3 (1883), S. 700 f.

② Projekt “The Correspondence of John Tyndall”, 20.11.1883—Huxley an Tyndall.

③ Wedding in: Sitzungsberichte des Vereins zur Beförderung des Gewerbfleißes 1884, S. 6.

④ IET Archives, Minutes v. 22.11.1883; Engineering 36 (1883), S. 502; Pole, Wilhelm Siemens, S. 382.

⑤ Pole, Wilhelm Siemens, S. 385 ff.

⑥ SAA, ohne Signatur, 8.2.1885, Anne an Anna Siemens.

⑦ 图片见 Pole, Wilhelm Siemens, S. 385; 详细描述见 IET Archives DEP/1/3/120, 摘自 The Builder v. 28.11.1885.

⑧ SAA 0726, Sir William Siemens Window: “Erected as a Tribute of Respect by his Brother Engineers.”

威斯特敏斯特大教堂一块玻璃彩窗上展示的威廉姆·西门子的形象（1885 年）

向威廉姆致敬的窗扇被安排在北侧，紧挨着罗伯特·史蒂文森的纪念彩窗。在 1885 年 11 月的落成典礼上，弗雷德里克·约瑟夫·布拉姆威尔致辞。他盛赞威廉姆完成的作品，也更深入地谈及他的性格：“如果说，一个好人要谦虚，当然还要友好、善良以及热爱真理，那么我们可以不假思索地断言，威廉姆·西门子是真正意义上的好人……”布拉姆威尔在致辞结尾时说：“没有人比我更有资格说出这句话：能获得他的友谊的人何其幸福，因为这友谊从未动摇过、从未冷却过！”①

① Pole, Wilhelm Siemens, S. 388 ff. (引文见 S. 391 f): “If modesty, kindliness, benevolence, and truthfulness constitute a good man, then one may unhesitatingly say that Sir William Siemens was, in the full sense of the word, a good man.” “[...] no one is better entitled to say it than I am, that happy was the man who secured his friendship, for that friendship never wavered and never waxed cold.” (Pole, Life, S. 377); SAA Friedrich Heintzenberg V.

第二次世界大战后，围绕着这扇彩窗的命运出现了许多错误信息。在英国工程界流传的说法是，彩窗在第一次世界大战期间因为英国与德国是敌对国而被拆除并存放在仓库里。在第二次世界大战期间，彩窗被毁于德国空袭，残余部分被添加到大教堂塔楼的一扇窗户上。这些传言被西门子公司接受并传播，历史学家们以及西门子公司的管理者们把彩窗在第一次世界大战期间被拆除的说法当作事实。这个传言在一定程度上也被当成证据，用来说明冲突和危机导致的各种民族主义情形①。

西门子彩窗的真实故事比这更复杂，但与民族主义无关。1907 年，大教堂决定拆除一些彩窗，腾出空间安装那些向国王以及大主教们致敬的彩窗。这一举措的原因也在于，一些原来的彩窗已经严重褪色，无法让足够多的光线透进大教堂内。在接下来的几十年里，理查德·特雷维西克（Richard Trevithick，1771—1833）、伊桑巴德·金德姆·布鲁内尔（Isambard Kingdom Brunel，1806—1859）和罗伯特·史蒂文森的纪念彩窗被替换下来。1926 年，约翰·洛克（John Locke，1632—1704）和威廉姆·西门子的纪念彩窗被替换。这两个年份 1907 年和 1926 年，以及这位英国伟大的工程师与哲学家的纪念彩窗的处理方式相同，这些都表明拆除西门子纪念彩窗不包含任何民族主义背景。实际上，在两次世界大战之间那段时期，英国工程界代表普遍反对拆除同业人的纪念彩窗，西门子公司在 19 世纪 30 年代也致力于将威廉姆的纪念彩窗重新安装起来，但是最终无果②。

关于西门子彩窗被毁于德国炸弹的说法，也同样是无稽之谈。彩窗在库房里，在第二次世界大战期间似乎完好无损。不管怎么说，1953 年大教堂将彩窗提供给电气工程师学会，而学会因为找不到合适的用途而拒绝接受。此后，大教堂才将彩窗拆开，并将其中的一部分组合到塔楼的彩窗里，因为那里的窗户

---

① SAA Friedrich Heintzenberg V, “Das Gedenkfenster für Sir William Siemens in der Westminster-Abtei”; Weiher, Die englischen Siemens-Werke, S. 121; Lutz, Carl von Siemens, S. 14 f.

② 此处依据威斯特敏斯特大教堂的 Christine Reynolds 在 2017.11.2. 写给作者的邮件。此外也参见 IET Archives Biographies, Sir Charles Siemens; SAA 0726, Sir William Siemens Window.

在战争中被部分毁坏了[①]。

威廉姆·西门子（1882 年）

威廉姆非常看重的一点是他对技术的贡献应该得到相应的尊重[②]。他让人把自己撰写的重要论文翻译成德文，其中一些是由他来承担费用的[③]。其中包括论文集《当前的一些技术与科学问题》。此外，他也预先实施了一些举措，以便在他去世后自己的贡献不会马上被后世遗忘。他在遗嘱中规定，他的科学著作要在身后要汇集出版[④]，他指定的遗嘱执行人是自己的养子亚历山大·西门子（他的长期业务合作伙伴刘易斯·戈登的儿子）、约瑟夫·G. 戈登以及西门子兄弟公司的律师 J.W. 巴德（J. W. Budd.）为遗嘱执行人[⑤]。他们委托长期担任威廉姆私人秘书的爱德华·F. 班博进行文集的编辑工作。班博按照题目分类，汇集成三卷本，几乎完整地包含了威廉姆的全部论文以及讨论文章。

威廉姆很可能在生前或在遗嘱中提到要完成一部他的传记[⑥]，甚至他可能已经指定这一任务由威廉姆·玻尔来完成。在威廉姆去世后不久，玻尔在舍伍德住下，1884 年他被选定为传记作者[⑦]。玻尔是威廉姆的朋友和工程师同事[⑧]，他曾在印度和英国担任工程师，并于 1859 年成为伦敦大学的土木工程教授。他在皇家学会、土木工程师学会和皇家研究院也都担任重要职务[⑨]。玻尔也撰写

① IET Archives DEP/1/3/120.

② 见本书第 168 页。

③ ZLB Springer A/S 101.

④ Siemens, The Scientific Works, Bd. 1, S. V; 参见 Nature 1889, S. 409−411.

⑤ SAA 55.Lr 258, The Estate of the Late Sir William Siemens (Deceased). London 1892.

⑥ 相应的表述见 Pole, Life, S. V.

⑦ SAA. 3.Lr 506, 3 Sherwood, Gästebuch; SAA W8114, 8.9.1884—Werner an Friedrich Siemens.

⑧ 参见 Watson, The Smeatonians, S. 79.

⑨ Pole, Wilhelm Siemens, Titelblatt; Notices of the Proceedings at the Meetings of the Members of the Royal Institution of Great Britain 7 (1873—75), S. 470.

关于音乐的文章。在音乐方面，玻尔的兴趣可能与安妮·西门子的兴趣相吻合，后者受过声乐专业培养。玻尔之所以是一位有资格的传记作者，更是由于他完成过关于罗伯特·史蒂文森和威廉姆·费尔贝恩（William Fairbairn，1878）的传记。

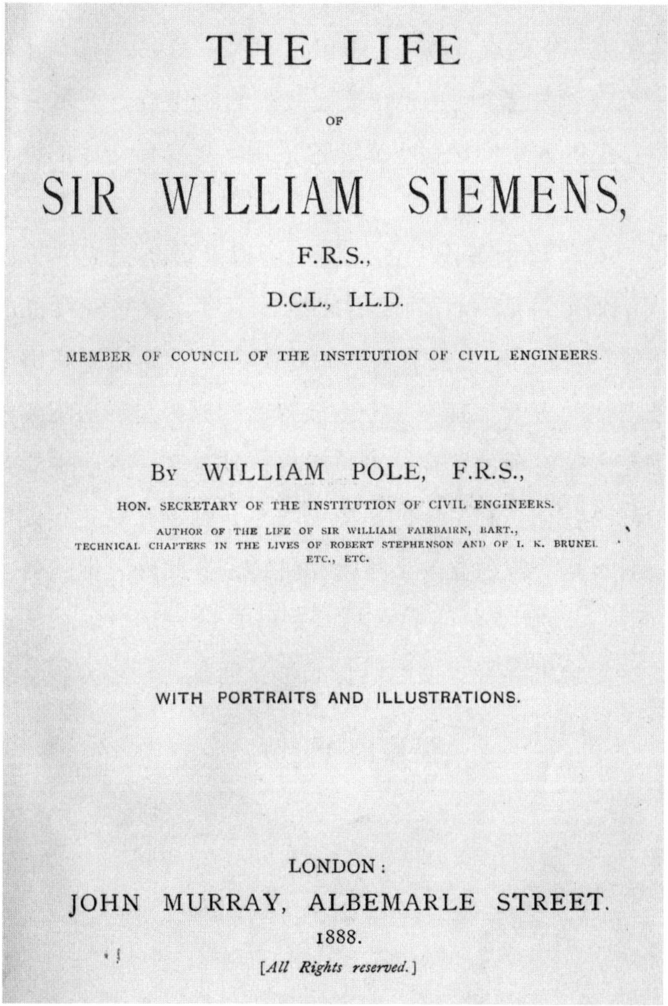

THE LIFE

OF

SIR WILLIAM SIEMENS,

F.R.S.,

D.C.L., LL.D.

MEMBER OF COUNCIL OF THE INSTITUTION OF CIVIL ENGINEERS.

BY WILLIAM POLE, F.R.S.,

HON. SECRETARY OF THE INSTITUTION OF CIVIL ENGINEERS.

AUTHOR OF THE LIFE OF SIR WILLIAM FAIRBAIRN, BART.,
TECHNICAL CHAPTERS IN THE LIVES OF ROBERT STEPHENSON AND OF I. K. BRUNEL
ETC., ETC.

WITH PORTRAITS AND ILLUSTRATIONS.

LONDON:
JOHN MURRAY, ALBEMARLE STREET.
1888.

[All Rights reserved.]

威廉姆·玻尔完成的第一部威廉姆·西门子的传记的封面（1888 年）

1884 年，亚历山大·西门子在与安妮协商后，求助于维尔纳，请他支持编辑威廉姆的著作和传记。维尔纳支持该项目——尽管有些犹豫，因为他认为还为时过早了些。该传记于 1888 年以英文出版，甚至在该书出版前，亚历山大就与施普林格（Springer）出版社取得联系，着手于德文版的翻译①。亚历山大承诺会购买一定数量的印本，以便让该项目对出版商更有吸引力。施普林格反应积极，维尔纳参与了谈判和准备工作。除一些细节之外，他对玻尔的工作很满意。他审读了德文译本，尤其是批评其中众多的英文借用词。最终，亚历山大、维尔纳和维尔纳的女儿赫塔（Hertha，1870—1939）参与了审读和校对工作，西门子家族还额外承担了 1890 年德文版的制作费。玻尔完成的传记促使维尔纳决定将自己的人生回忆写下来，他采用了英文传记中的许多信息，以及很多表述②。

回头来看，对“科学著作”的编辑出版以及玻尔完成的传记，在世纪之交时加强了人们对威廉姆·西门子的回忆。不过，这些资料也造就了另一种情况：在接下来的 20 世纪，没有人再去花大力气重新梳理廉姆·西门子的生平事迹、去推崇他的成就。其中一个不该忽略的原因是，历史学家们无法把威廉姆·西门子完全彻底地放置在国别技术史、技术与工业企业史当中——放在英国或者德国都不合适。在早年的历史书写中，他的存在更多是西门子家族企业中的一员，而不是一位独立的工程师和科学家。此外，他的名字还是“西门子－马丁炼钢法”以及“西门子－马丁钢材”的一部分。在长达一个世纪之久的时间里，这是全世界最重要的钢材品种。但是，很多人根本不清楚这个名称中涉及的人，是西门子家族众多成员中的哪一位。

---

① SAA F2091, 17.8.1884—Werner an Alexander Siemens; SAA, ohne Signatur, 12.10.1885—Anne an Anna Siemens.

② ZLB Springer A/S 102; 参见 Pole, Life, S. VI.

结 语

一生纠结：独立创新与家族企业

威廉姆·西门子与公司创始人维尔纳·冯·西门子以及卡尔·冯·西门子组成的三人“兄弟联盟”，决定了西门子家族公司在 19 世纪的命运。威廉姆在几个方面与哥哥维尔纳和弟弟卡尔不同：后二者都是充满激情的企业家；在身为企业家之余，维尔纳也对自然科学情有独钟。威廉姆则是一位高素质的机械工程师，他对冶金学也有深入的知识，他更以技术进步为取向，期望从中找到办法来解决当时的环境以及其他问题。

在西门子－哈尔斯克公司发展为一个全球性企业的过程中，卡尔和威廉姆发挥了核心作用。卡尔建立了公司的俄国业务，威廉姆建立了公司的英国业务。在这一过程中，威廉姆在很大程度上接受了英国社会和文化，甚至成为英国人。他移居英国，与一位苏格兰女子结婚并取得了英国公民身份。他在英国工程师界，取得了特别突出的地位。在他去世后，威斯敏斯特大教堂的一扇彩窗被用来向他致敬，这是一种再高不过的的敬意。威廉姆与德国文化虽然一直保持着联系，但他对德国政治，尤其是普鲁士政治只有蔑视，因为这与他的自由主义观点相悖。

威廉姆作为西门子家族企业的代表而行事，但也很重视他作为工程师和发明家的独立工作。这使得他与维尔纳有冲突，后者希望威廉姆能够全身心地投入到西门子公司的业务中。另一个冲突点是对参与跨大西洋电报业务的态度：

威廉姆希望以英国这个全球海底电缆业务的中心为据点，通过更大的投入挺进这项新技术领域；他的兄弟维尔纳和卡尔则在不容小觑的风险面前有所畏惧。这两点冲突导致威廉姆与维尔纳之间的沟通有时会出现不耐烦的语调，但他们总能重归于好。另一方面，威廉姆在与英国工程师协会的交往则以信任和信赖感为主调，他也非常讲究交往策略。

威廉姆的发明活动曾导致了无数次失败，也取得过相当大的成功。其中包括水表和回热炉，但最重要的是与他的名字连在一起的“西门子－马丁炼钢法”。在大约一个世纪里，这是世界上最重要的钢铁生产工艺（即平炉炼钢法），这已经确保了威廉姆在技术史上有一席之地。在西门子公司的历史上，他也应该有一席之地。尽管威廉·西门子更像是一个充满激情的发明家和技师，而不是一个企业家，但他在当时最重要的英国市场上，为西门子－哈尔斯克公司的利益代言发声，为公司的崛起——成为一家国际电气公司——做出了决定性的贡献。

附　录

威廉·西门子的著作目录

本目录包括威廉姆·西门子的专著和学术论文，依发表时间编排。报刊文章、学术活动上供讨论的文稿以及用于专利申请的资料均未列入此目录。威廉姆·西门子的著作文章经常有不同样式的重印本。绝大多数著作文章为英文，目录中将英文原标题列于首位，如果有德文版，相关信息会出现在英文信息之后。如果该文被收录进威廉姆·西门子的两大本著作合集的话，也有所标明。这两部文集是：

The Scientific Works. Hrsg. v. Bamber, Edward F., 3 Bde., London 1889.

Einige wissenschaftlich-technische Fragen der Gegenwart. 2 Bde., Berlin 1879—1883.

有些出版物的印刷地点不详。本书未致力于提供出版物的印刷地的完备信息。

(Zusammen mit Werner Siemens): Beschreibung des Differenz-Regulators der Gebrüder Werner und Wilhelm Siemens. Polytechnisches Journal 98 (1845), S. 81-90; auch in: Siemens, Werner: Wissenschaftliche und Technische Arbeiten, 2. Bde., Bd. 2, S. 2-11.

Description of an Improved Air-Pump, Applicable to Philosophical and Manufacturing Purposes, Invented and Patented by C. W. Siemens. London 1846.

On an Improved Electric Telegraph. Minutes of the Society of Arts 1849, 30. Mai; auch in: The Scientific Works. Bd. 2, S. 3-5.

Condenser for Land and Other Steam Engines. Minutes of Committee of Mechanics of the Society of Arts, Mai 1850; auch in: The Scientific Works, Bd. 1, S. 1 f.

Verbesserter Flächenkondensator. Berliner Gewerbe–, Industrie–und Handelsblatt 30 (1849), S. 167 f. u. 169–172.

On a New Regenerative Condenser for High and Low Pressure Steam–Engines. Minutes of Proceedings of the Institution of Mechanical Engineers 1851, S. 18–34; auch in: The Scientific Works, Bd. 1, S. 3–17.

Neuer regenerirender Condensator für Hoch–und Niederdruck–Dampfmaschinen, welchen sich der Civilingenieur C.W.Siemens zu Birmingham für England patentiren ließ. Polytechnisches Journal 123 (1852), S. 249–261.

On the Expansion of Isolated Steam, and the Total Heat of Steam. Minutes of Proceedings of the Institution of Mechanical Engineers 1852, S. 131–141; auch in: The Scientific Works, Bd. 1, S. 17–26.

Ueber die Expansion des isolirten (trockenen) Dampfes und die Gesammtwärme des Dampfes. Polytechnisches Journal 127 (1853), S. 81–88.

On the Conversion of Heat into Mechanical Effect. Minutes of Proceedings of the Institution of Civil Engineers 12 (1852/53), S. 571–590; auch in: The Scientific Works, Bd. 1, S. 29–50.

On an Improved Governor for Steam Engines. Excerpt Minutes of Proceedings of the Meeting of the Institution of Mechanical Engineers at Birmingham, 27th July, 1853. Birmingham 1853.

On an Improved Water Meter. Minutes of Proceedings of the Institution of Mechanical Engineers 1854, S. 3–14 u. 15–19; auch in: The Scientific Works, Bd. 2, S. 275–289.

On an Improved Water Meter. Minutes of Proceedings of the Institution of Mechanical Engineers 1856, S. 113–120 u. 123; auch in: The Scientific Works, Bd. 2, S. 289–296.

On a Regenerative Steam Engine. Notices of the Proceedings at the Meetings of the Members of the Royal Institution of Great Britain 2 (1854–58), S. 227–236; auch in: The Scientific Works, Bd. 1, S. 50–61.

On a New Construction of Furnace, Particularly Applicable Where Intense Heat Is Required. Minutes of Proceedings of the Institution of Mechanical Engineers 1857, S. 103–111; auch in: The Scientific Works, Bd. 1, S. 62–67.

Neue Ofen–Einrichtung, von Hrn. Wilhelm Siemens. Polytechnisches Journal 146 (1857), S. 174 f.

Rapport de L'Ingénieur–en–chef, C. W. Siemens, aux Actionnaires de la Société Anonyme Continentale pour les Machines à Vapeur Regénérative, Système Siemens, Londres, 4 Mai, 1857; auch in: The Scientific Works, Bd. 3, S. 3–7.

(Zusammen mit F(riedrich) Siemens): Schweißofen, bei welchem die mit der Feuerluft aus dem Herde abströmende Wärme größtentheils zurückgehalten und wieder benutzt wird. Polytechnisches Journal 147 (1858), S. 273–276.

On the Progress of the Electric Telegraph. Journal of the Society of Arts 6 (1857/58), S. 348–358; auch in: The Scientific Works, Bd. 2, S. 16–46.

(Zusammen mit Werner Siemens): Outline of the Principles and Practice Involved in Dealing with the Electrical Conditions of Submarine Electric Telegraphs. Appendix to the Report of the Joint Committee Appointed to Inquire into the Construction of Submarine Telegraph Cables. London 1861, S. 455–458 u. 379–383; auch in: The Scientific Works, Bd. 2, S. 47–65.

Zeitschrift des deutsch–österreichischen Telegraphen–Vereins 7 (1860), S. 111–116 u. 195–207.

Description of a Machine for Covering Telegraph Wires with India–Rubber. Minutes of Proceedings of the Institution of Mechanical Engineers 1860, S. 137–146; auch in: The Scientific Works, Bd. 2, S. 65–74.

On a New Resistance Thermometer. To Professor John Tyndall. Philosophical Magazine 21 (1861), S. 73 f.; auch in: The Scientific Works, Bd. 2, S. 84–86.

On the Electrical Tests Employed During the Construction of the Malta and

Alexandria Telegraph.

On Insulating and Protecting Submarine Cables. Minutes of the Proceedings of the Institution of Engineers (sic!) 21 (1861/62), S.515–530; auch in: The Scientific Works, Bd. 2, S. 90–110.

Electrical Instruments and Telegraphic Apparatus. In: The Practical Mechanic's Journal Scientific Record of the International Exhibition of 1862; Being a Systematic and Scientific Synopsis of the Chief Productions Shown Relating to Commerce, Arts, and Manufactures. London 1862, S. 529–546.

Description of a New Weapon, Proposed to Be Called a《Rocket Ram》. The Practical Mechanic's Journal 7 (1862), S. 86–88.

On a Regenerative Gas Furnace, as Applied to Glasshouses, Puddling, Heating, etc. Minutes of the Proceedings of the Institution of Mechanical Engineers 1862, S. 21–36 u. 40–44; auch in: The Scientific Works, Bd. 1, S. 81–98.

On the Regenerative Gas Furnace as Applied to the Manufacture of Cast Steel. Journal of the Chemical Society 1863, S. 279–310; auch in: The Scientific Works, Bd. 2, S. 209–237.

Ueber Fabrication von Gußstahl, unmittelbar aus Eisenerzen, mittelst Regenerativ–Gasöfen. Polytechnisches Journal 189 (1868), S. 227–232.

Ueber die elektrische Leitungsfähigkeit der Guttapercha und des Kautschuks unter verschiedenem Drucke. Polytechnisches Journal 171 (1864), S. 234 f.

Deep Sea Telegraphs. Journal of the Royal United Service Institution 9 (1865), S. 459–471; auch in: The Scientific Works, Bd. 3, S. 7–23.

On Uniform Rotation. Philosophical Transactions of the Royal Society 156 (1866), S. 657–670; auch in: The Scientific Works, Bd. 1, S. 107–123.

Regulirapparate für kleine und große Maschinen. Polytechnisches Journal 180 (1866), S. 409–415.

Fest–Rede zur Kinkel–Abschiedsfeier, am 27.September, 1866. In: The Scientific Works, Bd. 3, S. 24–29.

On the Conversion of Dynamical Into Electrical Force Without the Aid of Permanent Magnetism. Proceedings of the Royal Society of London 15 (1866/67), S. 367−369; auch in: The Scientific Works, Bd. 2, S. 119−121.

Testing Electric Cables. Journal of the Royal United Service Institution 10 (1867), S. 427−441; auch in: The Scientific Works, Bd. 3, S. 29−48.

On a Resistance Measurer. Philosophical Magazine 34 (1867), S. 270−273; auch in: The Scientific Works, Bd. 2, S. 121−124.

Ueber einen Widerstandsmesser. Zeitschrift des deutsch−österreichischen Telegraphen−Vereins 14 (1867), S. 76−78.

Ueber die zum Auslegen des Telegraphiekabels in das mittelländische Meer angewendete Maschinerie. Polytechnisches Journal 187 (1868), S. 24−27.

On the Regenerative Gas−Furnace as Applied to the Manufacture of Cast Steel. London 1868.

On Puddling Iron. Journal of the British Association 1868, S. 58−71; auch in: The Scientific Works, Bd. 2, S. 237−255.

Ueber das Puddeln des Eisens. Polytechnisches Journal 190 (1868), S. 203−211.

Neue Verfahrungsarten zur Gußstahl−Fabrication mittels Regenerativ−Gasöfen. Polytechnisches Journal 193 (1869), S. 213−221.

Address as President of Section G (the Mechanical Section) of the British Association, Delivered on the 19th August, 1869. Journal of the British Association for the Advancement of Science 1869, S. 200−206; auch in: The Scientific Works, Bd. 3, S. 52−64.

Elektrisches Compensationsthermometer für unterseeische Temperaturmessungen. Polytechnisches Journal 193 (1869), S. 516 f.

On Pyrometers. Journal of the Iron and Steel Institute 1 (1871), S. 50−55.

The Bakerian Lecture: On the Increase of Electrical Resistance in Conductors with Rise of Temperature, and Its Application to the Measure of Ordinary and Furnace Temperatures; Also a Simple Method of Measuring Electrical Resistances

(Abstract). Proceedings of the Royal Society of London 19 (1870/71), S. 443–445.

Elektrisches Pyrometer. Polytechnisches Journal 201 (1871), S. 41–45.

On the Steam Blast. Paper Read Before Section G of the British Association, 1871. London 1871 (SAA 3.Lr 562).

Inaugural Address as President of the Society of Telegraph Engineers, Delivered on February 28, 1872. Journal of the Society of Telegraph Engineers 1 (1872), S. 19–31; auch in: The Scientific Works, Bd. 3, S. 64–78.

On Measuring Temperatures by Electricity. Journal of the Society of Telegraph Engineers 1 (1872), S. 123–133.

Address of the President of the Institution of Mechanical Engineers, Delivered at Liverpool, on Tuesday, 30th July, 1872. Minutes of the Proceedings of the Institution of Mechanical Engineers 1872, S. 120–124; auch in: The Scientific Works, Bd. 3, S. 79–84.

On a Steam Jet for Exhausting Air, etc., and Some Results of its Application. Minutes of the Proceedings of the Institution of Mechanical Engineers 1872, S. 97–116; auch in: The Scientific Works, Bd. 1, S. 141–157.

Ueber die Anwendung des Dampfstrahles zur Aspiration oder Compression der Gase. Polytechnisches Journal 207 (1873), S. 265–277.

On Smelting Iron and Steel. Journal of the Chemical Society 1872, S. 661–678; auch in: The Scientific Works, Bd. 2, S. 283–302.

Ueber Gewinnung von Eisen und Stahl durch direktes Verfahren. Vortrag gehalten vor der Londoner《Chemical Society》am 20.März 1873. Berlin, Heidelberg 1874, S. 33–70.

On Fuel. A Lecture Delivered to the Operative Classes at Bradford on Behalf of the British Association, 20th September, 1873. London 1873; auch in: The Scientific Works, Bd. 3, S. 85–104.

Ueber Brennstoff. Vortrag, gehalten zu Bradford am 30. September 1873 vor der British Association mit besonderer Berücksichtigung der arbeitenden Classen. Berlin,

Heidelberg 1874.

Das electrische Pyrometer. Polytechnisches Journal 209 (1873), S. 1–4.

On Iron Telegraph Poles. Journal of the Society of Telegraph Engineers 2 (1873/74), S. 49–51, 65–70 u. 79; auch in: The Scientific Works, Bd. 2, S. 129–137.

The Steamship ‹Faraday› and her Appliances for Cable–Laying. Notices of the Proceedings at the Meetings of the Members of the Royal Institution of Great Britain 7 (1873–75), S. 310–313; auch in: The Scientific Works, Bd. 2, S. 137–141. Electrical Resistance Thermometer and Pyrometer. London 1875; auch in: The Scientific Works, Bd. 2, S. 142–179.

Address of the President of the Mechanical Section of Loan Exhibition of Scientific Apparatus, Delivered on the 17th May, 1876. In: The Scientific Works, Bd.3, S. 112–124.

The Action of Light on Selenium. Notices of the Proceedings at the Meetings of the Members of the Royal Institution of Great Britain 8 (1876), S. 68–79.

On Determining the Depth of the Sea Without the Use of the Sounding–line. Philosophical Transactions of the Royal Society 166 (1876), S. 671–692; auch in: The Scientific Works, Bd. 2, S. 358–384.

Some Further Remarks Regarding the Production of Iron and Steel by Direct Process. Journal of the Iron and Steel Institute 1877, S. 345–359; auch in: The Scientific Works, Bd. 1, S. 340–360.

Der Bathometer, ein Instrument zur Bestimmung der Meerestiefe ohne Lothleine. Berlin 1878, S. 43–83.

Address of the President of the Iron and Steel Institute, Delivered on the 20th March, 1877. Journal of the Iron and Steel Institute 1877, S. 6–34; auch in: The Scientific Works, Bd. 3, S. 124–153.

Die Eisen–und Stahl–Industrie Englands. Antrittsrede bei Uebernahme der Präsidentschaft des《Iron–and Steel–Institute》. Gehalten am 21. März 1877. Berlin 1878.

Remarks on the House of Applied Science. Journal of the Iron and Steel Institute 1877, S. 102 f.; auch in: The Scientific Works, Bd. 3, S. 154 f.

Remarks at the Newcastle Meeting of the Iron and Steel Institute. Journal of the Iron and Steel Institute 1877, S. 313–316; auch in: The Scientific Works, Bd. 3, S. 159–162.

Address of the President of the Society of Telegraph Engineers, Delivered on the 23rd January, 1878. Journal of the Society of Telegraph Engineers 7 (1878), S.3–19; auch in: The Scientific Works, Bd. 3, S. 167–181.

On the Construction of Vessels to Resist High Internal Pressure. Minutes of the Proceedings of the Institution of Mechanical Engineers 1878, S. 271–275 u. 286–290; auch in: The Scientific Works, Bd. 2, S. 389–397.

Die Eisen–und Stahl–Industrie in England. Vorträge. Berlin 1878.

On the Production of Steel, and its Application to Military Purposes. Journal of the Royal United Service Institution 23 (1879), S.536–353; auch in: The Scientific Works, Bd. 2, S. 378–402.

Ueber die Fabrication des Stahls und seine Verwerthung für militärische Zwecke. Vortrag gehalten in dem Royal United Service Institut am 3.März 1879. In: Einige wissenschaftlich–technische Fragen der Gegenwart, Bd. 1, Berlin 1879, S. 65–107.

On the Utilisation of Heat and Other Natural Forces. A Lecture Delivered in the City Hall, Glasgow, on Thursday, 14th March, 1878, under the Auspices of the Glasgow Science lectures Association. In: The Scientific Works, Bd. 3, S. 182–205.

Ueber die Nutzbarkeit der Wärme und anderer Naturkräfte. Vortrag gehalten in The Glasgow Science Lectures Association am 14. März 1878. In: Einige wissenschaftlich–technische Fragen der Gegenwart, Bd. 1, S. 1–34.

Address of the President of the Iron and Steel Institute, Delivered at the Paris Meeting on the 16th September, 1878. Journal of the Iron and Steel Institute 1878, S. 307–314; auch in: The Scientific Works, Bd. 3, S. 207–215.

Remarks at the Annual Dinner of the Iron and Steel Institute Held in the Hotel

Continental, Paris, on the 17th September, 1878. Journal of the Iron and Steel Institute 1878, S. 494–496; auch in: The Scientific Works, Bd. 3, S. 215 f.

Remarks on the Occasion of the Excursion of the Iron and Steel Institute to Creusot. Journal of the Iron and Steel Institute 1878, S. 522–524; auch in: The Scientific Works, Bd. 3, S. 217–219.

Remarks on Quitting the Chair of the Iron and Steel Institute. Journal of the Iron and Steel Institute 1879, S. 5–7; auch in: The Scientific Works, Bd. 3, S. 227–229.

On Certain Means of Measuring and Regulating Electric Currents. Proceedings of the Royal Society 28 (1879), S.292–297; auch in: The Scientific Works, Bd.2, S. 201–206.

Ueber einige Methoden den elektrischen Strom zu messen und zu reguliren. In: Einige wissenschaftlich–technische Fragen der Gegenwart, Bd. 1, Berlin 1879, S. 35–44.

On the Transmission and Distribution of Energy by the Electric Current. Philosophical Magazine 7 (1879), S. 352–356; auch in: The Scientific Works, Bd. 2, S. 209–214.

Ueber Uebertragung und Vertheilung von Energie vermittelst des elektrischen Stromes. In: Einige wissenschaftlich–technische Fragen der Gegenwart, Bd. 1, S. 55–63.

On Technical Education. An Address Delivered at the Distribution of Prizes, & Certificates to Students of the Belgrave Mechanics' Institute, Tunbridge Wells, on the 9th December, 1879. In: The Scientific Works, Bd. 3, S. 230–237.

Einige wissenschaftlich–technische Fragen der Gegenwart. 2 Bde., Berlin 1879–1883. On the Dynamo–electric Current, and on Certain Means to Improve its Steadiness. Philosophical Transactions of the Royal Society of London 171 (1880), S. 1071–1088; auch in: The Scientific Works, Bd. 2, S. 214–219.

The Dynamo–Electric Current in its Application to Metallurgy, to Horticulture and to Locomotion. Journal of the Society of Telegraph Engineers 9 (1880), S. 278–303; auch in: The Scientific Works, Bd. 2, S. 220–244.

Ueber die Anwendung des dynamo−elektrischen Stromes zur Schmelzung schwerflüssiger Stoffe in beträchtlichen Mengen. Elektrotechnische Zeitschrift 1 (1880), S. 1−4.

Copy of Communications from The Times and from Nature Regarding the Smoke Question. London 1880.

Zur Rauchfrage. In: Siemens, Friedrich: Bericht über die Smoke Abatement Exhibition London, Winter 1881−82. An das Königlich Sächsische Ministerium des Innern in dessen Auftrage erstattet. Berlin 1882, S. 61−71.

On Some Applications of Electric Energy to Horticulture and Agriculture. Journal of the British Association for the Advancement of Science 1881, S. 474−480; auch in: The Scientific Works, Bd. 2, S. 252−260.

A Contribution to the History of Secondary Batteries. Paper before the British Association for the Advancement of Science, 5.9.1881. In: The Scientific Works, Bd. 2, S. 261−265.

On the Use of Coal Gas as a Fuel. Journal of the Society of Chemical Industry 1881, S. 39−46; auch in: The Scientific Works, Bd. 1, S. 177−190.

Gas and Electricity as Heating Agents. A Lecture Delivered at Glasgow on Thursday, 27th January, 1881, under the Auspices of the Glasgow Science Lectures Association. Nature. The International Weekly Journal of Science 23 (1880/81), S. 326−329 u. 351−353; auch in: The Scientific Works, Bd. 3, S. 243−262.

Remarks at the Annual Festival of the Iron, Hardware, and Metal Trades Pension Society, Held on the 1st June, 1881. In: The Scientific Works, Bd. 3, S. 263−65. Address of the Honorary President of the Meeting of the Société des Ingénieurs

Civils, Held at the Exposition d' Électricité, on the 23rd September, 1881. In: The Scientific Works, Bd. 3, S. 266−272.

Science and Industry. An Address Delivered to the Birmingham and Midland Institute in the Town Hall, Birmingham, on the 20th October, 1881. In: The Scientific Works, Bd. 3, S. 273−291.

On the Conservation of Solar Energy. Proceedings of the Royal Society of London 33 (1881/82), S. 389–398, u. The Nineteenth Century, April, 1882; auch in: The Scientific Works, Bd. 2, 423–434, u. Bd. 3, S. 293–313.

Ueber die Erhaltung der Sonnenenergie. In: Siemens, William: Ueber die Erhaltung der Sonnen–Energie. Eine Sammlung von Schriften und Discussionen. Berlin 1885, S. 1–31.

Address of the President of the British Association for the Advancement of Science, Delivered at Southampton on Wednesday, August 23, 1882. In: The Scientific Works, Bd. 3, S. 316–358.

Ueber die neuesten Errungenschaften der Wissenschaften. Antrittsrede bei Uebernahme des Präsidiums der British Association. Gehalten am 23. August 1882 in Southampton. In: Einige wissenschaftlich–technische Fragen der Gegenwart. Bd. 2, Berlin 1883, S. 1–66.

Ueber elektrische Entladungen in Vacuumröhren und deren Beziehung zur Sonnenphysik. Ein Auszug aus der Antrittsrede des Verfassers bei Uebernahme des Präsidiums der British Association in Southampton, gehalten im August 1882. In: Siemens, William: Ueber die Erhaltung der Sonnen–Energie. Eine Sammlung von Schriften und Discussionen. Berlin 1885, S. 31–37.

On Waste. Substance of an Address Delivered at the Annual Meeting of the Coventry Science Classes on October 20th, 1882. In: The Scientific Works, Bd. 3, S. 359–365.

Address of the Chairman of the Council of the Society of Arts, Delivered at the Opening Meeting of the 126th Session, November 15, 1882. In: The Scientific Works, Bd. 3, S. 366–383.

Address Delivered at the Distribution of Prizes and Certificates to the Students of the City and Guilds of London Institute, on Thursday, 14th December, 1882. Annual Report of the City and Guilds of London Institute for the Advancement of Technical Education, 1883; auch in: The Scientific Works, Bd. 3, S. 384–390.

Electric Lighting. Engineering 34 (1882), S. 476 f. u. 508 f.

Ueber die elektrische Beleuchtung. Anrede an die Society of Arts in der Eröffnungsversammlung der 129. Session am 15. November 1882 bei Uebernahme des Vorsitzes im Vorstande. In: Einige wissenschaftlich-technische Fragen der Gegen-wart, Bd. 2, Berlin 1883, S. 67–97.

On a Deep Sea Electrical Thermometer. Proceedings of the Royal Society 34 (1882), S. 89–95; auch in: The Scientific Works, Bd. 2, S. 265–271.

The Electrical Transmission and Storage of Power. A Lecture Delivered on the 15th March, being one of the Series of Lectures Delivered at the Institution of Civil Engineers, Session 1882/83. In: The Scientific Works, Bd. 3, S. 391–413.

Some of the Questions Involved in Solar Physics. Proceedings of the Royal Institution of Great Britain 1883, S. 315–321; auch in: The Scientific Works, Bd. 2, S. 445–450.

Address which should be Delivered to the Society of Arts on the 21st of November 1883. In: The Scientific Works, Bd. 3, S. 413–421.

Der elektrische Schmelzofen. Auszug aus dem Journal of the Society of Telegraph Engineers für das Jahr 1880 und aus dem Telegraphic Journal and Electrical Review für das Jahr 1882. In: Siemens, William: Einige wissenschaftlich-technische Fragen der Gegenwart, Bd. 2, Berlin 1883, S. 99–120.

On the Dependence of Radiation on Temperature. Proceedings of the Royal Society of London 35 (1883), S. 166–177; auch in: The Scientific Works, Bd. 2, S. 434–444.

Das Abhängigkeitsverhältnis zwischen Ausstrahlung und Temperatur. In: Siemens, William: Ueber die Erhaltung der Sonnen-Energie. Eine Sammlung von Schriften und Discussionen. Berlin 1885, S. 143–156.

Ueber die Erhaltung der Sonnen-Energie. Eine Sammlung von Schriften und Discussionen. Berlin 1885.

The Scientific Works. Hrsg. v. Bamber, Edward F., 3 Bde., London 1889.

《威廉·西门子传》的原始资料及参考文献目录

档案资料

Bolton Archives and Local Studies

Cambridge University Library, Department of Manuscripts and University Archives Cheshire Archives and Local Studies, Chester

Eidgenössische Technische Hochschule Zürich, Institut für Geschichte und Theorie der Architektur, Archiv, Nachlass Semper (ETH Zürich, gta Archiv, Nachlass Semper)

The Institution of Engineering and Technology, Archives, London (IET Archives)

Institution of Mechanical Engineers, London (IMechE Archives)

Niedersächsische Staats–und Universitätsbibliothek Göttingen, Universitätsarchiv Göttingen

Projekt The "Correspondence of John Tyndall", York University, James Elwick, Toronto

The Royal Society Archives, London

Siemens Historical Institute, Berlin

The National Archives, Kew (TNA)

Universitäts–und Landesbibliothek Bonn, Nachlass Kinkel (ULB Bonn, Nachlass Kinkel)

The University of Manchester Library, University Archive Centre, Frankland und Joule Papers

Zentral–und Landesbibliothek Berlin, Historische Sammlungen, Springer-Archiv (ZLB Springer)

学术期刊

在下列时间段中出版的下列学术期刊，本书作者进行了系统性检索和查阅。

Elektrotechnische Zeitschrift 1 (1880) – 5 (1884)

The Engineer 1 (1856) – 57 (1884)

Engineering. An Illustrated Weekly Journal 1 (1864) – 34 (1882)

The Journal of the Chemical Society of London 15 (1862) – 44 (1883)

Journal of the Iron and Steel Institute 1 (1871) – 13 (1883)

Journal of the Royal Society of Arts 1 (1852/53) – 32 (1884)

Journal of the Society of Chemical Industry 1 (1882) – 3 (1884)

Journal of the Society of Telegraph Engineers 1 (1872/73) – 9 (1880)

Minutes of Proceedings of the Institution of Civil Engineers 5 (1846) – 77 (1884)

Notices of the Proceedings at the Meetings of the Members of the Royal Institution of Great Britain 1 (1851/54) – 9 (1879/81)

Philosophical Transactions of the Royal Society 140 (1850) – 177 (1886)

Polytechnisches Journal 99 (1846) – 238 (1880)

The Practical Mechanic's Journal 4 (1851/52) – 8 (1855/56); Second Series 1 (1856/57) – 9 (1864/65); Third Series 1 (1865/66) – 5 (1869/70)

Proceedings of the Institution of Mechanical Engineers 1 (1847) – 38 (1885)

Proceedings of the Royal Society of London 1 (1854) – 38 (1884/85)

Report of the ... Meeting of the British Association for the Advancement of Science 15 (1846) – 53 (1883)

Transactions of the Royal Institution of Naval Architects 1 (1860) – 25 (1884)

参考文献

Appleyard, Rollo: The History of the Institution of Electrical Engineers (1871—1931). London 1939.

Arnold, Ingmar: Luft–Züge. Die Geschichte der Rohrpost. 2. Aufl., Berlin 2016.

Ashby, Eric u. Anderson, Mary: The Politics of Clean Air (Monographs on Science, Technology, and Society). Oxford 1981.

Ashton, Rosemary: Little Germany: Exile and Asylum in Victorian England. Oxford, New York 1986.

Bähr, Johannes: Werner von Siemens 1816—1892. Eine Biografie. München 2016.

Baldwin, Melinda: Tyndall and Stokes: Correspondence Referee Reports and the Physical Sciences in Victorian Britain. In: Lightman, Bernard u. Reidy, Michael (Hrsg.): The Age of Scientific Naturalism: Tyndall and His Contemporaries (Sciences and Culture in the Nineteenth Century 24). London 2014, S. 171–186.

Barnaby, Kenneth C.: The Royal Institution of Naval Architects, 1860—1960. A Historical Survey of the Institution's Transactions and Activities over 100 Years. London 1960.

Barton, Ruth: The X Club: Power and Authority in Victorian Science. Chicago, London 2018.

Bartu, Franz: Hundert Jahre Regenerativfeuerung. Der Werdegang des Siemens–Martin–Ofens. Stahl und Eisen 78 (1958), S. 713–733.

Beck, Ludwig: Die Geschichte des Eisens in technischer und kulturgeschichtlicher Beziehung. Bd. 5: Das XIX Jahrhundert von 1860 bis zum Schluss. Braunschweig 1903.

Berg, van den, Hans–Joachim: 100 Jahre Friedrich Siemens Regenerativ–Öfen. Berlin 1956.

Black, Robert M.: The History of Electric Wires and Cables (History of Technology Series 4). London 1983.

Bois–Reymond, Emil du: Die zweiundfünfzigste Versammlung der britischen Naturforscher zu Southampton. Berlin 1882.

Brimblecombe, Peter: The Big Smoke: A History of Air Pollution in London Since Medieval Times. London, New York 1987.

Brownlie, David: John George Bodmer, his Life and Work particularly in Relation to the Evolution of Mechanical Stoking. Transactions of the Newcomen Society 6 (1925), S. 86–110.

Buchanan, R. A.: The Engineers: A History of the Engineering Profession in Britain, 1750–1914. London 1989.

Bucher, Lothar: Bilder aus der Fremde, für die Heimat gezeichnet. 2 Bde., Berlin 1862–63.

Bud, Robert Franklin: The Discipline of Chemistry: The Origins and Early Years of the Chemical Society of London. Diss. University of Pennsylvania 1980.

Bruce, John Thackray: Josiah Mason: A Biography. Birmingham 1882.

Bulloch, John Malcolm: The Families of Gordon of Invergordon, Newhall, also Ardoch, Ross–Shire, and Carroll, Sutherland. O. O. 1906.

Cameron, J. S. P.: A Short History of the Royal Indian Engineering College Cooper's Hill. London 1960.

Caroe, Gwendy: The Royal Institution: An Informal History. London 1985.

Chance, Henry: On the Manufacture of Glass. The Journal of the Chemical Society of London 21 (1868), S. 242–260.

Le Chatelier, Henry: Sir William Siemens. Souvenirs personels et correspondence. La Revue de metallurgie, 4. Serie, 5 (1907), S. 213–232.

Coates, Vary T. u. a.: A Retrospective Technology Assessment: Submarine Telegraphy: The Transatlantic Cable of 1866. San Francisco 1979.

A Collection of Letters to Sir Charles William Siemens 1823—1883. With a Foreword by Sir George H. Nelson and a Short Biography by W. H. Kenneth. London 1953.

Cowell, F(rank) R(ichard): The Athenaeum: Club and Social Life in London 1824—1974. London 1975.

Cuddy, Brendan P.: The Royal Indian Engineering College, Cooper's Hill (1871—1906). A Case Study of State Involvement in Professional Civil Engineering

Education. Phil. Diss. London University 1980.

Culemann: Anastatischer Druck der Gebrüder Siemens in London. Polytechnisches Journal 105 (1847), S. 75–77.

Day, Vincent: Ueber das Martin'sche und Berard'sche Verfahren zur Fabrication von Bessemerstahl. Polytechnisches Journal 187 (1868), S. 226–230.

DeYoung, Ursula: A Vision of Modern Science: John Tyndall and the Role of the Scientist in Victorian Culture (Palgrave Studies in the History of Science and Technology). New York 2011.

Dietz, R.: Friedrich Siemens und das Glas. Beiträge zur Geschichte der Technik und Industrie. Jahrbuch des Vereines Deutscher Ingenieure 10 (1920), S. 55–65.

Divall, Colin: A Measure of Agreement: Employers and Engineering Studies in the Universities of England and Wales, 1897–1939. Social Studies of Science 20 (1990), S. 65–112.

Dorgeel, Heinrich: Die Deutsche Colonie in London. London, Leipzig 1881.

Ebel, Wilhelm (Hrsg.): Die Matrikel der Georg–August–Universität zu Göttingen 1837—1900 (Veröffentlichungen der Historischen Kommission für Niedersachsen und Bremen 9). Hildesheim 1974.

Ehrenberg, Richard: Die Unternehmungen der Brüder Siemens. Bd. 1: Bis zum Jahre 1870. Jena 1906.

Eve, A. S. u. Creasey, C. H.: Life and Work of John Tyndall. London 1945.

Faraday, M(ichael): On Gas–Furnaces. Notices of the Proceedings at the Meetings of the Members of the Royal Institution of Great Britain 3 (1858/62), S. 536–539.

Feldenkirchen, Wilfried: Siemens. Von der Werkstatt zum Weltunternehmen. München, Zürich 22003.

Fuchs, Margot: Wie "Flachware" "3–D–Objekte" erschließen kann. Die Anwendung historischer Methoden zur Erforschung von technischen Sachquellen am Beispiel der Guttapercha–Presse von Siemens & Halske. Dresdener Beiträge zur

Geschichte der Technikwissenschaften 26 (1999), S. 94–111.

Gieryn, Thomas F.: John Tyndall's Double Boundary–Work: Science, Religion, and Mechanics in Victorian England. In: Gieryn, Thomas F: Cultural Boundaries of Science: Credibility on the Line. Chicago, London 1999, S. 37–64.

Griset, Pascal: Entreprise, technologie et souveraineté: Les télécommunications transatlantiques de la France (1869—1954). Diss Paris–IV Sorbonne 1993.

Guagnini, Anna: Worlds Apart: Academic Instruction and Professional Qualifications in the Training of Mechanical Engineers in England 1850—1914. In Fox, Robert u. Guagnini, Anna (Hrsg.): Education, Technology and Industrial Performance in Europe 1850—1939. Cambridge 1993, S. 16–41.

Herrmann, Wolfgang: Gottfried Semper im Exil. Paris, London 1849—1855 (Schriftenreihe des Instituts für Geschichte und Theorie der Architektur an der Eidgenössischen Technischen Hochschule Zürich. gta 19). Basel 1978.

Higgitt, Rebekah u. Withers, Charles W. J.: Science and Sociability: Women as Audience at the British Association for the Advancement of Science, 1831—1901. Isis 99 (2008), S. 1–27.

Hopkinson–Woolley, Alexander u. Woolley, Marianne: The Personal Life of William Siemens. In Sir William Siemens A Man of Vision. London 1993, S. 6–21.

Howarth, O(sbert) J(ohn) R(adcliffe): The British Association for the Advancement of Science: A Retrospect 1831—1931. London 21931.

Hunt, L. B.: The Origin of the Platinum Resistance Thermometer. Platinum Metals Review 24 (1980), S. 102–112.

Huxley, Leonard: Life and Letters of Sir Joseph Dalton Hooker. Based on Materials Collected and Arranged by Lady Hooker. 2 Bde., London 1918.

Jeans, W(illiam) T(ulloch): The Creators of the Age of Steel. London 1884.

Johannsen, Otto: Geschichte des Eisens. Im Auftrage des Vereins Deutscher Eisenhüttenleute verfaßt. 3. Aufl., Düsseldorf 1953.

The Jubilee of the Chemical Society of London. Record of the Proceedings together with an Account of the History and Development of the Society, 1841—1891. London 1896.

Kärner, Martin: Pioniere des Projektgeschäfts. Die Gebrüder Siemens und die indo–europäische Telegraphenlinie. In: Bittner, Elisabeth u. Gregorc, Walter (Hrsg.): Abenteuer Projektmanagement. Projekte, Herausforderungen und Lessons Learned. Erlangen 2010, S. 197–213.

König, Wolfgang: Retrospective Technology Assessment–Technikbewertung im Rückblick. Technikgeschichte 51 (1984), S. 247–262.

König, Wolfgang: Technikwissenschaften. Die Entstehung der Elektrotechnik aus Industrie und Wissenschaft zwischen 1880 und 1914 (Technik interdisziplinär 1). Chur 1995.

König, Wolfgang: Vom Staatsdiener zum Industrieangestellten: Der Ingenieur in Frankreich und Deutschland 1750—1945. In: Kaiser, Walter u. König Wolfgang (Hrsg.): Geschichte des Ingenieurs. Ein Beruf in sechs Jahrtausenden. München, Wien 2006, S. 179–231.

Kohn, Ferdinand: Ueber das Martin'sche Verfahren der Stahlerzeugung. Polytechnisches Journal 190 (1868), S. 445–455.

Kreutzer, Ulrich: Von den Anfängen zum Milliardengeschäft. Die Unternehmensentwicklung von Siemens in den USA zwischen 1845 und 2001 (Beiträge zur Unternehmensgeschichte 33). Stuttgart 2013.

Kunert, A.: Telegraphen–Seekabel (Geschichte der deutschen Fernmeldekabel 2). Köln–Mühlheim 1962.

The Landore Siemens–Steel Works. The Engineer 41 (1876), S. 461, 466, 481 u. 492, u. 42 (1876), S. 10 u. 13 f.

Laurant, Annie: Des fers de Loire à l'acier Martin. Fonderies et aciéries. Paris 1997.

Levi, Leone: The Scientific Societies in Relation to the Advancement of Science in the United Kingdom. Report of the 49th Meeting of the British Association for the

Advancement of Science 49 (1879), S. 458−468.

Lightman, Bernard u. Reidy, Michael S. (Hrsg.): The Age of Scientific Naturalism: Tyndall and his Contemporaries (Science and Culture in the Nineteenth Century 24). London 2014.

Longridge, James Atkinson u. Brooks Charles Henry: On Submerging Telegraph Cables. Journal of the Society of Telegraph Engineers 5 (1876), S. 269−314.

Lutz, Martin: Carl von Siemens 1829—1906. Ein Leben zwischen Familie und Weltfirma. München 2013.

MacLeod, Roy u. Collins, Peter (Hrsg.): The Parliament of Science: The British Association for the Advancement of Science, 1831—1961. London 1981.

Mahr, Otto: Die Entstehung der Dynamomaschine (Einzelvorstellungen aus der Elektrotechnik 5). Berlin 1941.

Mathieu, H.: Ueber E. Martin's Verfahren zur Gußstahlfabrication. Polytechnisches Journal 188 (1868), S. 46−51.

Matschoß, Conrad: Die Entwicklung der Dampfmaschine. Eine Geschichte der ortsfesten Dampfmaschine und der Lokomobile, der Schiffsmaschine und Lokomotive. 2 Bde., Berlin 1908.

Matschoß, Conrad (Hrsg.): Werner Siemens. Ein kurzgefaßtes Lebensbild. Aus Anlass der 100. Wiederkehr seines Geburtstages hrsg. Bd. 1, Berlin 1916.

Maynard, George W.: Biographical Notice of Sir William Siemens. A Paper Read Before the American Institute of Mining Engineers at the Cincinnati Meeting, February, 1884. New York 1884.

Maynard, George W.: Die jüngsten Entwicklungen des Siemensschen directen Prozesses. Stahl und Eisen 3 (1883), S. 253−260.

Merrifield, C. W.: On the Telegraph Cable Ship Faraday. Transactions of the Royal Institution of the Naval Architects 17 (1876), S. 200−207.

Moigno, F.: Ueber Wilhelm Siemens' Maschine mit regeneriertem Dampf. Polytechnisches Journal 138 (1855), S. 241−249.

Moore, Tom Sidney u. Philip, James Charles: The Chemical Society 1841—1941. A Historical Review. London 1947.

Müller, Simone M.: From Cabling the Atlantic to Wiring the World: A Review Essay on the 150th Anniversary of the Atlantic Telegraph Cable of 1866. Technology and Culture 57 (2016), S. 507–526.

Müller, Simone M.: Wiring the World: The Social and Cultural Creation of Global Telegraph Networks (Columbia Studies in International and Global History). New York 2015.

Obach, Eugen: Sir William Siemens als Erfinder und Forscher. Vortrag gehalten im deutschen Verein für Kunst und Wissenschaft zu London (German Athenaeum) am 22. Februar 1884. London 1884.

Ostersehlte, Christian: Der Werftunternehmer Herrmann Blohm und die Lübecker Maschinenbau–Gesellschaft (L. M. G.). Zeitschrift des Vereins für Lübeckische Geschichte und Altertumskunde 89 (2009), S. 177–230.

Panayi, Panikos: German Immigrants in Britain during the Nineteenth Century, 1815—1914. Oxford, Washington D. C. 1995.

Panayi, Panikos: Germans in 19th–Century Britain. History Today 43 (1993), S. 48–53.

Parsons, R(obert) H(odson): A History of the Institution of Mechanical Engineers 1847—1947: Centenary Memorial Volume. London 1947.

Peipers, Constantin: Martin's Verfahren der Gussstahlfabrikation. Der Berggeist. Zeitung für Berg–, Hüttenwesen und Industrie 14 (1869), S. 99 f. u. 191.

Pole, William: The Life of Sir William Siemens. London 1888.

Pole, William: Wilhelm Siemens. Berlin 1890.

Porter, Dale H.: The Thames Embankment: Environment, Technology, and Society in Victorian London (Technology and the Environment). Akron, Ohio, 1998.

Pullin, John: Progress through Mechanical Engineering: The first 150 Years of the Institution of Mechanical Engineers. London 1997.

Reader, W. J.: A History of the Institution of Electrical Engineers 1871—1971. London 1987.

Reimann, Gustav Adolf: Zur hundertjährigen Stiftungsfeier der von Großheim'schen Realschule zu Lübeck am 21.4.1900. Lübeck 1900.

Report from the Select Comittee on the Lighting by Electricity with the Proceedings of the Committee. London 1879.

Reports of the Committee on Electrical Standards Appointed by the British Association for the Advancement of Science. Reprinted by Permission of the Council. A Record of the History of《Absolute Units》and of Lord Kelvin's Work in Connection with These. Cambridge 1913.

Riedel, Gerhard: Der Siemens-Martin-Ofen. Rückblick auf eine Stahlepoche. Düsseldorf 1994.

Riley, James: On Steel for Shipbuilding as Supplied to the Royal Navy. Transactions of the Royal Institution of Naval Architects 17 (1876), S. 135-147.

Rolt, L. T. C.: The Mechanicals: Progress of a Profession. London 1967.

Rotth, August: Die Brüder Siemens u(nd) das Siemens-Martin-Verfahren. Beiträge zur Geschichte der Technik und Industrie. Jahrbuch des Vereines Deutscher Ingenieure 11 (1921), S. 207-15.

Rotth, August: Die Brüder Siemens und die Wärme. Beiträge zur Geschichte der Technik und Industrie. Jahrbuch des Vereines Deutscher Ingenieure 10 (1920), S. 42-54.

Royal Institution of Great Britain: List of the Members, Officers, and Professors. London 1877.

Schinz, C.: Pyrometer von C.W.Siemens in London. Polytechnisches Journal 198 (1870), S. 394 f.

Schinz, C.: Über C. W. Siemens' patentirte Regeneratoren mit Feuerstellen ohne Rost. Polytechnisches Journal 161 (1861), S. 342-349.

Schmidt, Klaus: Gerechtigkeit-das Brot des Volkes. Johanna und Gottfried

Kinkel. Eine Biographie. Stuttgart 1996.

Scott, J. D.: Siemens Brothers 1858—1958. An Essay in the History of Industry. London 1958.

Siemens, Carl: Pneumatic Despatch Tubes: The Circuit System. Minutes of the Proceedings of the Institution of Civil Engineers 33 (1871/72), S. 1–15.

Siemens, Friedrich: Bericht über die Smoke Abatement Exhibition London, Winter 1881–82. An das Königlich Sächsische Ministerium des Innern in dessen Auftrage erstattet. Berlin 1882.

Siemens, Friedrich: Die Entwicklung der Regenerativ–Oefen mit besonderer Rücksichtnahme auf ihre Verbesserungen durch das neue Friedr. Siemens'sche Heizverfahren mit freier Flammenentfaltung. Zeitschrift des Österreichischen Ingenieur–und Architekten–Vereins 38 (1886), S. 27–36.

Siemens, Friedrich: Martin's Verfahren der Gusstahlfabrication. Der Berggeist. Zeitung für Berg–, Hüttenwesen und Industrie 14 (1869), S. 169.

Siemens, Friedrich: Siemens–Martin'sches Verfahren der Gusstahlfabrication. Der Berggeist. Zeitung für Berg–, Hüttenwesen und Industrie 14 (1869), S. 267 f.

Siemens, Friedr(ich): Ueber Regenerativ Gasbrenner. Journal für Gasbeleuchtung und Wasserversorgung 25 (1882), S. 547–557.

Siemens, Georg: Geschichte des Hauses Siemens. Bd. 1: 1847—1903. München 1947. Art. "Siemens, (Karl Wilh.)" . In: Supplement zur elften Auflage des Conversations–Lexikons. Encyklopädische Darstellung der neuesten Zeit nebst Ergänzungen früherer Artikel. Bd. 2, Leipzig 1873.

Siemens, Werner: Contributions to the Theory of Submerging and Testing Submarine Telegraphs. Journal of the Society of Telegraph Engineers 5 (1876), S. 42–66.

Siemens, Werner v.: Lebenserinnerungen. Hrsg. v. Wilfried Feldenkirchen. München, Zürich 2008.

Siemens, Werner: Ueber die Anwendung der erhitzten Luft als Triebkraft.

Polytechnisches Journal 97 (1845), S. 324–329.

Siemens, Werner v.: Wissenschaftliche und Technische Arbeiten. 2.Bde., Berlin 21889–91.

Sier, Robert: Rev. Robert Stirling D. D.: A Biography of the Inventor of the Heat Economiser & Stirling Cycle Engine. Chelmsford 1995.

Stein, Günther: Die Brüder Siemens und das Glas. Zum Gedächtnis an Friedrich Siemens, gest. 21. Mai 1904. Glastechnische Berichte. Zeitschrift für Glaskunde 27 (1954), S. 449–456.

Stimson, Dorothy: Scientists and Amateurs: A History of the Royal Society (The Life of Science Library). New York 1948.

Thompson, Silvanus P.: The Life of William Thomson, Baron Kelvin of Largs. 2 Bde., London 1910.

Thuillier, Guy: L'invention de l'acier Martin. Emile Martin et Pierre–Emile Martin. Guide de Recherche. O. O. 2006.

Thulesius, Olav: The Man who Made the Monitor: A Biography of John Ericsson, Naval Engineer. Jefferson, N. C., London 2007.

Toal, Ciaran: Preaching at the British Association for the Advancement of Science: Sermons, Secularization and the Rhetoric of the Conflict in the 1870s. The British Journal for the History of Science 45 (2012), S. 75–95.

Trendelenburg, Ferdinand: Aus der Geschichte der Forschung im Hause Siemens (Technikgeschichte in Einzeldarstellungen 31). Düsseldorf 1975.

Trentmann, Frank u. Taylor, Vanessa: From Users to Consumers: Water Politics in Nineteenth–Century London. In: Trentmann, Frank (Hrsg.): The Making of the Consumer: Knowledge, Power and Identity in the Modern World (Culture of Consumption Series). Oxford, New York 2006, S. 53–79.

Tunner, P.: Die Fortschritte in der Stahlfabrication nach der internationalen Industrie–Ausstellung von 1867 zu Paris. Polytechnisches Journal 185 (1867), S. 125–134.

Art. “Wassermesser oder Wasseruhren” In: Unsere Zeit. Deutsche Revue der Gegenwart. Monatsschrift zum Conversations–Lexikon. N. F. 3, 1, Leipzig 1867, S. 625–633.

Watson, Garth: The Civils: The Story of the Institution of Civil Engineers. London 1988.

Watson, Garth: The Smeatonians: The Society of Civil Engineers. London 1989.

Weiher, Sigfrid von: Die englischen Siemens–Werke und das Siemens–Überseegeschäft in der zweiten Hälfte des 19. Jahrhunderts (Schriften zur Wirtschafts–und Sozialgeschichte 38). Berlin 1990.

Westernhagen, Curt von: Wagner. Zürich, Freiburg i. Br. 1968.

W(est), M. N. u. C(olenso), S. J. (Hrsg.): Sketches from the Life of Edward Frankland. London 1902.

White, Ruth: Yankee from Sweden: The Dream and the Reality in the Days of John Ericsson. New York 1960.

Winseck, Dwayne R. u. Pike, Robert M.: Communication and Empire: Media, Markets, and Globalization, 1860—1930 (American Encounters/Global Interactions). Durham 2007.

Wittendorfer, Frank: Art. Siemens, Friedrich. In: Neue Deutsche Biographie 24 (2010), S. 374 f.

Wobring, Michael: Die Globalisierung der Telekommunikation im 19. Jahrhundert. Pläne, Projekte und Kapazitätsausbauten zwischen Wirtschaft und Politik (Europäische Hochschulschriften Reihe III. Geschichte und ihre Hilfswissenschaften 1012). Frankfurt am Main u. a. 2005.

Wood, Henry Trueman: A History of the Royal Society of Arts. London 1913.

Woods, Joseph: Chronometric Governor. Minutes of the Proceedings of the Institution of Civil Engineers 5 (1846), S. 255–265.

Zetzsche, Ed.: Beitrag zur Geschichte der Regeneratoren. Polytechnisches Centralblatt 38 (1872), S. 1441–1453.

原版图片版权

Archiv für Kunst und Geschichte, Berlin S. 14, 17, 20, 21, 24 o., 24 u., 27, 32, 34, 37, 45, 57, 58, 65, 70, 82, 84, 92, 93, 95, 98, 99, 108, 109, 111, 123, 125, 130, 149, 150, 156

Alamy S. 105, 114, 121, 132, 134, 147, 148, 162, 168

bpk–Bildagentur, Berlin S. 118, 138, 164, 204

Bridgeman Images S. 176

Common Film, Helmut Wietz S. 74

Getty Images S. 33, 62, 101, 116, 171

Graces Guide S. 89, 90

Interfoto, München S. 22

Porthcurno Telegraph Museum S. 78

Ullstein Bild, Berlin S. 91

Wikimedia commons S. 28

其他图片均属于 Bildarchiv des Siemens Historical Institute